U0694220

高等职业教育**汽车类专业**系列教材

湖北省职业教育在线精品课程配套教材

汽车焊接技术

主　编　喻　枫　吴　峰

副主编　程洪涛　陈　明　张国豪　鲁　冰

重庆大学出版社

内容提要

本书根据教育部制订的高等教育基础课程教学基本要求编写,吸收了先进的高职教育教学理念。全书共7个项目,31个任务,内容主要包括平敷焊的焊接(弧焊基础)、后盖轴承座的焊接(焊条电弧焊)、汽车尾箱盖左支撑杆的焊接(二氧化碳气体保护焊)、车身后围总成的焊接(电阻焊)、汽车顶盖的焊接(钎焊)、冲焊桥壳的焊接(焊接机器人)、焊装夹具设计。本书工艺案例均结合生产实际,从真实案例出发,认识必需的能力知识点,每个项目后都设计了对应拓展综合训练,有利于学生巩固新知识,培养分析问题、解决问题的能力。

本书可作为职业院校汽车、机械、机电、模具及相关专业的通用教材,也可作为汽车或机械工程技术人员的参考资料。本书有对应的MOOC教学。"汽车焊接技术"课程被评为湖北省职业教育在线精品课程,本书为该课程的配套教材。

图书在版编目(CIP)数据

汽车焊接技术 / 喻枫,吴峰主编. -- 重庆:重庆大学出版社,2025. 7. -- ISBN 978-7-5689-4927-9

Ⅰ. U472.4

中国国家版本馆 CIP 数据核字第 2024G3E550 号

汽车焊接技术

主　编　喻　枫　吴　峰

副主编　程洪涛　陈　明　张国豪　鲁　冰

策划编辑:范　琪

责任编辑:文　鹏　　版式设计:范　琪

责任校对:谢　芳　　责任印制:张　策

*

重庆大学出版社出版发行

社址:重庆市沙坪坝区大学城西路21号

邮编:401331

电话:(023)88617190　88617185(中小学)

传真:(023)88617186　88617166

网址:http://www.cqup.com.cn

邮箱:fxk@cqup.com.cn(营销中心)

全国新华书店经销

重庆市远大印务有限公司印刷

*

开本:787mm×1092mm　1/16　印张:12.5　字数:305千

2025年7月第1版　　2025年7月第1次印刷

ISBN 978-7-5689-4927-9　定价:42.00元

本书如有印刷、装订等质量问题,本社负责调换

版权所有,请勿擅自翻印和用本书

制作各类出版物及配套用书,违者必究

前　言

本书深入贯彻落实习近平总书记关于教材建设的重要论述和系列指示批示精神,进一步增强课程教材育人导向和育人功能,在教育部《关于深化职业教育教学改革全面提高人才培养质量的若干意见》的指导思想下,根据教育部组织制定的《高职高专教育基础课程教学基本要求》精神编写而成。

高职教材需要创新和改革,必须有自己的特色。在教材的编写中,着力构建具有职业教育特点的课程体系,以职业技能的培养为根本,与企业对人才的需求紧密结合,力求满足学科、教学和社会3个方面的需求;在结构上和内容上体现思想性、科学性、先进性和实用性,把握行业岗位要求,突出职业教育特色。本书在编写过程中,认真总结和吸收了近年来教育教学改革经验和成果,创新教材编写体例和内容编写模式,迎合高职学生思维活跃的特点,体现工学结合特色,力求体现基础理论必须够用为原则,以掌握基本概念,强化应用为教学之本,做到深入浅出,通俗易懂。同时,融入思政元素,通过焊接大师的故事渗入爱国情怀,严谨敬业及大国工匠精神,对焊工职业产生认同感和自豪感,从而构筑中国力量、中国精神。全书名词术语均采用最新标准,使用了法定计量单位,根据现行标准的推行以及生产实际的应用情况,少量沿用传统用法的术语已在文中加以说明。

本书由实践经验丰富的企业技术人员和理论功底扎实的一线职业院校教师共同合作主编。全书共分7个项目,由34个任务组成。内容主要包括平敷焊的焊接(弧焊基础)、后盖轴承座的焊接(焊条电弧焊)、汽车尾箱盖左支撑杆的焊接(二氧化碳气体保护焊)、车身后围总成的焊接(电阻焊)、汽车顶盖的焊接(钎焊)、冲焊桥壳的焊接(焊接机器人)、焊装夹具设计。本书工艺案例均结合生产实际,从真实案例出发,认识必需的能力知识点,每个项目后都设计了对应拓展综合练习,有利于学生巩固新知识,培养分析问题、解决问题的能力,为高职院校高水平应用型工程技术人才的培养提出了新的要求。本书可作为职业院校的汽车、机械、机电、模具及相关专业的通用教材,也可作为汽车或机械工程技术人员的参考资料。本书有对应的 MOOC 教学。

本书由湖北襄阳职业技术学院喻枫、航空工业航宇救生装备有限公司吴峰担任主编,襄阳职业技术学院程洪涛、陈明、张国豪、鲁冰担任副主编。其中,项目1、项目2、项目6、附录由喻枫负责编写,项目3由陈明负责编写,项目4、各项目综合训练及企业真实案例由吴峰负责编写,项目5由鲁冰负责编写,项目7由张国豪负责编写,思政案例由程洪涛负责编写。全书由喻枫统稿。

本书在编写过程中,得到了襄阳美均技术检测有限公司石余兵总工及技术人员的大力帮助,以及相关专家、学者的支持和指教,借鉴了一些兄弟院校编写的有关教材和资料,同时参考并引用了有关文献资料、插图等。在此一并表示感谢。

尽管在编写时尽了最大努力,限于编者的水平,书中难免存在缺点和错误,恳请同行和读者给予批评和指正。

编　者
2025 年 2 月

目　录

项目开篇

课程介绍

虚拟仿真焊接

【学习目标】

（1）了解焊接在现代工业中的地位及发展概况。

（2）掌握焊接方法的本质及特点。

（3）熟悉焊接安全及本书的内容和学习方法。

【素质目标】

通过焊接发展及我国制造业的发展及领军人物介绍，进行爱国主义教育，渗入社会主义核心价值观中的爱国意识。培养学生正确的职业素养和安全意识，实现中华民族伟大复兴的中国梦！

潘际銮——我国焊接科学技术的奠基人，中国科学院院士，被称为中国"焊接之父"，他攻克核电站焊接"拦路虎"，让航母"严丝合缝"，让高铁铁轨"天衣无缝"。秦山核电站，是我国自行设计、建造和运营管理的第一座核电站。建设进入关键时期，有外国专家说，电站最大焊接结构存在重大安全隐患。就在核电站处于将无限期暂停的危险时，潘际銮来了，他带领科研团队现地攻关，用 3 年多时间，攻克了核反应堆的焊接任务。业界评价："潘际銮的焊接技术，足足给中国省下了 500 亿元，几乎可以造一艘航母。"

任务 0.1 认识焊接发展

焊接是金属加工的主要方法之一,虽然应用的时间不长,但发展非常迅速,目前在机械制造、石油化工、交通能源、冶金、电子、航空航天等行业获得广泛的应用,已成为大型金属结构制造中必不可少的加工手段。

焊接安全及目标

0.1.1 焊接在现代工业中的地位

在现代工业中,金属是不可缺少的重要材料。高速行驶的汽车、火车、载重万吨至几十万吨的轮船,耐蚀耐压的化工设备以及宇宙飞行器等都离不开金属材料。在这些工业产品的制造过程中,需要把各种各样加工好的零件按设计要求连接起来制成产品,焊接就是将这些零件连接起来的一种高效的加工方法。

在工业生产中采用的连接方法主要有螺钉连接、铆钉连接和焊接等。前两种是机械连接,是可拆卸的,而焊接则是不可拆卸的连接。焊接具有下列优点:

①与铆接相比,焊接可以节省金属材料,减轻结构的质量;与粘接相比,焊接具有较高的强度,焊接接头的承载能力可以达到与母材相当的水平。

②焊接工艺过程比较简单,生产效率高,焊接既不像铸造那样需要进行制作木型、造砂型、熔炼、浇铸等一系列工序,也不像铆接那样要开孔、制造铆钉、加热等,缩短了生产周期。

③焊接质量高,焊接接头不仅强度高,而且其他性能(物理性能、耐热性能、耐蚀性能及密封性能)都能够与工件材料相匹配。

④焊接的劳动条件比铆接好,劳动强度小,噪声低。

由于具备上述优点,焊接技术得到了广泛应用和飞速发展,在锅炉压力容器、船体和桥式起重机制造中,焊接全部取代了铆接。在工业发达国家,焊接结构所用钢材占钢材总产量的50%以上,特别是焊接技术发展到今天,几乎所有部门(如机械制造、石油化工、交通能源、冶金、电子、航空航天等)都离不开焊接技术。可以这样说,焊接技术的发展水平是衡量一个国家科学技术进步程度的重要标志之一,没有现代焊接技术的发展,就不会有现代工业和科学技术的今天。

工业生产的发展对焊接技术提出了多种多样的要求。例如,对焊接产品的使用方面,提出了动载、强韧、高压、高温、低温和耐蚀等要求;从焊接产品结构形式上,提出了焊接厚壁零件到精密零件的要求;从焊接材料的选择上,提出了焊接各种钢铁材料和非铁金属(除钢铁之外的其他金属称为非铁金属)的要求。具体来说,在造船和海洋开发中,要求解决大面积拼板、大型立体框架结构的自动焊以及各种低合金高强度的焊接问题;在石油化学工业的发展中,要求解决耐高温、低温以及耐各种腐蚀性介质的压力容器制造问题;在航空工业及空间开发中,要求解决大量铝、钛等轻合金结构的制造问题;在重型机械工业中,要求解决大截面构件的焊接问题;在电子及精密仪表工业中,要求解决微型精密零件的焊接问题。一方面工业生产的发展对焊接技术提出了更高的要求;另一方面科学技术的发展为焊接技术的进步开拓了新的途径。

为适应我国现代化建设的需要,焊接技术必将得到更迅速的发展,并在工业生产中发挥出更重要的作用。

0.1.2　焊接方法的发展概况

焊接是一种古老而又年轻的加工方法,远在我国古代就有使用锻焊和钎焊的实例。根据文献记载,春秋战国时期,我们的祖先已经懂得以黄泥作助熔剂了,这比欧洲国家早。到公元7世纪唐代时,我国已应用锡焊和银焊来焊接,这比欧洲国家早10个世纪。然而,目前工业生产中广泛应用的焊接方法却是19世纪末和20世纪初现代科学技术发展的产物。

冶金学、金属学以及电工学的发展,逐步奠定了焊接工艺及设备的理论基础;而冶金工业、电力工业和电子工业的进步,则为焊接技术的长远发展提供了有利的物质和技术条件。在1885年发现了气体放电的电弧,在1930年发明了涂药焊条电弧焊方法,并在此基础上发明了埋弧焊、钨极氢弧焊、熔化极氩弧焊以及CO_2气体保护焊等自动或半自动焊接方法。电阻焊则是在1886年发明的,此后逐渐完善为电阻点焊、缝焊和对焊方法,它几乎与电弧焊同时推向工业应用,逐步取代铆接,成为工业中广泛应用的两种主要焊接方法。目前为止,又相继发明了电子束焊、激光焊等20余种基本方法和成百种派生方法,并且仍处于发展之中。

随着世界以及我国制造产业的不断发展,焊接技术作为一门基础技术应用到各个行业,焊接技术的水平也逐步得到很大的提高。随着焊接工艺方法的不断涌现,专业焊接设备日新月异,焊接技术及其工艺过程逐步走向数字化、自动化、智能化。

任务0.2　认识焊接方法及焊接工艺

0.2.1　焊接及其本质

焊接是一种连接方法,通过焊接可将两个分开的物体(工件)连接而达到永久性的结合。被结合的物体可以是各种同类或不同类的金属、非金属(石墨、陶瓷、塑料等),也可以是一种金属与一种非金属。目前工业中应用加热或加压,或者两者并用,并且用或不用填充材料,使焊件达到原子结合的一种加工方法。本书主要讨论的是金属间的焊接方法。

金属等固体之所以能保持固定的形状是因为其内部原子间距(晶格距离)十分小,原子之间形成了牢固的结合力。要把两个分离的金属工件连接在一起,从物理本质上来看就是要使这两个工件连接表面上的原子拉近到金属晶格距离,即$0.3 \sim 0.5$ nm。然而,一般情况下材料表面总是不平整的,即使经过精密磨削加工,其表面平面度仍比晶格距离大得多(约几十微米)。另外,金属表面难免存在氧化膜和其他污物,阻碍着两个分离工件表面原子间的接近。焊接过程的本质就是通过适当的物理化学过程克服这两个困难,使两个分离工件表面的原子接近到晶格距离而形成结合力。这些物理化学过程,归结起来是用各种能量加热和用各种方法加压两类。

0.2.2　焊接方法的分类及特点

目前,在工业生产中应用的焊接方法已达百余种。根据它们的焊接过程特点可将其分为熔焊、压焊和钎焊三大类,每大类又可按不同的方法细分为以下若干小类:

①熔焊　将两个被焊工件局部加热并熔化,以克服固体间阻碍结合的障碍,然后冷却结晶成为一体接头的方法称为熔焊。实现熔焊的关键是要有一个能量集中、温度足够高的局部热源。若温度不够高,则无法使材料熔化;而能量集中程度不够,则会加大热作用区的范围,徒然增加能量损耗。按所使用热源的不同,熔焊可分为电弧焊(以气体导电时产生的电弧热为热源,以电极是否熔化为特征分为熔化极电弧焊和非熔化极电弧焊两大类)、气焊(以乙炔或其他可燃气体在氧中燃烧的火焰为热源)、铝热焊(以铝热剂的放热反应产生的热为热源)、电渣焊(以熔渣导电时产生的电阻热为热源)、电子束焊(以高速运动的电子流撞击工件表面所产生的热为热源)、激光焊(以激光束照射到工件表面而产生的热为热源)等。

在熔焊时,为了避免焊接区的高温金属与空气相互作用而使接头性能恶化,在焊接区要实施保护。保护的方法通常有造渣、通以保护气和抽真空3种。保护形式常常是区分熔焊方法的另一个特征。

②压焊　将被焊工件在固态下通过加压(加热或不加热)措施,克服其连接表面的不平度和氧化物等杂质的影响,使其分子或原子间接近晶格距离,从而形成不可拆连接接头的一类焊接方法称为压焊,也称为固相焊接。为了降低加压时材料的变形抗力,增加材料的塑性,压焊时在加压的同时常伴随加热措施。

按所施加焊接能量的不同,压焊的基本方法可分为电阻焊(包括点焊、缝焊、凸对焊)、摩擦焊、超声波焊、扩散焊、冷压焊、爆炸焊和锻焊等。

③钎焊　用某些熔点低于被连接物体材料熔点的金属(即料)作为连接的媒介,利用钎料与母材间的扩散将被焊工件连接在一起的焊接方法称为钎焊。焊时,通常要仔细清除工件表面污物,增加钎料的润湿性,这就需要采用钎剂。焊时必须加热熔化钎料(但不熔化工件)。按热源的不同,钎焊可分为火焰焊(以乙炔在氧中燃烧的火焰为热源)、感应钎焊(以高频感应电流流过工件产生的电阻热为热源)、电阻炉焊(以电阻炉辐射热为热源)、盐浴钎焊(以高温盐熔为热源)和电子束焊等;也可按料的熔点不同分为硬焊(熔点450 ℃以上)、软钎焊(熔点在450 ℃以下)两类。焊时通常要进行保护,如抽真空、通保护气体和使用钎剂等。

0.2.3　焊接工艺

焊接是一个局部的迅速加热和冷却过程,焊接区由于受到四周工件本体的拘束而不能自由膨胀和收缩,冷却后在焊件中便产生焊接应力和变形。重要产品焊后都需要消除焊接应力,矫正焊接变形。

焊接工艺

现代焊接技术已能焊出无内外缺陷的、机械性能等于甚至高于被连接体的焊缝。被焊接体在空间的相互位置称为焊接接头,接头处的强度除受焊缝质量影响外,还与其几何形状、尺寸、受力情况和工作条件等有关。接头的基本形式有对接、搭接、丁字接(正交接)和角接等。

对接接头焊缝的横截面形状,取决于被焊接体在焊接前的厚度和两接边的坡口形式。焊接较厚的钢板时,为了焊透而在接边处开出各种形状的坡口,以便较容易地送入焊条或焊丝。坡口形式有单面施焊的坡口和两面施焊的坡口。选择坡口形式时,除保证焊透外还应考虑施焊方便、填充金属量少、焊接变形小和坡口加工费用低等因素。角接头承载能力低,一般不单独使用,只有在焊透时,或在内外均有角焊缝时才有所改善,多用于封闭形结构的拐角处。在近代的金属加工中,焊接比铸造、锻压工艺发展晚,但发展速度很快。焊接结构的质量约占钢材产量的 45%,铝和铝合金焊接结构的比重也不断增加。

　　未来的焊接工艺,一方面要研制新的焊接方法、焊接设备和焊接材料,以进一步提高焊接质量和安全可靠性,如改进现有电弧、等离子弧、电子束、激光等焊接能源;运用电子技术和控制技术,改善电弧的工艺性能,研制可靠轻巧的电弧跟踪方法。另一方面要提高焊接机械化和自动化水平,如焊机实现程序控制、数字控制;研制从准备工序、焊接到质量监控全部过程自动化的专用焊机;在自动焊接生产线上,推广、扩大数控的焊接机械手和焊接机器人,可以提高焊接生产水平,改善焊接卫生安全条件。

任务0.3　认识焊接安全及目标

焊接安全及目标

　　焊接是一项高危工作,须要注意以下问题:

　　①工作前应认真检查工具、设备是否完好,焊机的外壳是否可靠接地。焊机的修理应由电气保养人员进行,其他人员不得拆修。

　　②工作前应认真检查工作环境,确认为正常方可开始工作。施工前穿戴好劳动保护用品,戴好安全帽。高空作业要戴好安全带。敲焊渣、磨砂轮要戴好平光眼镜。

　　③接拆电焊机、电源线或电焊机发生故障时,应会同电工一起进行修理,严防触电事故。

　　④接地线要牢靠安全,不准用脚手架、钢丝缆绳、机床等作接地线。

　　⑤在靠近易燃地方焊接时,要有严格的防火措施,必要时须经安全员同意方可工作。焊接完毕应认真检查确无火源才能离开工作场地。

　　⑥焊接密封容器、管子应先开好放气孔。修补已装过油的容器,应清洗干净,打开人孔盖或放气孔才能进行焊接。

　　⑦在已使用过的罐体上进行焊接作业时,必须查明是否有易燃、易爆气体或物料,严禁在未查明之前动火焊接。焊钳、电焊线应经常检查、保养,发现有损坏应及时修好或更换,焊接过程发现短路现象应先关好焊机,再寻找短路原因,防止焊机烧坏。

　　⑧焊接吊码、加强脚手架和重要结构应有足够的强度,并敲去焊渣认真检查是否安全、可靠。

　　⑨在容器内焊接,应注意通风,把有害烟尘排出,以防中毒。在狭小容器内焊接应有两人,以防触电等事故。

　　⑩容器内油漆未干,有可燃气体散发不准施焊。

　　⑪工作完毕,必须断掉龙头线接头,检查现场,灭绝火种,切断电源。

任务0.4　本书的内容与学习要求

（1）本书的主要内容

①各类基本焊接方法的过程本质、特点、接头形成条件以及合理的使用范围。

②各类基本焊接方法中影响焊接质量的工艺参数及其合理选择和控制。

③常用典型焊接设备的构成、工作原理及操作使用方法。

上述各种焊接方法中,目前广为应用的一类焊接方法是电焊。本书讲述的焊接方法与设备将以各类电弧焊方法作为中心内容来讨论;电阻在压焊中应用广泛,也是较为重要的焊接方法,本书安排了一个单元进行讨论。电子焊、激光焊、摩擦焊、螺柱焊、电渣焊、钎焊等方法原理比较特殊,并都颇有发展前途或某些工业部门中有一定的应用价值,但其应用面较窄,还有一些焊接方法,如原子氢焊、铝热焊等在某些工业部门中有一定的应用价值,但这些方法原理一般都比较简单,只要掌握了上述主要焊接方法后可以自学理解,本书不一一详述。

（2）学习要求

①了解电的物理本质和电弧的工艺特性,了解焊丝和母材的熔化特性,掌握熔滴的主要形式和焊缝成形的基本规律。

②掌握各种常用电弧焊方法的特点、过程实质和应用范围,熟悉其影响质量的因素及保证质量的措施。

③能正确选择焊接方法和焊接参数,正确分析常见缺陷产生的工艺原因,并能提出解决的方法。

④了解常用电弧焊设备的特点、电气原理和应用范围,具有正确选择和合理使用与维护电弧焊设备的能力。

⑤深入了解电阻焊、电渣焊和钎焊的特点、过程实质及其应用范围。

⑥了解焊接新方法、新设备的发展情况,具有进一步自学和应用这些新方法、新设备的能力。

概括地说,就是通过本书的学习,读者应该掌握主要焊接方法的原理、焊接质量的控制以及常用设备的使用维护这 3 个方面的有关知识,以达到正确应用的目的。

（3）对本书学习方法的建议

"汽车焊接技术"课程是以物理学、电工及电子学、机械零件和金属学等课程为基础,以弧焊电源、熔焊原理课为前导的专业课程。在学习本书之前,应先修完上述课程,并进行专业生产实习,积累必要的基础知识。只有将这些知识融会贯通,并学以致用才能更扎实地学好本课程。

"汽车焊接技术"是汽车制造专业的主要专业课程之一,也是一门实践性很强的课程,学习本书时应与其他课程和其他教学环节(如实习、课程设计等)配合,特别注意理论联系生产实际,培养分析问题和解决实际问题的能力,即不但应该注意学好教材本身所介绍的内容,还要注意掌握分析各种焊接方法的思路,学会分析工艺现象、研究工艺、掌握设备的使用维护知识,并且特别重视实验和操作环节,才会有更好的学习效果。

综合训练

项目 *1*

平敷焊的焊接

【学习目标】

（1）了解焊接电弧的物理基础。
（2）掌握焊接电弧的主要工艺特性。
（3）明确焊丝熔化与熔滴过渡的过程以及母材熔化与焊缝成形的基本规律。
（4）熟悉平敷焊焊接工艺。

【素质目标】

职业无贵贱，行行出状元。只要具有吃苦耐劳的品质、爱岗敬业的工匠精神，做一行、爱一行、钻一行，就会有大的作为。

高凤林——世界顶级的焊工，也是我国焊工界金字塔的绝对顶端，他专门负责为我国的航天器部件焊接，是我国航天事业中发挥重要作用的人物。长征二号、三号都是经他手焊接完成，我国许多武器研制过程也有他的身影。人们说他是"为火箭筑心的人"。

长久以来，人们对技工这一类职业存在一定的偏见，提起焊工、车床，很多人会觉得是读书不好的人才会去做，又累又苦，没什么出息。但是高凤林这样的大国工匠用实际行动告诉人们，职业无贵贱，行行出状元。

任务 1.1   认识平敷焊焊接工艺

1.1.1   焊接工艺卡(图 1.1)

焊接工艺卡片			产品型号		零件图号				共 1 页 第 1 页		
			产品名称	电弧焊基础实训	零件名称	焊条电弧焊平敷焊					

技术要求:
1905
1.焊件上焊接三段焊缝,每段长度不小于8 cm;
  其中一段应有一个接头;
2.焊缝表面焊波均匀,无明显未熔合和咬边,
  其咬边深度≤0.5 mm;
3.焊缝宽度差、高度差≤3 mm;
4.焊缝平直美观;
5.焊件表面非焊道不能有引弧痕迹;
6.焊缝的起头和连接处平滑过渡,无局部过高
  现象,收尾处弧坑填满。
					主 要 组 成 件						

					序号	图 号	名 称	材料	件数		
							钢板	20#			

工序号	工 序 内 容		设备	工艺装备	电压或气压	电流或焊嘴号	焊条、焊丝、电极		焊剂	其他规范	工时
							型号	直径			
1	焊前清理试板表面的油污及其铁锈		电弧焊机	三维柔性焊接平台	100~130A		J422	3.2 mm			
2	按焊条规范要求,将J422焊条烘干150 ℃,保温1~2 h后备用		BX6-300-2								
3	按参数要求焊接三段8 cm以上的焊缝,并用焊条写出所在班级										
4	将焊渣及飞溅清除干净										

描 图 描 校 底图号 装订号

标记 处数 更改文件号 签字 日期	标记 处数 更文件号 签字 日期	设计(日期)	审核(日期)	标准化(日期)	会签(日期)
		李某某(20××.08.02)	张某某(20××.08.02)	刘某某(20××.08.03)	程某某(20××.08.05)

图 1.1   焊接工艺卡

1.1.2   焊接任务

①学会焊条电弧焊平敷焊(图 1.2)的引弧、运条、接头连接及收弧等基本操作。

②了解焊接环境有害因素,了解并正确使用焊接劳动保护用品(图 1.3)。

③能够对焊接场地进行安全检查。

④认识手工电弧焊设备和焊条,掌握手工电弧焊设备的调节方法,正确连接焊接回路(图 1.4)。

⑤正确使用工具、护具。

⑥观摩手工电弧焊基本操作方法,了解一般工艺规范。

图 1.2　焊条电弧焊平敷焊

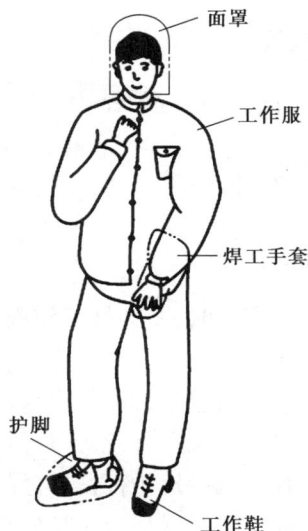

图 1.3　焊条电弧焊劳动保护简图

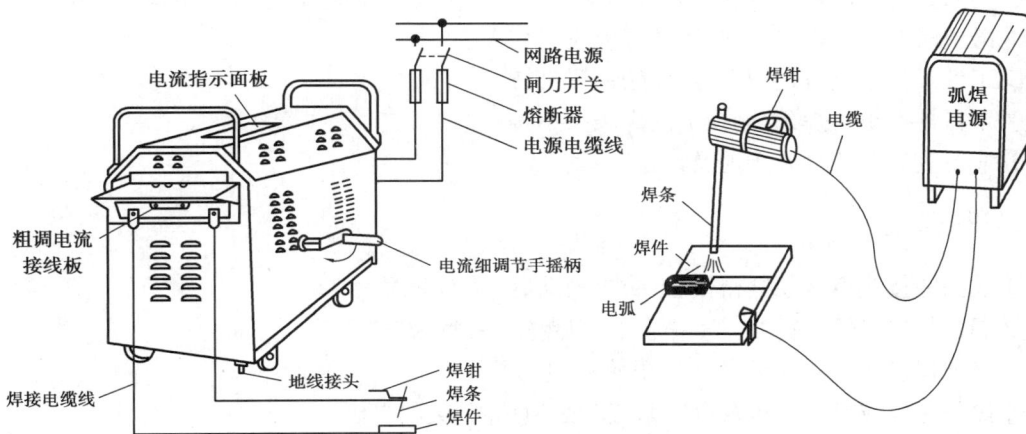

图 1.4　手工电弧焊设备和焊接回路简图

1.1.3　焊接准备

1)知识准备

①学完焊接技术理论课程。

②现场观摩焊接回路连接及引弧、运条、焊缝连接技能。

2)工具量具准备

焊机 BX-300-6-2,配电缆、手钳、渣锤、防护面具、手套等。

3)耗材准备

焊条 1 箱,低碳钢板 $\delta 6$ mm×300 mm×200 mm 若干。

1.1.4　注意事项

1)作业安全

①进入车间实习时,要穿好工作服,大袖口要扎紧。不得穿凉鞋、拖鞋、高跟鞋、背心、裙子和戴围巾进入车间。

②严禁在车间内追逐、打闹、喧哗、阅读与实习无关的书刊、玩手机等。

③应在指定的焊机上进行实习。未经允许,其他设备、工具或电器开关等均不得乱动。

④焊前检查焊机接地是否良好,焊钳和电缆的绝缘必须良好。

⑤焊前检查工作区域是否有易燃易爆物品。

⑥焊接时禁止向地面喷水,以免发生短路事故。不准赤手接触导电部分,防止触电。

⑦为防止有害的紫外线和红外线的伤害须戴上手套与面罩,防止弧光伤害和烫伤。

⑧敲渣时要注意敲击方向,以防焊渣飞出伤人。

⑨工件焊后不准直接用手拿,应用铁钳夹持。

⑩不得裸手更换焊条,刚换下的焊条头不得乱扔。

⑪实习完后要清理好场地及设备工具。

2)设备安全

①线路的接线点必须紧密接触,防止松动、接触不良而发热。

②焊钳任何时候不得放在工作台上,以免短路烧坏焊机。

③发现焊机或线路热烫时,应立即停止工作。

④操作完毕或检查焊机及电路系统时必须拉闸,关闭电源。

任务 1.2　认识焊接电弧

气体电离

1.2.1　焊接电弧的物理基础

电弧焊是应用广泛、重要的现代焊接方法之一。电弧是所有电弧焊方法的能源。目前,电弧焊之所以能在焊接方法中占据主要地位,一个重要的原因就是电弧能有效而简便地把弧焊电源输送的电能转换成焊接过程所需的热能和机械能。为了认识和发展电弧焊方法,首先必须弄清楚电弧是怎样实现这种能量转换和焊接中是如何利用这种能源的,这就需要深入了解焊接电弧的物理本质和各种特性。

1）电弧及其电场强度分布

电弧是一种气体放电现象,它是带电粒子通过两电极之间气体空间的一种导电过程。

一般情况下,气体是良好的绝缘体,其分子和原子都处于电中性状态。要使两电极之间的气体导电,必须具备两个基本条件:①两电极之间有带电粒子;②两电极之间有电场。如能采用一定的物理方法,改变两电极间气体粒子的电中性状态,使之产生带电荷的粒子,则这些带电粒子在电场的作用下运动,即形成电流,使两电极之间的气体空间成为导体,从而产生气体放电。气体放电随电流的强弱有不同的形式,如暗放电、辉光放电、电弧放电等。与其他气体放电形式相比,电弧放电的主要特点是电流最大、电压最低、温度最高、发光最强。

在两个电极之间产生电弧放电时,沿电弧长度方向的电压分布如图 1.5 所示。

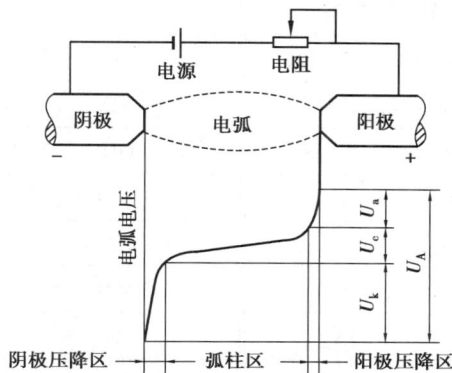

图 1.5　沿电弧长度方向的电压分布

由图中可知,沿电弧长度方向的电压分布并不均匀。按电压分布的特征可将电弧分为 3 个区域:阴极附近的区域为阴极区,其电压 U_k 称为阴极电压降;中间部分为弧柱区,其电压 U_c 称为弧柱电压降;阳极附近的区域为阳极区,其电压 U_a 称为阳极电压降。阳极区和阴极区占整个电弧长度的尺寸都很小,为 $1 \times 10^{-6} \sim 1 \times 10^{-2}$ cm,可近似认为弧柱区长度即为电弧长度。电弧这种不均匀的电压分布,说明电弧各区域的电阻是不同的,即电弧电阻是非线性的。

2）电弧中带电粒子的产生

电弧两极间带电粒子产生的来源有中性气体粒子的电离、金属电极发射电子、负离子形成等。其中气体的电离和阴极发射电子是电弧中产生带电粒子的两个基本物理过程。

（1）气体的电离

在外加能量作用下,使中性的气体分子或原子分离成电子和正离子的过程称为气体电离。气体电离的实质,是中性气体粒子(分子或原子)吸收足够的外部能量,使得分子或原子中的电子脱离原子核的束缚而成为自由电子和正离子的过程。中性气体粒子失去第一个电子所需的最小外加能量称为第一电离能,失去第二个电子所需的能量称为第二电离能,以此类推。

电弧焊中的气体粒子电离现象主要是一次电离。电离能通常以电子伏(eV)为单位。1 eV 就是指 1 个电子通过电位差为 1 V 的两点时所需做的功,其数值为 1.6×10^{-19} J。为了便于计算,常把以 eV 为单位的能量转换为数值上相等的电离电压来表示。电弧气氛中常见气体粒子的电离电压见表1.1。

表1.1　常见气体粒子的电离电压

气体粒子	电离电压/V	气体粒子	电离电压/V
H	13.5	W	8.0
He	24.5(54.2)	H_2	15.4
Li	5.4(75.3,122)	C_2	12
C	11.3(24.4,48,65.4)	Na	15.5
N	14.5(29.5,47,73,97)	O_2	12.2
O	13.5(35,55,77)	Cl_2	13
F	17.4(35,63,87,114)	CO	14.1
Na	5.1(47,50,72)	NO	9.5
Cl	13(22.5,40,47,68)	OH	13.8
Ar	15.7(28,41)	H_2O	12.6
K	4.3(32,47)	CO_2	13.7
Ca	6.1(12,51,67)	NO_2	11
Ni	7.6(18)	Al	5.96
Cr	7.7(20,30)	Mg	7.61
Mo	7.4	Tl	6.81
Cs	3.9(33,35,51,58)	Cu	7.68
Fe	7.9(16,30)		

注:括号内的数字依次为二次、三次电离电压。

当其他条件(如气体的解离性能、热物理性能等)一定时,气体电离电压的大小反映了带电粒子产生的难易程度。电离电压低,表示带电粒子容易产生,有利于电弧导电;电离电压高,表示带电粒子难以产生,电弧导电困难。

由此可知,当电弧空间同时存在电离电压不同的几种气体时,在外加能量的作用下,电离电压较低的气体粒子将先被电离。如果这种气体供应充足,则电弧空间的带电粒子将主要由这种气体的电离来提供,所需要的外加能量也主要取决于这种较低的电离电压,为提供电弧导电所要求的外加能量也较低。焊接时,为提高电弧的稳定性,往往加入一些电离电压较低、易电离的元素作为稳弧剂,也就是基于此种原因。根据外加能量来源的不同,气体电离种类可分为以下几种:

①热电离　气体粒子受热的作用而产生电离的过程称为热电离。它实质上是气体粒子的热运动使粒子间发生频繁而激烈的碰撞形成的一种电离过程。

电弧中带电粒子数的多少对电弧的稳定起着重要作用。单位体积内电离的粒子数与气体电离前粒子总数的比值称为电离度,用 x 表示,即

$$x = \frac{\text{已电离的中性粒子密度}}{\text{电离前的中性粒子密度}}$$

热电离的电离度与温度、气体压力及气体的电离电压有关。随着温度的升高、气体压力的减小及电离电压的降低,电离度随之增加,电弧中带电粒子数增加,电弧的稳定性增强。热电离度 x 与温度 T 之间的关系如图 1.6 所示。

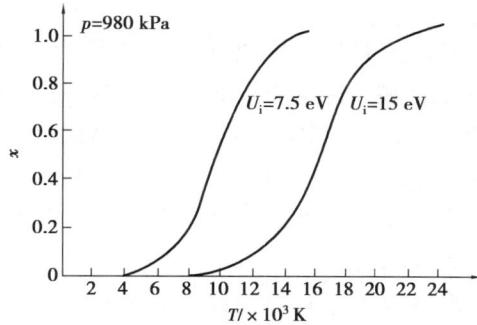

图 1.6　热电离度 x 与温度 T 之间的关系

②场致电离　在两电极间的电场作用下,气体中的带电粒子被加速,电能将转换为带电粒子的动能。当带电粒子的动能增加到一定数值时,则可能与中性粒子发生非弹性碰撞而使之产生电离,这种电离称为场致电离。

普通焊接电弧中,弧柱的温度一般为 5 000 ~ 30 000 K,而电场强度(单位长度上的电压降称为电场强度)E 仅为 10 V/cm 左右,在弧柱区热电离产生带电粒子的主要途径,电场作用下的电离是次要的。在电弧的阴极压降区和阳极压降区,电场强度可达 $10^5 \sim 10^7$ V/cm,远高于弧柱区,会产生显著的场致电离现象。

③光电离　中性气体粒子受到光辐射的作用而产生的电离过程称为光电离。

焊接电弧的光辐射只可能对 K、Na、Ca、Al 等金属蒸气直接引起光电离,而对焊接电弧气氛中的其他气体则不能直接引起光电离。光电离只是电弧中产生带电粒子的一种次要途径。

(2)阴极电子发射

在电弧焊中,电弧气氛中的带电粒子一方面由电离产生;另一方面由阴极电子发射获得。两者都是电弧产生和维持不可缺少的必要条件。由于从阴极发射的电子在电场的加速下碰撞电弧导电空间的中性气体粒子使之电离,这样就使阴极电子发射充当了维持电弧导电的"原电子之源",因此,阴极电子发射在电弧导电过程中起着特别重要的作用。

阴极电子发射

阴极表面的自由电子受到一定的外加能量作用时,从阴极表面逸出的过程称为电子发射。电子从阴极表面逸出需要能量,1 个电子从金属表面逸出所需要的最低外加能量称为逸出功(A_w),单位为 eV。因电子电量为常数 e,故通常用逸出电压(U_w)来表示,$U_w = A_w/e$,单位为 V。逸出功的大小受电极材料种类及表面状态影响。表 1.2 列出了几种金属材料的逸出功。由表可知,当金属表面存在氧化物时逸出功都会减小。

表 1.2   几种金属材料的逸出功

金属种类		W	Fe	Al	Cu	K	Ca	Mg
A_w/eV	纯金属	4.54	4.48	4.25	4.36	2.02	2.12	3.73
	表面有氧化物	—	3.92	3.9	3.85	0.46	1.8	3.31

阴极表面通常可以观察到微小、烁亮的区域,这个区域称为阴极斑点,它是发射电子最集中的区域,即电流最集中流过的区域。阴极斑点的形态与阴极的类型有关。当采用钨或碳作阴极材料时(通常称为热阴极),其斑点固定不动;而当采用钢、铜、铝等材料作阴极时(通常称为冷阴极),其斑点在阴极表面作不规则的游动,甚至可观察到几个斑点同时存在。由于金属氧化物的逸出功比纯金属低,因此氧化物处容易发射电子。氧化物处发射电子的同时自身被破坏,阴极斑点有清除氧化物的作用。

根据外加能量形式的不同,电子发射可分为以下 4 种类型:

①热发射   阴极表面受到热的作用而使其内部的自由电子热运动速度加大,动能增加,一部分电子动能达到或超出逸出功时产生的电子发射现象称为热发射。

热发射的强弱受材料沸点的影响。当采用高沸点的钨或碳作阴极时(其沸点分别为 5 950 K 和 4 200 K),电极可被加热到很高的温度(一般可达 3 500 K 以上),此时,通过热发射可为电弧提供足够的电子。

②场致发射   当毗邻阴极表面的空间存在一定强度的正电场时,阴极内部的电子将受到电场力的作用。当此力达到一定程度时电子便会逸出阴极表面,这种电子发射现象称为场致发射。

当采用钢、铜、铝等低沸点材料作阴极时(其沸点分别为 3 013 K、2 868 K 和 2 770 K),阴极加热温度受材料沸点限制不可能很高,热发射能力较弱,此时向电弧提供电子的主要方式是场致发射电子。实际上,电弧焊时纯粹的场致发射是不存在的,只不过是在采用冷阴极时以场致发射为主、热发射为辅而已。

③光发射   当阴极表面受到光辐射作用时,阴极内的自由电子能量达到一定程度而逸出阴极表面的现象称为光发射。光发射在阴极电子发射中居次要地位。

④粒子碰撞发射   电弧中高速运动的粒子(主要是正离子)碰撞阴极时,把能量传递给阴极表面的电子,使电子能量增加而逸出阴极表面的现象称为粒子碰撞发射。

焊接电弧中,阴极区有大量的正离子聚积,正离子在阴极区电场作用下被加速,获得较大动能,撞击阴极表面可能形成碰撞发射。在一定条件下,这种电子发射形式是焊接电弧阴极区提供导电所需要带电粒子的主要途径之一。

实际焊接过程中,上述几种电子发射形式是同时存在、相互补充的,只是在不同的条件下它们起的作用各不相同。

(3)带电粒子的消失

电弧导电过程中,在产生带电粒子的同时,伴随着带电粒子的消失过程。在电弧稳定燃烧时,两者处于动平衡状态。带电粒子在电弧空间的消失主要有复合及形成负离子等过程。

①复合   电弧空间的正负带电粒子(正离子、负离子、电子)在一定条件下相遇而结合成

中性粒子的过程称为复合。

　　复合主要在电弧的周边进行。这是因为弧柱中心温度较高,所有粒子本身的热运动能量都很大,只能产生更多的带电粒子,不可能产生复合。而电弧周边温度较低,带电粒子数较少,弧柱中心的带电粒子会向周边扩散并降低能量,然后复合成中性粒子。电子与正离子复合时将以辐射和热能的形式释放出电离能和各自的一部分动能。交流电弧焊接时,电流过零的瞬间电弧熄灭,电弧空间温度迅速降低,这时会产生带电粒子的大量复合,使电弧空间带电粒子减少,可能导致电弧复燃困难。

　　②负离子的形成与影响　在一定条件下,有些中性原子或分子能吸附电子而形成负离子。电弧周边温度较低,中性粒子易与从电弧中心扩散出来的动能较低的电子相遇而形成负离子。

　　中性粒子吸附电子而形成负离子时,其内能不是增加而是减少,以热或辐射光的形式释放出来。减少的这部分能量称为中性粒子的电子亲和能。

　　电子亲和能大的元素,形成负离子的倾向大。大多数元素的电子亲和能较小,不易生成负离子。电弧中可能遇到的 F、Cl、O、OH、NO 等均具有一定的电子亲和能,都可能形成负离子。负离子的产生,使得电弧空间的电子数量减少,并致电弧导电困难,电弧稳定性降低;负离子虽然所带电荷量与电子相等,但因其质量比电子大得多,运动速度低,易与正离子复合成中性粒子,故不能有效地担负转送电荷的任务。

1.2.2　焊接电弧的导电特性

　　焊接电弧的导电特性是指参与电荷的运动并形成电流的带电粒子在电弧中产生、运动和消失的过程。在焊接电弧的弧柱区、阴极区和阳极区 3 个组成区域中,它们的导电特性是各不相同的。

焊接电弧的导电特性1

1)弧柱区的导电特性

　　弧柱温度很高,且随电弧气体介质、电流大小的不同而异,一般为 5 000 ~ 50 000 K。电弧稳定燃烧时,弧柱与周围气体介质处于热平衡状态。当弧柱温度很高时,可使其中的大部分中性粒子电离成电子和正离子。由于正离子和电子的空间密度相同,两者的总电荷量相等,所以宏观上看弧柱呈电中性。

　　电弧弧柱虽然对外呈现电中性,但由于其内部有大量电子和正离子等带电粒子,所以具有良好的导电性能。这些带电粒子在电场的作用下运动,就形成了弧柱中的电流。弧柱中负离子的数量很少,可以忽略不计。弧柱中的电流由向阴极运动的正离子流和向阳极运动的电子流组成。由于电子和正离子在同一电场中所受的电场力相同,而电子的质量远比正离子的质量小,即电子的运动速度比正离子的速度要大得多,因此弧柱中的电流主要由电子流构成。

　　弧柱单位长度上的电压降(即电位梯度)称为弧柱电场强度 E。E 的大小表征弧柱的导电性能,弧柱的导电性能好,则所要求的 E 小。显然,当弧柱中通过大电流时,电离度提高,E 将减小。电场强度 E 和电流 I 的乘积 EI 相当于电源供给每单位弧长的电功率,它将与弧柱的热损失相平衡。电弧在 H_2、He 等气体介质中燃烧时,由于这些气体比空气轻,粒子运动速度大,带走的热量多,因此,在电流一定时,为了平衡就需要增加电弧单位长度的电功率,即必

须加大 E 值。另外,多原子气体在分解成单原子时也要吸收能量,这也会使 E 值变大。I 一定,E 变大,弧柱的产热功率提高,弧柱的温度也升高。当弧柱外围有强迫气流冷却时,E 将提高,弧柱温度也会升高。由此可知,电场强度 E 的大小与电弧的气体介质有关;E 的大小将随弧柱的热损失情况而自行调整。

上述两种现象表明,弧柱在稳定燃烧时,有一种使自身能量消耗最小的特性,即当电流和电弧周围条件(如气体介质种类、温度、压力等)一定时,稳定燃烧的电弧将自动选择一个确定的导电截面,使电弧的能量消耗最小。当电弧长度为定值时,电场强度的大小即代表了电弧产生热量的大小,能量消耗最小时的电场强度最低,即在固定弧长上的电压降最小,这就是最小电压原理。

电流和电弧周围条件一定时,如果电弧截面面积大于或小于其自动确定的截面,都会引起电场强度 E 增大,使消耗的能量增多,违反最小电压原理。因为电弧截面增大时,电弧与周围介质的接触面增大,电弧向周围介质散失的热量增加,要求电弧产生更多的能量与之相平衡,即要求 EI 增加。而焊接电流 I 是一定的,只能是电弧电场强度 E 增加;反之,若电弧截面减小,则在 I 一定的情况下,电流密度必然增加,导致 E 增大。电弧将自动确定一个截面,在这一截面下,使 EI 最小,即消耗的能量最小。

2)阴极区的导电特性

阴极区是指靠近阴极的一个很小的区域。在电弧中,它有两个方面的作用:一方面向弧柱区提供电弧导电所需的电子流;另一方面接受由弧柱传来的正离子流。电极材料种类及工作条件(电流大小、气体介质等因素)不同,阴极区的导电形式和特性也不同。

(1)热发射型

当采用热阴极且使用较大电流时,阴极区可加热到很高的温度,这时阴极主要靠热发射提供电子流来满足弧柱导电的需要。这种情况下,阴极斑点在电极表面十分稳定,其面积较大而且比较均匀,紧靠阴极表面的弧柱不呈收缩状态。阴极区的电流密度与弧柱区相近,阴极区电压降很小。

热发射时电子从阴极表面带走的热量可以从两个途径得到补充:①正离子冲击阴极表面而将能量传递给阴极,并且正离子在阴极表面复合电子,释放出的电离能也使阴极加热;②电流流过阴极时产生的电阻热使阴极加热。通过上述能量补充,可使阴极维持较高的温度,保证持续的热发射。大电流钨极氩弧焊时,这种热发射型导电占主导地位。

(2)电场发射型

当采用冷阴极或虽然采用热阴极但使用较小电流时,不可能加热到很高的温度,不足以产生较强的热发射来提供弧柱导电所需要的电子流,则在靠近阴极的区域,正电荷过剩而形成较强的正电场,并使阴极与弧柱之间形成一个正电性区——阴极区。这个正电场的存在,可使阴极产生场致发射,向弧柱提供所需的电子流。同时,阴极发射出来的电子被加速,使其动能增加,在阴极区可能产生场致电离。场致电离产生的电子与阴极发射出来的电子合在一起构成弧柱所需的电子流,场致电离产生的正离子与弧柱来的正离子,在电场作用下一起奔向阴极,使得阴极区保持正离子过剩,出现正电性,维持场致发射。另外,当这些正离子到达阴极时,将其动能转换为热能,对阴极的加热作用增强,使阴极的热发射作用增大,呈现热场致发射,为弧柱提供足够的电子流。这种形式的导电中,为了提高阴极区的电场强度,按照最小电压原理,阴极区将自动收缩截面,以提高正离子流即正电荷的密度,维持阴极的电子发射能力。在小电流钨极氩弧焊和熔化极电弧焊时,这种场致发射型导电起主要作用。

在采用冷阴极或虽然采用热阴极但使用较小电流的情况下,实际上是热发射型和场致发射型两种阴极导电形式并存,而且相互补充和自动调节。阴极区的电压降,主要取决于电极材料的种类、电流大小和气体介质的成分,一般在几伏至几十伏之间。当电极材料的沸点较高或逸出功较小时,热发射型导电的比例较大,阴极压降较小;反之,则场致发射型导电的比例较大,阴极压降也较大。电流较大时,一般热发射型导电的比例增大,阴极压降减小。

3)阳极区的导电特性

阳极区是指靠近阳极的一个很小的区域。在电弧中,它的主要作用是接受弧柱中送来的电子流,同时向弧柱提供所需的正离子流。

（1）阳极斑点

在阳极表面可看到微小、烁亮的区域,这个区域称为阳极斑点。弧柱中送来的电子流,集中在此处进入阳极,再经电源返回阴极。阳极斑点的电流密度比阴极斑点的小,它的形态与电极材料及电流大小有关。由于金属蒸气的电离电压比周围气体介质的电压低,因此电离易在金属蒸气处发生。如果阳极表面某一区域产生均匀的金属熔化和蒸发或这些区域的蒸发比其他区域更强烈,则这个区域便成为阳极导电区。在大气或氧化性气氛中燃烧的电弧,由于金属阳极上有氧化物存在,而一般金属的熔点与沸点皆低于金属氧化物的熔点和沸点,所以纯金属处比金属氧化物处更容易产生蒸发,阳极斑点便会自动寻找纯金属而避开氧化物,在阳极表面上跳跃移动。

（2）阳极区导电形式

阳极不能发射正离子,弧柱所需的正离子流是由阳极区的电离提供的。条件不同,阳极区的导电形式有以下两种:

①阳极区的场致电离　当电弧电流较小时,阳极前面的电子数必将大于正离子数,形成负的空间电场,并使阳极与弧柱之间形成一个负电性区——阳极区。只要弧柱的正离子得不到补充,这个负电场就继续增大。阳极区内的带电粒子被这个电场加速,使其在阳极区内与中性粒子碰撞产生场致电离,直到这种电离生成的正离子能满足弧柱需要时,阳极区的电场强度才不再继续增大。电离生成的正离子流向弧柱,产生的电子流向阳极。这种导电方式中阳极区压降较大。

②阳极区的热电离　当电弧电流较大时,阳极的过热程度加剧,金属产生蒸发,阳极区温度大大提高。阳极区内的电离方式将由金属蒸气的热电离取代高能量电子碰撞产生的场致电离,完成阳极区向弧柱提供正离子流的作用。这种情况下阳极区的压降较低。大电流钨极氩弧焊时属于这种阳极区导电机构。

1.2.3 焊接电弧的工艺特性

电弧焊以电弧为能源,主要利用其热能及机械能。焊接电弧与热能及机械能有关的工艺特性,主要包括电弧的热能特性、电弧的力学特性、电弧的稳定

性等。

1)电弧的热能特性

（1）电弧热的形成机构

电弧可以看作一个把电能转换成热能的柔性导体,电弧3个区域的导电特性不同,产热特性也不同。

①弧柱的产热　弧柱是带电粒子的通道。在这个通道中带电粒子在外加电场的作用下运动,电能转换为热能和动能。在弧柱中,带电粒子并不是直接向两极运动,而是在频繁而激烈的碰撞过程中沿电场方向运动。这种碰撞是无规则的紊乱运动,可能是带电粒子之间的碰撞,也可能是带电粒子与中性粒子之间的碰撞。碰撞过程中带电粒子达到高温状态,把电能转换成热能。由于质量上的差异,电子运动速度比正离子运动速度大得多,因此从电源吸取电能转换为热能的作用几乎完全由电子来承担,在弧柱中外加电能大部分将转换为热能。

单位长度弧柱的电能为 EI,它的大小决定了弧柱产热量的大小。当电弧处于稳定状态时,弧柱的产热与弧柱的热损失(对流、传导和辐射等)处于动平衡状态。当电弧电流一定时,单位长度弧柱产热量由 E 决定, E 的数值按最小电压原理自行调节。 I 一定, E 升高,则弧柱的产热量增加,弧柱温度升高,工件获得的热量也增加。根据这一特点,在实际焊接中往往采取措施强迫冷却弧柱,使电弧截面减小, E 增大,从而获得能量更集中、温度更高的电弧。

一般电弧焊时,弧柱损失的热能中对流损失占80%以上,传导与辐射损失约占10%,仅剩很少一部分能量通过辐射传给焊丝和工件。当电流较大有等离子流产生时,等离子流可把弧柱的一部分热量带给工件,从而增加工件的热量。

②阴极区的产热　阴极区与弧柱区相比,长度很短,且靠近电极或工件(由接线方法决定),直接影响焊丝的熔化或工件的加热。阴极区存在电子和正离子两种带电粒子,这两种带电粒子在不断地产生、运动和消失,同时伴随着能量的转换与传递。弧柱中正离子流所占比例很小,可以认为它的产热对阴极区的影响很小,可忽略不计。影响阴极区能量状态的带电粒子全部在阴极区产生,并由阴极区提供足够数量的电子来满足弧柱导电的需要,可从这些电子在阴极区的能量平衡过程来分析阴极区的产热。

阴极区提供的电子流与总电流 I 相近,这些电子在阴极压降 U_k 的作用下逸出阴极并被加速,获得的总能量为 IU_k,电子从阴极表面逸出时,将从阴极表面带走相当于逸出功的能量,对阴极有冷却作用,这部分能量总和为 IU_w。电子流离开阴极区进入弧柱区时,将带走与弧柱温度相应的热能,这部分能量为 IU_T(U_T 为弧柱温度的等效电压)。阴极区总的产热功率 P_K 应为

$$P_K = IU_k - IU_w - IU_T$$

所产生的热量主要用于对阴极的加热和阴极区的散热损失。焊接时,这部分能量可被用来加热填充材料或工件。

③阳极区的产热　阳极区的电流由电子流和正离子流两个部分组成,正离子流所占比例很小,可忽略不计,只考虑电子流的能量转换效应。到达阳极的电子能量由3个部分组成:第一部分是电子经阳极压降区被 U_a 加速而获得的动能 IU_a;第二部分为电子从阴极逸出时吸收的逸出功 IU_w;第三部分是从弧柱区带来的与弧柱温度相应的热功率 IU_T。阳极区的总产热

功率 P_a 为

$$P_a = IU_a + IU_W + IU_T$$

所产生的热量主要用于对阳极的加热和散热损失。在焊接过程中,这部分能量可用于加热填充材料或工件。

(2)电弧的温度分布

电弧各部分的温度分布受电弧产热特性的影响,电弧组成的3个区域产热特性不同,温度的分布有较大的区别,电弧温度的分布特点可从轴向和径向两个方面比较:

①轴向 电弧轴向温度分布的特点是阴极区和阳极区的温度较低,弧柱温度较高,如图1.7所示。阴极、阳极的温度则根据焊接方法的不同有所差别,见表1.3。

②径向 电弧径向温度分布的特点是弧柱轴线温度最高,沿径向由中心至周围温度逐渐降低,如图1.8所示。

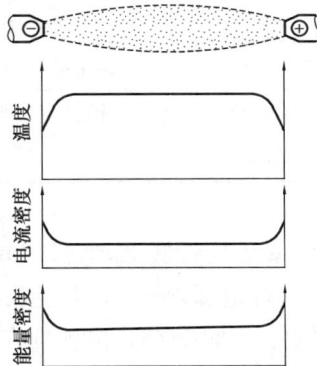

图1.7 电弧温度、电流密度和能量密度的轴向分布示意图

表1.3 常用焊接方法阴极与阳极的温度比较

焊接方法	酸性焊条电弧焊	钨极氩弧焊	碱性焊条电弧焊	熔化极氩弧焊	CO_2 气体保护焊	埋弧焊
温度比较	阳极温度>阴极温度		阴极温度>阳极温度			

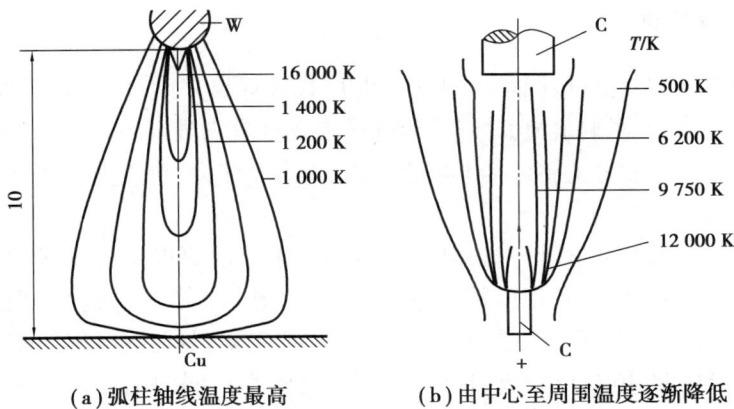

(a)弧柱轴线温度最高　　　(b)由中心至周围温度逐渐降低

图1.8 电弧径向温度分布示意图

（3）焊接电弧的热效率及能量密度

电弧焊的热能由电能转换而来，电弧的热功率 PQ 可表示为

$$PQ = P_A = IU_A$$

式中，P_A 为电弧的电功率；U_A 为电弧电压，$U_A = U_k + U_c + U_a$。

所得热量并不能全部有效地用于焊接。其中一部分热量因对流、辐射及传导等损失掉了。用于加热、熔化填充材料及工件的电弧热功率称为有效热功率，表示为

$$P_Q' = \eta P_Q$$

式中，η 为有效热功率系数（热效率系数），它受焊接方法、焊接工艺参数、周围条件等因素的影响。

表 1.4 为常用焊接方法的热效率系数。

表 1.4　常用焊接方法的热效率系数

焊接方法	η	焊接方法	η
焊条电弧焊	0.65 ~ 0.85	熔化极氩弧焊	0.70 ~ 0.80
埋弧焊	0.80 ~ 0.90	钨极氩弧焊	0.65 ~ 0.70
CO_2 气体保护焊	0.75 ~ 0.90		

由表 1.4 可知，钨极氩弧焊热效率系数较低，而埋弧焊较高。这是因为钨极氩弧焊电极不熔化，只是工件熔化，仅利用了一部分电弧热量，电极吸收的热量都被焊枪冷却水带走，而不能传递到母材中去，所以热效率较低。埋弧焊时，电弧埋在焊剂层下燃烧，焊剂形成的保护罩有保温作用，而且弧柱热量也用于熔化焊剂，热量利用最充分，热效率可高达 90%。

当其他条件不变时，焊接电弧的热效率随着电弧电压 U_A 的升高而降低。因为 U_A 升高，弧长增加，通过对流、辐射等损失的弧柱热量增加。

电弧焊时，电弧加热区的能量密度分布是不均匀的，弧柱轴线处能量密度最大，沿径向逐渐降低（图 1.7），弧柱中心处的工件熔深大，而周围熔深小。显然，能量密度大时可有效地将热源用于熔化金属，并可减小热影响区，获得窄而深的焊缝，有利于提高焊接生产效率。

2）电弧的力学特性

在焊接过程中，电弧的机械能是以电弧力的形式表现出来的，电弧力不仅直接影响工件的熔深及熔滴过渡，而且影响熔池的搅拌、焊缝成形及金属飞溅等，对电弧力的利用和控制将直接影响焊缝质量。电弧力主要包括电磁收缩力、等离子流力、斑点力等。

（1）电弧力及其作用

①电磁收缩力　由电工学已知，当电流流过相距不远的两根平行导线时，如果电流方向相同则产生相互吸引力，如方向相反则产生排斥力，如图 1.9 所示。这个力是由电磁场产生的，称为电磁力。它的大小与导线中流过的电流大小成正比，与两导线间的距离成反比。

当电流流过导体时，电流可看成由许多相距很近的平行同向电流线组成，这些电流线之间将产生相互吸引力。如果是可变形导体（液态或气态），将使导体产生收缩，这种现象称为电磁收缩效应，产生电磁收缩效应的力称为电磁收缩力。这个电磁收缩力往往是形成其他电

弧力的力源。

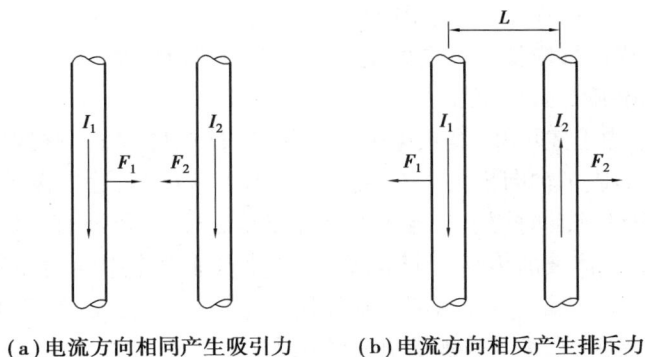

（a）电流方向相同产生吸引力　　（b）电流方向相反产生排斥力

图 1.9　两根平行导线之间的电磁力示意图

　　焊接电弧是能够通过很大电流的气态导体,电磁效应在电弧中产生的收缩力表现为电弧内的径向压力。通常电弧可看成一圆锥形的气态导体,如图 1.10 所示。电极端直径小,工件端直径大。由于不同直径处电磁收缩力的大小不同,直径小的一端收缩压力大,直径大的一端收缩压力小,因此将在电弧中产生压力差,形成由小直径端(电极端)指向大直径端(工件端)的电弧轴向推力(图 1.9 中的 F_1)。电流越大,形成的推力越大。

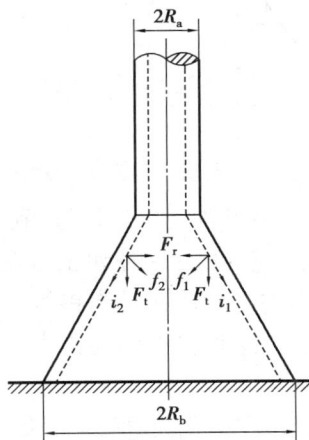

图 1.10　圆锥状电弧及其电磁力示意图

　　电弧轴向推力在电弧横截面上分布不均匀,弧柱轴线处最大,向外逐渐减小,在工件上此力表现为对熔池形成的压力,称为电磁静压力。这种分布形式的力作用在熔池上,则形成如图 1.11(a)所示的碗状熔深焊缝。

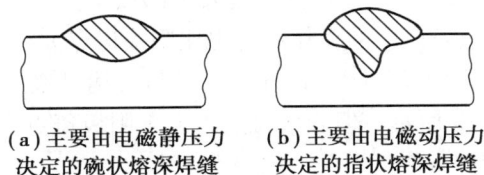

（a）主要由电磁静压力　　　（b）主要由电磁动压力
　　决定的碗状熔深焊缝　　　　决定的指状熔深焊缝

图 1.11　焊缝形状示意图

　　由电弧自身磁场引起的电磁收缩力,在焊接过程中具有重要的工艺性能。它不仅使熔池下凹,同时对熔池产生搅拌作用,有利于细化晶粒,排出气体及夹渣,使焊缝的质量得到改善。另外,电磁收缩力形成的轴向推力可在熔化极电弧焊中促使熔滴过渡,并可束缚弧柱的扩展,使弧柱能量更集中,电弧更具挺直性。

　　②等离子流力　由上述可知,焊接电弧呈圆锥状,使电磁收缩力在电弧各处分布不均匀具有一定的压力差,形成了轴向推力。在此推力作用下,将把靠近电极处的高温气体推向工件方向流动。高温气体流动时要求从电极上方补充新的气体,形成有一定速度的连续气流进入电弧区。新加入的气体被加热和部分电离后,受轴向推力作用继续冲向工件,对熔池形成附加的压力,如图 1.12 所示。熔池这部分附加压力是由高温气流(等离子气流)的高速运动引起的,称为等离子流力,也称为电弧的电磁动压力。

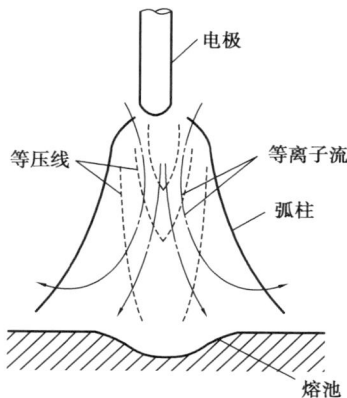

图 1.12　等离子流形成示意图

　　电弧中等离子气流具有很大的速度和加速度,可以达到每秒数百米。等离子流产生的动压力分布应与等离子流速度分布相对应,可见这种动压力在电弧中心线上最强。电流越大,中心线上的动压力幅值越大,而分布的区间越小。当钨极氩弧焊的钨极锥角较小、电流较大或熔化极氩弧焊采用喷射过渡工艺时,这种电弧的动压力皆较显著,容易形成如图 1.11(b)所示的指状熔深焊缝。

　　等离子流力可增大电弧的挺直性,在熔化极电弧焊时促进熔滴轴向过渡,增大熔深,并对熔池形成搅拌作用。

　　③斑点力　电极上形成斑点时,斑点处受到带电粒子的撞击或金属蒸发的反作用而对斑点产生的压力,称为斑点压力或斑点力。阴极斑点力比阳极斑点力大,主要原因是:a. 阴极斑点承受正离子的撞击,阳极斑点承受电子的撞击,而正离子的质量远大于电子的质量,且阴极压降一般大于阳极压降,阴极承受的撞击远大于阳极斑点;b. 阴极斑点的电流密度比阳极斑点的电流密度大,金属蒸发产生的反作用力也比阳极斑点大。

　　无论是阴极斑点力还是阳极斑点力,其方向总是与熔滴过渡方向相反,斑点力总是阻碍熔滴过渡的作用力,如图 1.13 所示。但阴极斑点力大于阳极斑点力,在直流电弧焊时可通过采用反接法来减小这种影响。

　　(2)电弧力的主要影响因素

　　①焊接电流和电弧电压　焊接电流增大,电磁收缩力和等离子流力都增加,电弧力也增

大。焊接电流一定时,电弧长度增加引起电弧电压升高,则电弧力减小。

②焊丝直径　焊接电流一定时,焊丝越细,电流密度越大,造成电弧锥形越明显,则电磁力和等离子流力越大,导致电弧力增大,如图 1.14 所示。

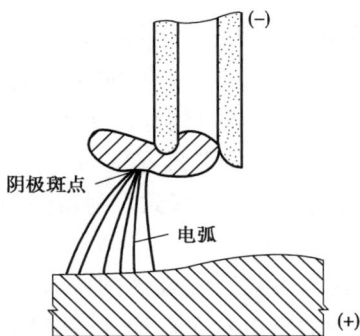

图 1.13　斑点力阻碍熔滴过渡的示意图

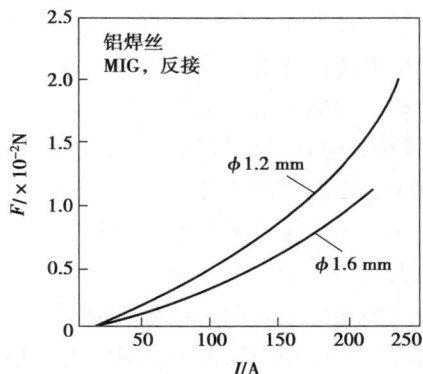

图 1.14　电弧力与焊丝直径的关系

③电极(焊条、焊丝)的极性　通常情况下阴极导电区的收缩程度比阳极区大,因此钨极氩弧焊正接时,可形成锥度较大的电弧,产生较大的电弧力。熔化极气体保护焊采用直流正接时,熔滴受到较大的斑点压力,过渡时受到阻碍,电弧力较小;反之,直流反接时,电弧力较大,如图 1.15 所示。

④气体介质　不同种类的气体介质,其热物理性能不同,对电弧产生的影响也不同。导热性强的气体或多原子气体消耗的热量多,会引起电弧的收缩,导致电弧力的增加,如图 1.16 所示。气体流量或电弧空间气体压力增加,会引起弧柱收缩,导致电弧力增加,同时使斑点压力增大。斑点压力增大使熔滴过渡困难。CO_2 气体保护焊时这种现象尤为明显。

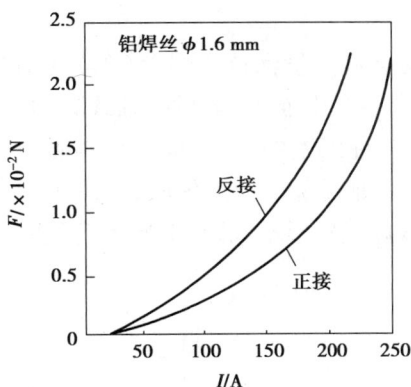

图 1.15　熔化极氩弧焊时电弧力与电流极性的关系

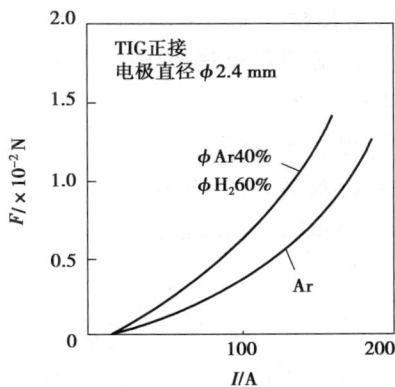

图 1.16　电弧力与气体介质的关系

3)电弧的稳定性

电弧的稳定性是指电弧保持稳定燃烧(不产生断弧、飘移和偏吹等)的程度。电弧的稳定燃烧是保证焊接质量的一个重要因素,维持电弧的稳定性非常重要。电弧不稳定的原因除操作人员技术熟练程度不足外,还与下列因素有关:

（1）焊接电源

①焊接电源的特性　它是指焊接电源以哪种形式向电弧供电。如焊接电源的特性符合电弧燃烧的要求，则电弧燃烧稳定；反之，则电弧燃烧不稳定。电弧焊时，电源必须提供一种能与电弧静特性相匹配的外特性才能保证电弧的稳定燃烧。

②焊接电源的种类　采用直流电源焊接时，电弧燃烧比采用交流电源稳定。这是因为直流电弧没有方向的改变。而采用交流电源焊接时，电弧的极性是按工频（50 Hz）周期性变化的，就是每秒钟电弧的燃烧和熄灭要重复100次，电流和电压每时每刻都在变化。

③焊接电源的空载电压　具有较高空载电压的焊接电源不仅引弧容易，而且电弧燃烧也稳定。这是因为焊接电源的空载电压较高，电场作用强，场致电离及场致发射就强烈。

（2）焊条药皮或焊剂

焊条药皮或焊剂是影响电弧稳定性的一个重要因素。焊条药皮或焊剂中有少量的低电离能的物质（如 K、Na、Ca 的氧化物），能增加电弧气氛中的带电粒子。酸性焊条药皮中的成形剂与造渣剂都含有云母、长石、水玻璃等低电离能的物质，能保证电弧的稳定燃烧。

当焊条药皮或焊剂中含有电离能比较高的氟化物（CaF_2）及氯化物（KCl、NaCl）时，由于它们较难电离，因此降低了电弧气氛的电离程度，使电弧燃烧不稳定。另外，焊条药皮偏心和焊条保存不好而造成药皮局部脱落等，使得焊接过程中电弧气体吹力在电弧周围分布不均，电弧稳定性也将下降。

（3）焊接电流

焊接电流越大，电弧的温度就越高，则电弧气氛中的电离程度和热发射作用就越强，电弧燃烧也就越稳定。通过实验测定电弧稳定性的结果表明：随着焊接电流的增大，电弧的引燃电压降低；随着焊接电流的增大，自然断弧的最大弧长也增大。所以焊接电流越大，电弧燃烧越稳定。

（4）磁偏吹

电弧在其自身磁场作用下具有一定的挺直性，使电弧尽量保持在焊丝（条）的轴线方向上，即使当焊丝（条）与工件有一定的倾角时，电弧仍将保持指向焊丝（条）轴线方向上，而不垂直于工件表面，如图1.17所示。但在实际焊接中，多种因素的影响，电弧周围磁力线均匀分布的状况被破坏，使电弧偏离焊丝（条）轴线方向，这种现象称为磁偏吹，如图1.18所示。一旦产生磁偏吹，电弧轴线就难以对准焊缝中心，导致焊缝成形不规则，影响焊接质量。

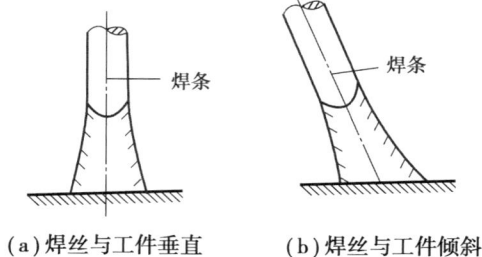

（a）焊丝与工件垂直　　（b）焊丝与工件倾斜

图1.17　电弧挺直性示意图

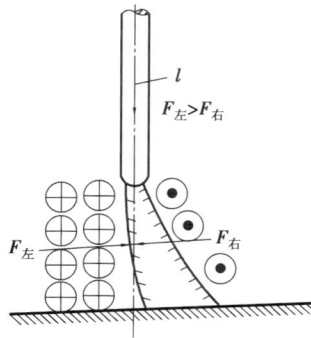

图1.18　电弧磁偏吹形成示意图

引起磁偏吹的根本原因是电弧周围磁场分布不均匀,致使电弧两侧产生的电磁力不同。焊接时引起磁力线分布不均匀主要有以下原因:

①导线接线位置　如图 1.19 所示,导线接在工件的一侧,焊接时电弧左侧的磁力线由两个部分叠加组成:一部分由电流通过电弧产生;另一部分由电流通过工件产生。而电弧右侧磁力线仅由电流通过电弧本身产生,电弧两侧受力不平衡,偏向右侧。

②电弧附近的铁磁物体　当电弧附近放置铁磁物体(如钢板)时,铁磁物体磁导率大,磁力线大多通过铁磁物体形成回路,使铁磁物体一侧磁力线变稀,造成电弧两侧磁力线分布不均匀,产生磁偏吹,电弧偏向铁磁物体一侧,如图 1.20 所示。

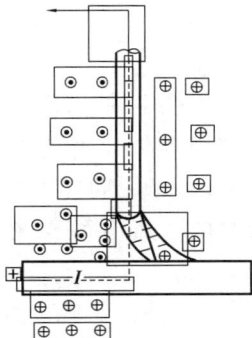

图 1.19　导线接线位置引起的磁偏吹示意图　　图 1.20　电弧附近铁磁物体引起的磁偏吹示意图

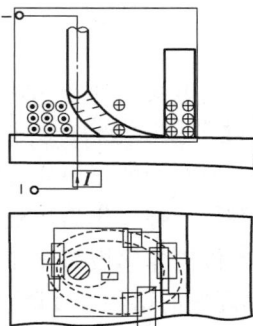

在实际生产中,为减弱磁场偏吹的影响可优先选用交流电源。采用直流电源时,则在工件两端同时接地线,以消除导线接线位置不对称所带来的磁偏吹,并尽可能在周围没有铁物质的地方焊接。压短电弧使焊丝向电弧偏吹方向倾斜,也是减弱磁偏吹影响的有效措施。

(5)其他影响因素

电弧长度对电弧的稳定性有较大的影响,如果电弧太长,电弧就会发生剧烈摆动,从而破坏焊接电弧的稳定性,而且飞溅增大。焊接处有油漆、油脂、水分和锈层等存在时,会影响电弧燃烧的稳定性。此外,强风、气流等因素会造成电弧偏吹,同样会使电弧燃烧不稳定。焊前做好工件坡口表面及附近区域的清理工作十分重要。焊接中除选择并保持合适的电弧长度外,还应选择合适的操作场所,使外界对电弧稳定性的影响尽可能降低。

任务 1.3　认识焊丝的熔化与熔滴过渡

电弧焊时,焊丝的末端在电弧的高温作用下加热熔化,形成的熔滴通过电弧空间向熔池转移的过程称为熔滴过渡。焊丝形成的熔滴作为填充金属与熔化的母材共同形成焊缝。焊丝的加热熔化及熔滴过渡对焊接过程和焊缝质量产生直接的影响。

1.3.1　焊丝的加热和熔化特性

1)焊丝的热源

电弧焊时,用于加热、熔化焊丝的热源是电弧热和电阻热。熔化极电弧焊

焊丝的熔化与熔滴过渡1

时,焊丝的熔化主要靠阴极区(正接)或阳极区(反接)所产生的热量及焊丝伸出长度上的电阻热,弧柱区产生的热量对焊丝的加热熔化作用较小。非熔化极电弧焊(如钨极氩弧焊或等离子弧焊)的填充焊丝主要靠弧柱区产生的热量熔化。

①电弧热   由上节讨论可知,阴极区和阳极区两个区域的产热功率可表达为

$$P_k = IU_k - IU_w - IU_t$$
$$P_a = IU_a + IU_w + IU_t$$

电弧焊时,当弧柱温度为 6 000 K 左右时,U_t 小于 1 V;当电流密度较大时,U_a 近似为零,上两式可简化为

$$P_k = I(U_k - U_w)$$
$$P_a = IU_w$$

由此可知,两电极区的产热功率都与焊接电流成正比。当焊接电流一定时,阴极区的产热功率取决于 U_k 与 U_w 的差值;阳极区的产热量取决于 U_w。在细丝熔化极气体保护电弧焊、使用含有 CaF_2 焊剂的埋弧焊或使用碱性焊条电弧焊等情况下,当采用同样大小的焊接电流焊接同一种材料时,焊丝作为阴极时的产热功率比作为阳极时的产热功率多,在散热条件相同时,焊丝作阴极比作阳极熔化速度快。

②电阻热焊丝的熔化速度除了受电弧温热影响之外,还受电阻热的影响。熔化极电弧焊时,焊丝只在通过导电嘴时才与焊接电源接通。讨论焊丝的加热和熔化,实际上是分析焊丝伸出部分的受热情况,因为焊丝伸出部分有电流流过时所产生的电阻热对焊丝有预热作用。焊丝伸出长度上的温度分布如图 1.21 所示。

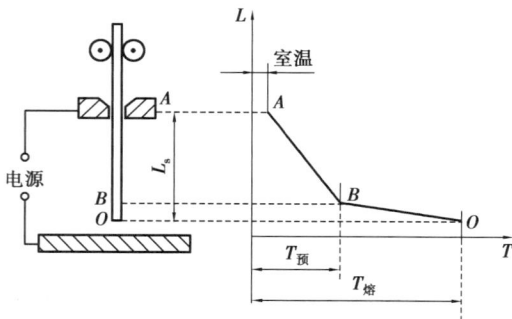

图 1.21   焊丝伸出长度上的温度分布示意图

焊丝伸出长度的电阻及其产生的电阻热功率 P_R 为

$$P_R = I^2 R_s$$
$$R_s = \frac{pL_s}{S}$$

式中,R_s 为焊丝伸出长度段的电阻值;p 为焊丝的电阻率;L_s 为焊丝的伸出长度;S 为焊丝的横截面积。

熔化焊丝的电阻热取决于焊丝材料及焊丝伸出长度。一般情况下,对铝、铜等良导体,P_R 与 P_k 或 P_a 相比很小,可忽略不计。而对电阻率高的不锈钢等常用的钢焊丝材料 P_R 作用较大,不可忽略。

2)焊丝的熔化特性

焊丝的熔化特性是指焊丝的熔化速度 v_m 与焊接电流 I 之间的关系,它主要与焊丝材料及焊丝直径、伸出长度有关。焊丝材料不同,其物理性能(包括电阻率、熔化系数)不同,在其他条件相同的情况下,焊丝的电阻率和熔化系数越大,焊丝熔化速度越快;反之,熔化速度越慢。如图 1.22 所示为不同直径的铝焊丝在熔化极氩弧焊时的熔化特性曲线。对一定成分和直径的焊丝,其熔化速度要随焊接电流与焊丝伸出长度的变化而改变。如图 1.23 所示为不同伸出长度的不锈钢焊丝在熔化极电弧焊时的熔化特性曲线。

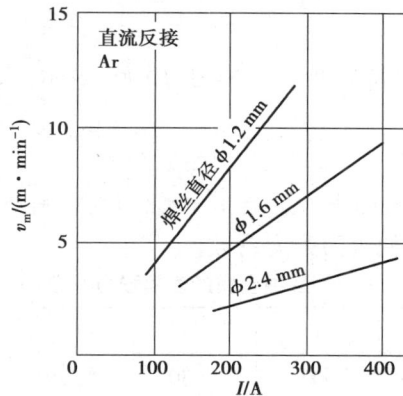

图 1.22　不同直径的铝焊丝在熔化极氩弧焊时的熔化特性曲线

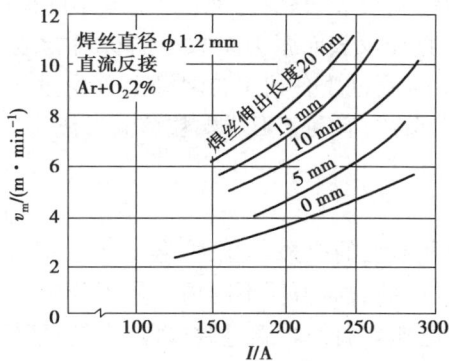

图 1.23　不同伸出长度的不锈钢焊丝在熔化极电弧焊时的熔化特性曲线

在采用熔化极电弧焊进行焊接时,必须使焊丝的熔化速度等于送丝速度,才能建立稳定的焊接过程,对不同成分和直径的焊丝,如果有现成的熔化特性曲线图,则焊接时只要根据此图就可大致确定焊接电流的大小。

1.3.2　熔滴上的作用力

电弧焊时,在电弧热作用下焊丝或焊条端部受热熔化形成熔滴。熔滴上的作用力是影响熔滴过渡及焊缝成形的主要因素。根据熔滴上的作用力来源不同,可将其分为重力、表面张力、电弧力、熔滴爆破力和电弧气体的吹力等。

1)重力

重力对熔滴过渡的影响依焊接位置的不同而不同。平焊时，熔滴上的重力促使熔滴过渡，而在立焊及仰焊位置则阻碍熔滴过渡，如图1.24所示。重力F_g可表示为

$$F_g = mg = \frac{4}{3}\pi r^3 \rho g$$

式中，r为熔滴半径；p为熔滴密度；g为重力加速度。

2)表面张力

表面张力是指焊丝端部保持熔滴的作用力，用F_σ表示，大小为

$$F_\sigma = 2\pi R_\sigma \tag{1.1}$$

图1.24   熔滴上的重力和表面张力示意图

式中，R为焊丝半径；σ为表面张力系数，σ的数值与材料成分、温度、气体介质等因素有关。表1.5列举了一些纯金属的表面张力系数。

表1.5   纯金属的表面张力系数

金属种类	Mg	Zn	Al	Cu	Fe	Ti	Mo	W
$\sigma/(\times 10^{-3} \text{N} \cdot \text{m}^{-1})$	650	770	900	1 150	1 220	1 510	2 250	2 680

平焊时，表面力F_σ阻碍熔滴通过，只要是能使F_σ减小的措施将有助于平焊时的熔滴过渡。由式(1.1)可知，使用小直径及表面张力系数小的材料能达到这一目的。除平焊之外的其他位置焊接时，表面张力对熔滴过渡有利。若熔滴上含少量活化物质(如O_2、S等)或熔滴温度升高，都会减小表面张力系数，有利于形成颗粒熔滴过渡。

3)电弧力

电弧力是指电弧对熔滴和熔池的机械作用力，包括电磁收缩力、等离子流力、斑点力等。电弧力对熔滴过渡的作用不尽相同，需根据不同情况具体分析。电磁收缩力形成的轴向推力以及等离子流力可在熔化极电弧焊促使熔滴过渡；斑点力是阻碍熔滴过渡的作用力。

4)熔滴爆破力

当熔滴内部因冶金反应而生成气体或含有易蒸发金属时，在电弧高温作用下将使气体积聚、膨胀而产生较大的内压力，致使熔滴爆破，这一内压力称为熔滴爆破力。它在促使熔滴过渡的同时产生飞溅。

5)电弧的气体吹力

这种力出现在焊条电弧焊中。焊条电弧焊时，焊条药皮的熔化滞后于焊芯的熔化，这样在焊条的端头形成套筒，如图1.25所示。此时药皮中造气剂产生的气体及焊芯中碳元素氧化产生的CO气体在高温作用下急剧膨胀，从套筒中喷出作用于熔滴。无论何种位置的焊接，

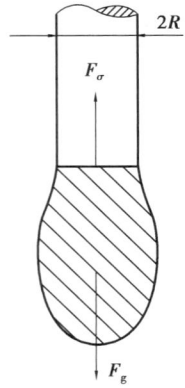

电弧气体吹力总是促进熔滴过渡。

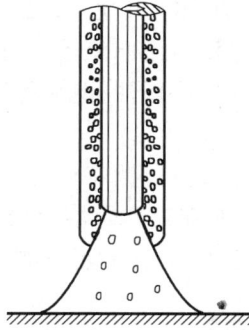

图 1.25　焊条药皮形成的套筒示意图

1.3.3　熔滴过渡的主要形式及特点

　　熔滴过渡过程不但影响电弧的稳定性,而且对焊缝成形和冶金过程有很大的影响。熔滴过渡过程十分复杂,主要过渡形式有自由过渡、接触过渡和渣壁过渡 3 种。各种过渡所对应的熔滴及电弧形状如图 1.26 所示。

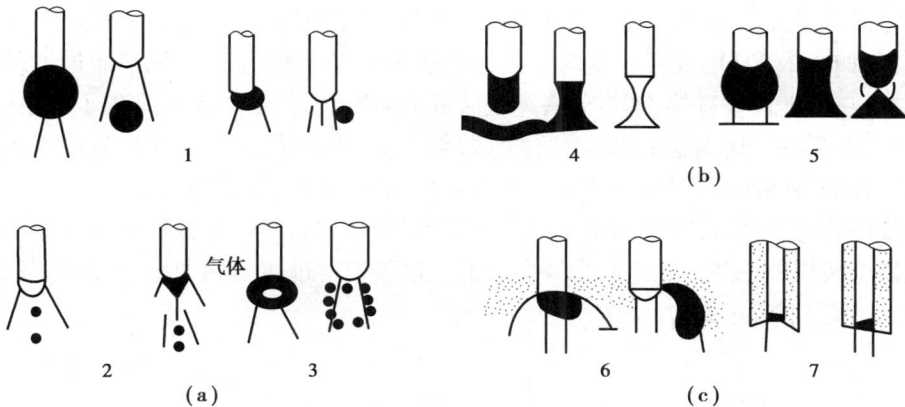

图 1.26　熔滴过渡形式及电弧形状特征

1)自由过渡

　　自由过渡是指熔滴经电弧空间自由飞行,焊丝端头和熔池之间不发生直接接触的方式。当过渡的熔滴直径比焊丝直径大时称为滴状过渡(图 1.26 中的 1);当过渡的熔滴直径比焊丝直径小时称为喷射过渡(图 1.26 中的 2);在电弧保护气体中含有 CO_2 气体时,有时会发生爆炸现象使部分熔滴金属爆炸成为飞溅,而只有部分金属得以过渡,这种形式称为爆破过渡(图 1.26 中的 3)。常见的自由过渡是滴状过渡和喷射过渡。

　　(1)滴状过渡

　　滴状过渡时电弧电压较高,根据电流大小、极性和保护气体的种类不同,滴状过渡分为粗滴过渡和细滴过渡。

　　①粗滴过渡　当电流较小而电弧电压较高时,弧长较长,熔滴不与熔池短路接触,熔滴尺

寸逐渐长大。当重力足以克服熔滴的表面张力时,熔滴便脱离焊丝端部进入熔池(小电流时电弧力忽略)。粗滴过渡时熔滴存在时间长,尺寸大,飞溅大,电弧的稳定性及焊缝质量较差。

②细滴过渡　与粗滴过渡相比,细滴过渡电流较大,相应的电磁收缩力增大,表面张力减小,熔滴存在时间缩短,熔滴细化,过渡频率增加,电弧稳定性较高,飞溅较少,焊缝质量较高,广泛应用于生产中。

气体介质不同或焊接材料不同时,细滴过渡特点有所不同。在 CO_2 气体保护电弧焊和酸性焊条电弧焊中,熔滴呈非轴向过渡;而在铝合金熔化极氩弧焊或较大电流活性气体保护焊焊钢件时,熔滴呈轴向过渡。相比之下,前者比后者飞溅大。

(2)喷射过渡

喷射过渡容易出现在以氩气或富氩气体作保护气体的焊接方法,如熔化极氩弧焊、活性气体保护焊中。喷射过渡时,细小的熔滴从焊丝端部连续不断地以高速度冲向熔池(加速度可达重力加速度的几十倍),过渡频率快,飞溅少,电弧稳定,热量集中,对工件的穿透力强,可得到焊缝中心部位熔深明显增大的指状焊缝。喷射过渡适合焊接厚度较大($\delta > 3$ mm)的工件,不适宜焊接薄板。

喷射过渡的形成机理如图 1.27 所示。在氩或富氩(Ar 含量大于 80%)保护气体中,当焊接电流较小时,电弧与熔滴的形态如图 1.27(a)所示。此时电磁收缩力比较小,熔滴在重力作用下呈粗滴状过渡。随着焊接电流的增加,电弧的电极斑点笼罩面积逐渐扩大,以致达到熔滴的根部,如图 1.27(b)所示。这时熔滴与焊丝间形成细颈,全部电流都通过细颈流过,该处电流密度很高,细颈被过热,其表面将产生大量金属蒸气,使细颈表面具备了产生电极斑点的有利条件,电弧将从熔滴根部跳至细颈根部,如图 1.27(c)所示。形成跳弧现象之后,焊丝末端已经存在的熔滴脱离焊丝,电弧随之变成如图 1.27(d)所示的圆锥形状。这种形态有利于形成较强的等离子流,使焊丝末端的液态金属被削成铅笔尖状,在各种电弧力作用下,铅笔尖状的液态金属以细滴状连续不断地冲向熔池。这种喷射过渡熔滴细小,过渡频率及速度都较高,通常也称为射流过渡。

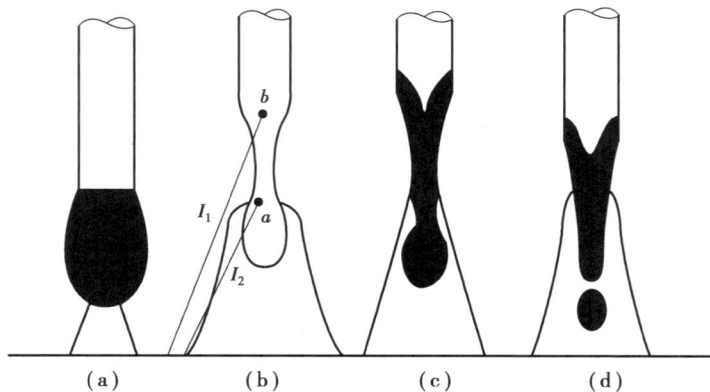

图 1.27　喷射过渡形成机理示意图

2)接触过渡

接触过渡是指焊丝(或焊条)端部的熔滴与熔池表面通过接触而过的方式。根据接触之前熔滴的大小不同,该过渡方式可分为两种形态:小滴时电磁收缩力的作用大于表面张力,通常形成短路过渡(图 1.28 中的 4);大滴时表面张力作用大于电磁收缩力,靠熔滴和熔池表面接触后所产生的表面张力使之过渡,称为搭桥(图 1.28 中的 5)。

（1）短路过渡

电弧引燃后,随着电弧的燃烧,焊丝(或焊条)端部熔化形成熔滴并逐步长大。当电流较小、电弧电压较低时,弧长较短,熔滴未长成大滴就与熔池接触形成液态金属短路,电弧熄灭,随之熔滴过渡到熔池中去。熔滴脱落之后电弧重新引燃,如此交替进行,这种过渡形式称为短路过渡。在熔化极电弧中,使用碱性焊条的焊条电弧焊及细丝(直径≤1.6 mm)气体保护电弧焊,熔滴过渡形式主要为短路过渡。

①短路过渡过程　短路过渡由燃弧和熄弧(短路)两个交替的阶段组成,电镀燃烧过程是不连续的。如图 1.28 所示为短路过程及其电弧电压和焊接电流动态波形图。

②短路过渡的特点

a.短路过渡是燃弧、熄弧交替进行的。燃弧时电弧对工件加热,熄弧时熔滴形成缩颈过渡到熔池。通过对短路过渡电弧的燃烧及熄灭时间进行调节,就可调节对工件的热输入量,控制焊缝形状(主要是焊缝厚度)。

b.短路过渡时,平均焊接电流较小,而短路电流峰值又相当大,这种电流形式既可避免薄板的焊穿,又可保证熔滴过渡的顺利进行,有利于薄板焊接或全位置焊接。

c.短路过渡时,一般使用小直径的焊丝或焊条,电流密度较大,电弧产热集中,焊丝或焊条熔化速度快,焊接速度快。同时,短路过渡的电弧弧长较短,工件加热区较小,可减小焊接接头热影响区宽度和焊接变形量,提高焊接接头质量。

（2）搭桥过渡

搭桥过渡时,焊丝在电弧热作用下熔化形成熔滴与熔池接触,在表面张力、重力和电弧力作用下,熔滴进入熔池,如图 1.29 所示。搭桥过渡出现在非熔化极填丝电弧焊或气焊中。因焊丝一般不通电,故不称为短路过渡。

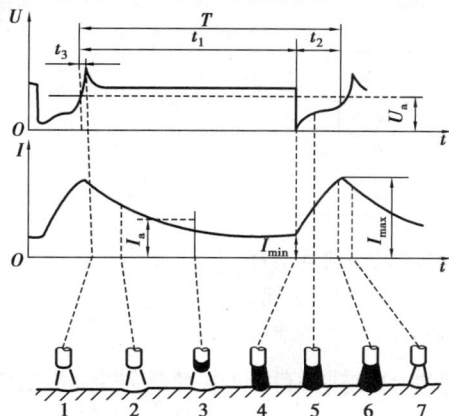

图 1.28　短路过渡过程示意图

T—短路周期;t_1—燃弧时间;t_2—短路时间

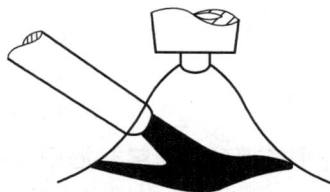

图 1.29　搭桥过渡示意图

3）渣壁过渡

渣壁过渡是熔滴沿着熔渣的壁面流入熔池的一种过渡形式。这种过渡方式只出现在埋弧焊和焊条电弧焊中。埋弧焊时熔滴沿熔渣壁过渡(图 1.28 中的 6);焊条电弧焊时熔滴沿药皮套筒壁过渡(图 1.28 中的 7)。

埋弧焊时,电弧在熔渣形成的空腔内燃烧,熔滴主要通过渣壁流入熔池,只有少量熔滴通过空腔内的电弧空间进入熔池。埋弧焊的熔滴过渡频率与熔滴尺寸与极性、电弧电压和焊接电流有关。直流反接时,若电弧电压较低,则气泡较小,形成的熔滴较细小,沿渣壁以小滴状过渡,频率较高,每秒可以达几十滴;直流正接时,以粗滴状过渡,频率较小,每秒仅 10 滴左右。熔滴过渡频率随电流的增加而增大,这一特点在直流反接时表现得尤为明显。

焊条电弧焊时,熔滴过渡形式可能有 4 种:渣壁过渡、粗滴过渡、细滴过渡和短路过渡,过渡形式取决于药皮成分和厚度、焊接参数、电流种类和极性等。当采用厚药皮焊条焊接时,焊芯比药皮熔化得更快,使焊条端头形成有一定角度的药皮套筒,控制熔滴沿套筒壁落入熔池,形成渣壁过渡。

任务 1.4　认识母材熔化与焊缝成形

1.4.1　焊缝形成过程

在电弧热的作用下焊丝与母材被熔化,在工件上形成一个具有一定形状和尺寸的液态熔池,随着电弧的移动,熔池前端的母材金属不断被熔化进入熔池中,熔池后部则不断冷却结晶形成焊缝,如图 1.30 所示,熔池的形状不仅决定了焊缝的形状,而且对焊缝的组织、力学性能和焊接质量有重要的影响。

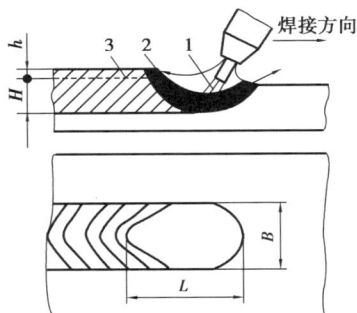

图 1.30　熔池形状与焊缝成形示意图
1—电弧;2—熔池金属;3—焊缝金属;
L—熔池长度;H—熔池深度;B—熔池宽度;h—余高

熔池中各部分与电弧热源中心距离及熔池周围散热条件不同,使熔池各区域的温度分布不均匀,决定了熔池的凝固有先后之分。处于电弧正下方(称为头部)的部位温度高,而离电弧稍远部位(称为尾部)的温度低。对于一定的工件来说,熔池的体积主要由电弧的热作用确定,而熔池的形状却主要取决于电弧对熔池的作用力。作用力包括电弧的静态和动态电磁压力、熔滴过渡的冲击力、液体金属的重力和表面张力等。在电弧压力的作用下可在熔池表面形成凹坑,且电流密度越高,电弧动压力越大,则熔池表面的凹坑将越深。熔滴过渡的机械冲击力也会对熔池表面形状产生很大的影响,由于喷射过渡时的冲击力比较大,因此会使熔池形成很深的凹坑。

　　焊缝的结晶过程与熔池的形状有密切的联系,对焊缝的组织和质量有重要的影响。焊缝结晶总是从熔池边缘处母材的原始晶粒开始,沿着熔池散热的相反方向进行,直至熔池中心与从不同方向结晶而来的晶粒相遇时为止。所有的结晶晶粒方向都与熔池的池壁相垂直,如图 1.31 所示。从横截面[(图 1.31(a)、(b)]上看,当成形系数过小时,焊缝的枝晶会在焊缝中心交叉,易使低熔点杂质聚集在焊缝中心而产生裂纹、气孔和夹渣等缺陷;从水平截面[图1.31(c)、(d)]上看,熔池尾部的形状决定了晶粒的交角,尾部越细长,两侧的晶粒在焊缝中心相交时的夹角越大,焊缝中心的杂质偏析便越严重,产生纵向裂纹的可能性也越大。这通常发生在焊接速度过快的条件下,而当焊接速度较低,使熔池尾部呈椭圆形时,杂质的偏析程度便要轻微得多,产生裂纹的可能性也较小。

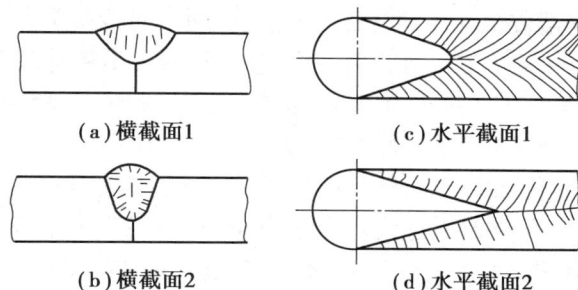

(a)横截面1　　　　(c)水平截面1

(b)横截面2　　　　(d)水平截面2

图 1.31　熔池形状对焊缝结晶的影响示意图

1.4.2　焊缝形状与焊缝质量的关系

　　焊缝的形状即指工件熔化区横截面的形状,它可用焊缝有效厚度(熔深)H、焊缝宽度(熔宽)B 和余高 h 3 个参数来描述。如图 1.32 所示为对接和角接接头的焊缝形状以及各参数的意义。合理的焊缝形状要求 H、B 和 h 之间有适当的比例,生产中常用焊缝成形系数 $\phi=B/H$和余高系数 $\psi=B/h$ 来表征焊缝成形的特点。

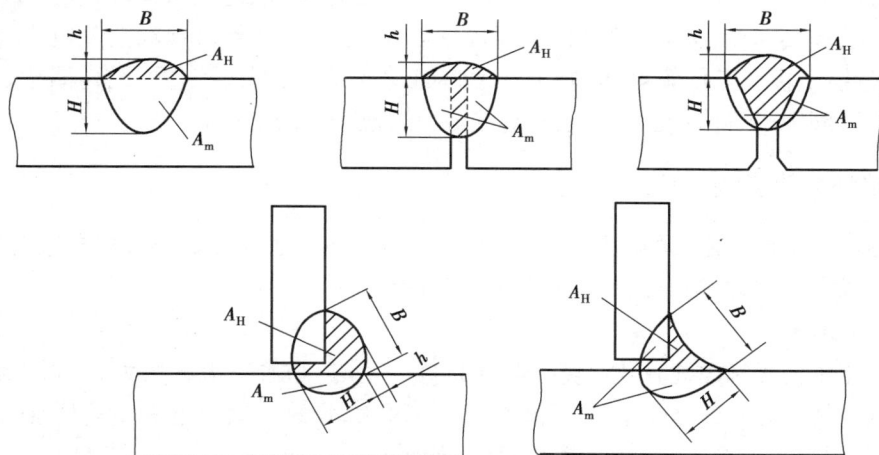

图 1.32　对接和角接接头的焊缝形状及尺寸

焊缝有效厚度是焊缝质量优劣的主要指标,焊缝宽度和余高则应与焊缝有效厚度有合理的比例。焊缝成形系数 ϕ 小,表示焊缝深而窄,既可缩小焊缝宽度方向的无效加热范围,又可提高热效率和减小热影响区,从热利用的角度来看是十分有利的。若想得到焊缝成形系数小的焊缝就必须有热量集中的热源,获得较高的能量密度。但若 ϕ 过小,焊缝截面过窄,则不利于气体从熔池中逸出,容易在焊缝中产生气孔,且使结晶条件恶化,增大产生夹渣和裂纹的倾向。实际焊接时,在保证焊透(或达到足够焊缝厚度)的前提下焊缝成形系数大小应根据焊缝产生裂纹和气孔的敏感性来确定。

除了对焊缝成形系数有要求外,理想的焊缝成形其表面应该与工件平齐,即余高 h 为 0。因为有余高,焊缝和母材连接处不能平滑过渡,焊接接头承载时在突起处就有应力集中,降低了焊接结构的承载能力。但是理想的无余高又无凹陷的焊缝是不可能在焊后直接获得的,为了保证焊缝的强度,对一般焊缝允许具有适当的余高,通常对接接头允许 $h = 0 \sim 3$ mm。对特别重要的承受动载负荷的结构,在不允许存在余高时,可先焊出带有余高的焊缝,而后用人工磨平。角接接头从承受动载的角度来看,也不希望有余高,最好有呈微凹的平滑过渡的形状。对重要的角接构件,应焊出余高后再打磨成凹形。

表征焊缝横截面形状特征的另一个重要参数是焊缝的熔合比。焊缝金属的化学成分一方面与冶金反应时从焊丝和焊剂中过渡的合金含量有关;另一方面与母材本身的熔化量有关,即与焊缝的熔合比有关。所谓熔合比,是指单道焊时,在焊缝横截面上母材熔化部分所占的面积与焊缝全部面积之比。熔合比越大,则焊缝的化学成分越接近母材本身的化学成分。显然工件的坡口形式、焊接工艺参数都会影响焊缝的熔合比。在电弧焊工艺中,特别是焊接中碳钢、合金钢和非铁金属时,调整焊缝的熔合比常常是控制焊缝化学成分、防止焊接缺陷和提高焊缝力学性能的重要手段。

1.4.3　焊接工艺参数对焊缝成形的影响

电弧焊的焊接工艺参数包括焊接参数和工艺因数等,不同的焊接工艺参数对焊缝成形的影响不同。通常将对焊接质量影响较大的焊接工艺参数(焊接电流、电弧电压、焊接速度、热输入等)称为焊接参数,其他工艺参数(焊丝直径、电流种类与极性、电极和工件倾角、保护气等)称为工艺因数。此外,工件的结构因数(坡口形状、间隙、工件厚度等)也会对焊缝成形造成一定的影响。

母材熔化与焊缝成形2

1)焊接参数的影响

焊接参数决定焊缝输入的能量,是影响焊缝成形的主要工艺参数。焊接参数对焊缝有效厚度 H、焊缝宽度 B 和余高 h 的影响如图 1.33 所示。

(1)焊接电流

焊接电流主要影响焊缝有效厚度。其他条件一定时,随着电流的增大,电弧力和电弧对工件的热输入量及焊丝的熔化量(熔化极电弧焊)增大,焊缝有效厚度和余高增加,而焊缝宽度几乎不变,焊缝成形系数减小,如图 1.33(a)所示。

（2）电弧电压

电弧电压主要影响焊缝宽度。其他条件一定时,随着电弧电压的增大焊缝宽度显著增加,而焊缝有效厚度和余高略有减小,如图 1.33(b)所示。

（3）焊接速度

焊接速度的快慢主要影响母材的热输入量。其他条件一定时,提高焊接速度,单位长度焊缝的热输入量及焊丝金属的熔敷量均减小,焊缝有效厚度、焊缝宽度和余高都减小,如图1.33(c)所示。

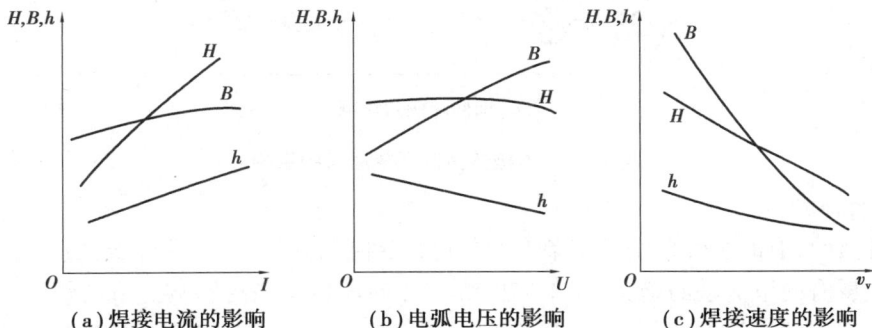

（a）焊接电流的影响　（b）电弧电压的影响　（c）焊接速度的影响

图 1.33　焊接参数对焊缝有效厚度、焊缝厚度和余高的影响

2）工艺因数的影响

影响焊缝成形的工艺因数有很多,这里只讨论焊接中具有共性的一些因数,其他工艺因素(如保护气、焊剂、焊条药皮等)将在具体焊接方法中讨论。

（1）电流种类和极性

电流种类和极性对焊缝形状的影响与焊接方法有关。熔化极气体保护焊和埋弧焊采用直流反接时,工件(阴极)产生热量较多,焊缝厚度、焊缝宽度都比直流正接时大。交流焊接时,焊缝厚度、焊缝宽度介于直流正接与直流反接之间。

（2）焊丝直径和伸出长度

焊接电流、电弧电压及焊接速度给定时,焊丝越细(钨极氩弧焊时,钨极端部几何尺寸越小),电流密度越大,对工件加热越集中。同时,电磁收缩力增大,焊丝熔化量增多,使得焊缝有效厚度、余高均增大。

焊丝伸出长度增加,电阻增大,电阻热增加,焊丝熔化速度加快,余高增加,焊缝有效厚度略有减小。焊丝电阻率越高,直径越细,伸出长度越长这种影响越大。

（3）电极倾角

电弧焊时,根据电极倾斜方向和焊接方向的关系,分为电极后倾和电极前倾两种,如图1.34(a)、(b)所示。电极前倾时,焊缝有效厚度、余高均减小。前倾角越小,这种现象越突出,如图 1.34(c)所示。焊条电弧焊和半自动气体保护焊时,通常采用电极前倾法,倾角 $\alpha =$ 65°~80°较合适。

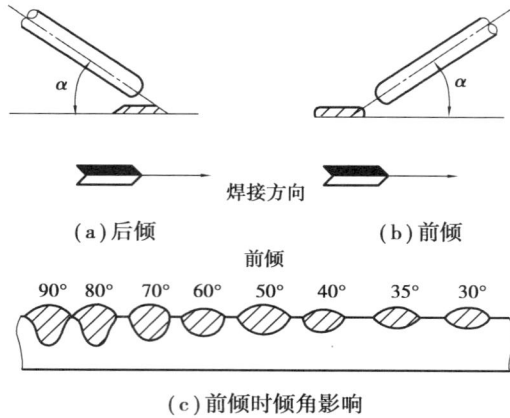

(a)后倾   (b)前倾

前倾

(c)前倾时倾角影响

图 1.34   电极倾角对焊缝成形的影响

（4）工件倾角

实际焊接时,有时受焊接结构等条件的限定,工件摆放存在一定的倾斜,重力作用使熔池中的液态金属有向下流动的趋势,在不同的焊接方向产生不同的影响。下坡焊时,重力作用阻止熔池金属流向熔池尾部,电弧下方液态金属变厚,电弧对熔池底部金属的加热作用减弱,焊缝有效厚度减小,余高和焊缝宽度增大。上坡焊时,熔池金属在重力及电弧力的作用下流向熔池尾部,电弧正下方液体金属层变薄,电弧对熔池底部金属的加热作用增强,焊缝有效厚度和余高均增大,焊缝宽度减小,如图 1.35 所示。

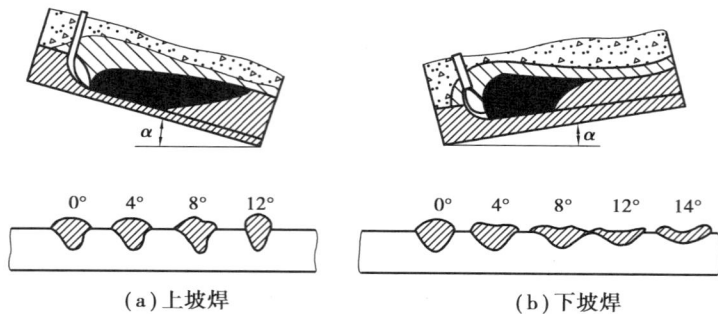

(a)上坡焊   (b)下坡焊

图 1.35   工件倾角对焊缝成形的影响

3）结构因数

工件的结构因数通常指工件的材料和厚度、工件的坡口和间隙等。在一定条件下,工件的结构因数会对焊缝成形造成影响。

①工件材料和厚度   不同的工件材料,其热物理性能不同。相同条件下,导热性好的材料熔化单位体积金属所需热量多,在热输入量一定时,它的焊缝厚度和焊缝宽度就小。工件材料的密度或液态黏度越大,则电弧对熔池液态金属的排开越困难,焊缝有效厚度越小。其他条件相同时,工件厚度越大,散热越多,焊缝有效厚度和焊缝宽度越小。

②坡口和间隙   工件是否要开坡口,是否要留间隙及留多大尺寸,均应视具体情况确定。采用对接形式焊接薄板时不需留间隙,也不需开坡口。板厚较大时,为了焊透工件需留一定

间隙或开坡口,此时余高和熔合比随坡口或间隙尺寸的增大而减小,如图 1.36 所示。焊接时常采用开坡口的方法来控制余高和熔合比。

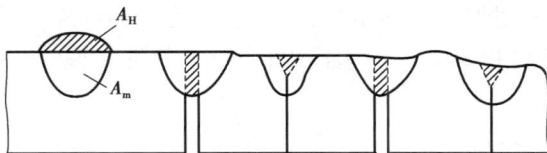

图 1.36　工件的坡口和间隙对焊缝成形的影响

总之,影响焊缝成形的因素很多,要想获得良好的焊缝成形,需根据工件的材料和厚度、焊缝的空间位置、接头形式、工作条件、对接头性能和焊缝尺寸要求等,选择合适的焊接方法和焊接工艺参数,否则可能造成焊缝的成形缺陷。

4)焊缝成形缺陷的产生及防止

电弧焊时,受焊接方法、焊接材料及焊接工艺等因素的影响,会产生不同类型的缺陷。其中气孔、夹渣、裂纹等缺陷主要受冶金因素的影响,这部分内容的具体介绍请参见相关书籍。这里主要讲述焊接参数选择不当或工艺因数不合适造成的焊缝成形缺陷。

母材熔化与焊缝成形3

(1)焊缝外形尺寸不符合要求

焊缝外形尺寸不符合要求主要有焊缝表面高低不平、焊缝波纹粗劣、纵向宽度不匀、余高过高或过低等情形,如图 1.37 所示。上述不符合要求的外形尺寸,除造成焊缝成形不美观外,还影响焊缝与母材金属的结合强度。余高过高,易在焊缝与母材连接处形成应力集中;余高过低,则焊缝承载面积减小,降低接头的承载能力。

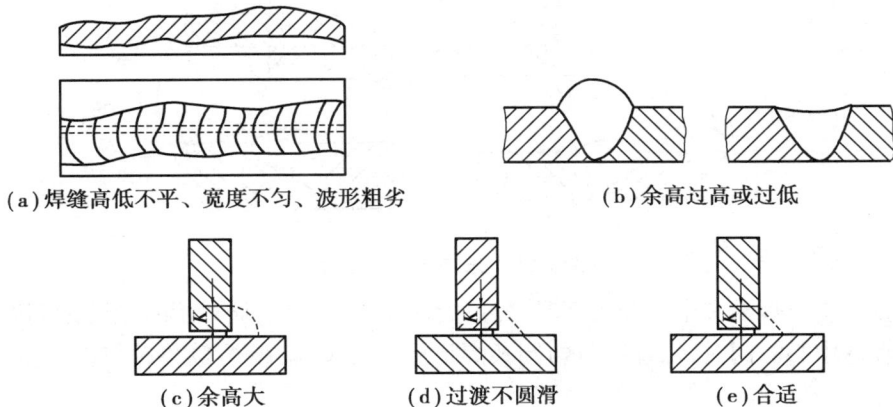

(a)焊缝高低不平、宽度不匀、波形粗劣　　　　(b)余高过高或过低

(c)余高大　　　　(d)过渡不圆滑　　　　(e)合适

图 1.37　焊缝外形尺寸不符合要求的几种情形

造成焊缝尺寸不符合要求的主要原因有工件所开坡口角度不当,装配间隙不均匀,焊接参数选择不合适,操作人员技术不熟练等。为防止上述缺陷,应正确选择坡口角度、装配间隙及焊接参数,熟练掌握操作技术,严格按设计规定进行施工。

(2)咬边

焊接参数选择不当,或操作方法不正确,沿焊脚的母材部位产生的沟槽或凹陷称为咬边,如图 1.38 所示。咬边是电弧将焊缝边缘熔化后,没有得到填充金属的补充而留下的缺口。咬边一方面使接头承载截面减小,强度降低;另一方面造成咬边处应力集中,接头承载后易引起裂纹。当采用大电流高速焊接或焊角焊缝时,一次焊接的焊脚尺寸过大、电压过高或焊枪角度不当,都可能产生咬边现象。正确选择焊接参数、熟练掌握焊接操作技术是防止咬边的有效措施。

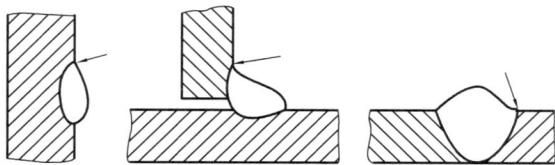

图 1.38　咬边

（3）未焊透和未熔合

焊接时,焊接接头根部未完全熔透的现象称为未焊透;焊道与母材之间或焊道与焊道之间未能完全熔化结合的现象,称为未熔合,如图 1.39 所示。未焊透和未熔合处易产生应力集中,使接头力学性能下降。形成未焊透和未熔合的主要原因,是焊接电流过小、焊速过高,坡口尺寸不合适及焊丝偏离焊缝中心,或受磁偏吹影响等。工件清理不良,杂质阻碍母材边缘与根部之间以及焊层之间的熔合,也易引起未焊透和未熔合。

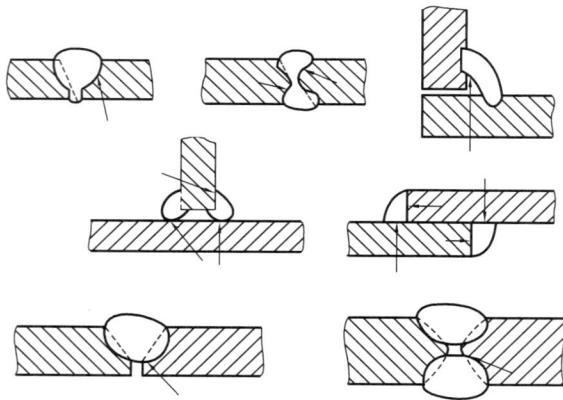

图 1.39　未焊透和未熔合

为防止产生未焊透和未熔合的情况,应正确选择焊接参数、坡口形式及装配间隙,并确保焊丝对准焊缝中心。同时,注意坡口两侧及焊道层间的清理,使熔敷金属与母材金属之间充分熔合。

（4）焊瘤

焊接过程中,熔化的金属流淌到焊缝之外未熔化的母材上所形成的金属瘤称为焊瘤,如图 1.40 所示。焊瘤会影响焊缝的外观成形,造成焊接材料的浪费。焊瘤部位往往存在夹渣和未焊透。

焊瘤主要是填充金属量过多引起的。坡口尺寸过小、焊接速度过慢、电弧电压过低、焊丝偏离焊缝中心及焊丝伸出长度过长等都可能产生焊瘤。在各种焊接位置中,平焊时产生焊瘤的可能性最小,而立焊、横焊、仰焊则易产生焊瘤。

防止产生焊瘤的主要措施是尽量使焊缝处于水平位置,使填充金属量适当,焊接速度不宜过低,焊丝伸出长度不宜太长,注意坡口及弧长的选择等。

(5)焊穿及塌陷

焊缝上形成穿孔的现象称为焊穿。熔化的金属从焊缝背面漏出,使焊缝正面下凹、背面凸起的现象称为塌陷,如图 1.41 所示。

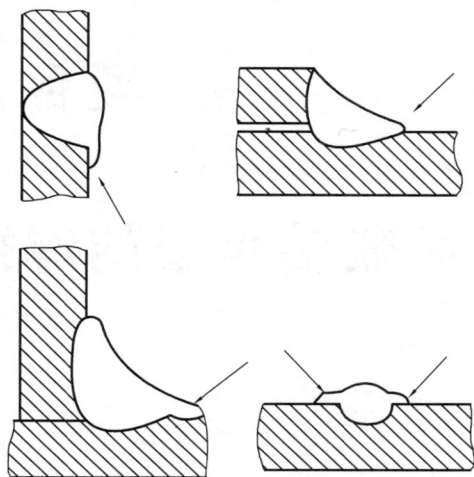

（a）焊穿

（b）塌陷

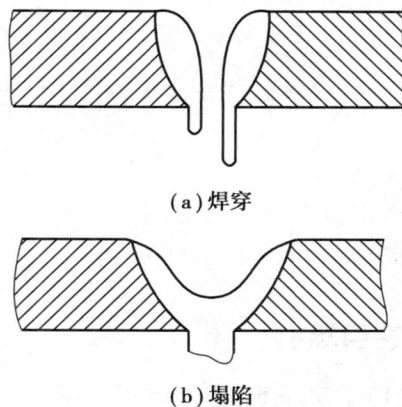

图 1.40 焊瘤   图 1.41 焊穿及塌陷

形成焊穿及塌陷的原因主要是焊接电流过大、焊接速度过小或坡口间隙过大等。在气体保护电弧焊时,气体流量过大也可能导致焊穿。

为防止焊穿及塌陷,应使焊接电流与焊接速度适当配合。例如,焊接电流较大时,应适当增大焊接速度,并严格控制工件的装配间隙。气体保护焊时,应注意气体流量不宜过大,以免形成切割效应。

通常情况下,平焊易获得良好的焊缝成形。单面焊双面成形、曲面焊缝、垂直和横向焊缝以及全位置焊接时,获得好的焊缝成形较困难,往往需要根据具体情况采取相应的措施。在后面的项目中将结合具体方法介绍焊缝成形的控制措施。

综合训练

项目 2

后盖轴承座的焊接

【学习目标】

（1）了解焊条电弧焊的基本原理。

（2）掌握焊条电弧焊的特点及应用。

（3）熟悉焊条电弧焊的工艺及设备，并与技能培训结合，对焊条电弧焊的操作技术有深入的了解。

【素质目标】

手弧焊是最基础最原始的焊接方法，劳动条件差，通过点滴渗透培养学生吃苦耐劳的职业精神、严谨细致的工作作风、6S 管理理念。

刘仔才——年仅 34 岁的焊接教练，是践行"工匠精神"的杰出代表。他从一名普通焊工成长为顶级"焊王"，斩获国际焊接技能大赛冠军、"央企技术能手"等荣誉。在要求极高的核电工程中担任首席"焊匠"，他以党员高度的责任感冲锋在前，破解焊接领域超级难题，铸造大国装备。他还是一名金牌"教头"，至今已教出 200 多名独当一面的新生代焊工。从默默无闻的焊接小兵成长为当今中央企业首屈一指的"大国焊匠"，他走过了 16 年的艰辛历程。

任务 2.1　认识后盖轴承座焊接工艺

2.1.1　焊接工艺卡(图 2.1)

焊接工艺卡	产品型号	CQ-1	零件图号	CQ1-03-1000		
	产品名称	车桥总成	零件名称	后盖轴承座	共 1 页	第 1 页

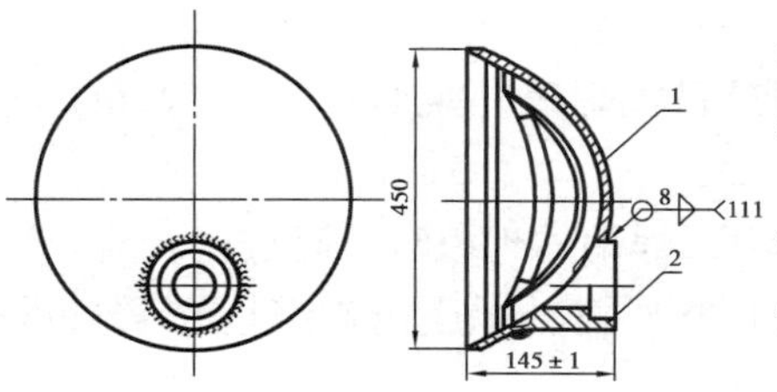

技术要求:

1.接头不允许存在任何形式裂纹、未熔合、未焊满。

2.要求内外双面焊接，对于内部无法焊接的外部焊角高度不小于8 mm。

3.熔深不小于1 mm，焊偏量不大于3 mm。

4.允许存在单个表面气孔，表面气孔直径≤1 mm，且不能为穿透气孔。

主要组成件

序号	图　号	名　称	材　料	件数
1	CQ1-03-1001	后盖	Q345	1
2	CQ1-03-1002	轴承座	Q345	1

工序号	工　序　内　容	设　备	工艺装备	电压或气压	电流或焊嘴号	焊条、焊丝、电极 型号	焊条、焊丝、电极 直径	焊剂	其他规范	工时
10	1.汽油清洗零件及焊丝表面的油污	交直流弧焊机	1F354/CQ-109		110-130A	J507	ϕ3.2 mm		电源类型为直流反接	
	2.焊前按规范要求烘干焊条，烘干温度350~400 ℃，保温1~2 h后备用；使用时应放在焊条保温桶中随用随取								特种检测要求: 1.焊后进行1.8 MPa气密性试验，检查频次为100%。 2.首次生产应对焊缝内在质量进行切样检验；当工艺变更或者每隔2个月时，需再进行切样检验。切样检查焊缝熔深和焊偏量。	
	3.按图在夹具上组装件1、件2，组装间隙不大于2 mm，然后进行对称定位焊接4点；定位焊点应与正式焊接要求一致									
	4.按参数要求进行内外焊接焊缝；内外接头焊接后应将焊渣飞溅清除干净；修挫焊缝，焊缝圆滑无明显突起									
	5.焊缝若有表面气孔等缺陷应进行补焊									

描　图	描　校	底图号	装订号

标记	处数	更改文件号	签字	日期	标记	处数	更改文件号	签字	日期	设计（日期）	审核（日期）	标准化（日期）	会签（日期）
										李某某(20××.05.28)	张某某(20××.05.29)	刘某某(20××.05.29)	程某某(20××.05.30)

图 2.1　焊接工艺卡

2.1.2　焊接任务

后盖轴承座(图 2.2)为汽车车桥桥壳中的零组件,由冲压后盖和轴承座焊接而成。材料采用 Q345,设计要求焊缝等级为二级,并且焊后需要 100% 对焊缝进行气密性检测。在试制产品生产时,对于该角接接头形式,必须对焊缝内在质量进行低倍检查,接头不允许存在任何形式裂纹、未熔合、未焊满。这对焊接要求较高,需要在焊前做好接头清理、间隙调整,焊接中采用合适的焊接工艺参数,焊后进行相关的检测,保证焊缝质量满足设计要求。

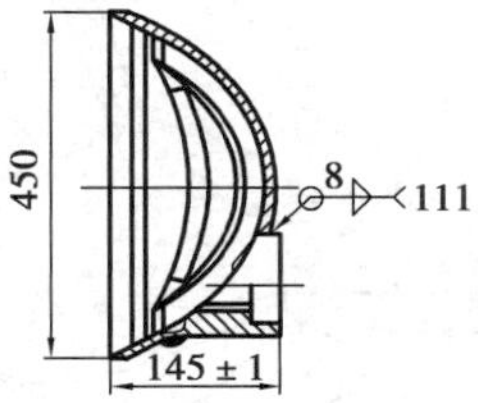

图 2.2　后盖轴承座

2.1.3 焊接准备

准备一台交直流弧焊机,按需领取直径为 3.2 mm 的 J507 焊条,焊前按规范将焊条烘干(350 ℃),保温 1 ~ 2 h 后备用。

2.1.4 注意事项

①组装前应清理轴承座与后盖上油污及锈蚀,定位组装轴承座与后盖时,保证后盖与轴承座位置贴合好,壳体间隙不允许超过 2 mm。

②采用焊条电弧焊要求内外双面焊接。焊后目视焊缝外观质量,测量焊角尺寸,满足产品图纸要求。

③操作者随时关注焊接缺陷,对出现焊接咬边、焊偏的现象时及时进行调整。

④当首次焊接、工艺变更或者每隔 2 个月时,需要对轴承座的焊缝内在质量进行切样低倍检验分析,1 件产品上分别在 4 处切样进行。

任务 2.2   认识焊条电弧焊的原理及特点

焊条电弧焊是最常用的熔焊方法之一,它使用的设备简单、操作方便灵活,适合各种条件下的焊接,特别适合形状复杂的焊接结构的焊接。焊条电弧焊在国内外焊接生产中占据着重要位置。

焊条电弧焊   焊条电弧焊材料

2.2.1 焊条电弧焊的基本原理

焊条电弧焊是利用焊条与工件之间建立起来的稳定燃烧的电弧,使焊条和工件局部熔化,从而获得牢固焊接接头的工艺方法,其原理如图 2.3 所示。焊接过程中,焊条与工件之间燃烧的电弧热熔化焊条端部和工件的接缝处,在焊条端部

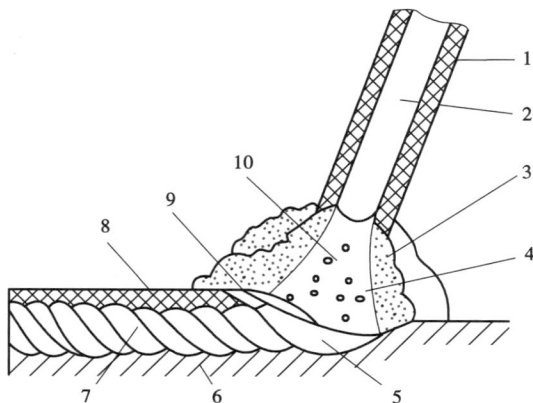

焊条电弧焊的基本原理

图 2.3 焊条电弧焊原理

1—药皮;2—焊芯;3—保护气;4—电弧;5—熔池;6—母材;7—焊缝;8—渣壳;9—熔渣;10—熔滴

迅速熔化的金属以细小熔滴经弧柱过渡到已经熔化的金属中,并与之融合一起形成熔池。焊条药皮不断地分解、熔化而生成气体及熔渣,保护焊条端部、电弧、熔池及其附近区域,防止大气对熔化金属的有害污染。随着电弧向前移动,熔池的液态金属逐步冷却结晶而形成焊缝,熔滴熔渣冷却凝固成渣壳,继续对焊缝起保护作用。

2.2.2　焊条电弧焊的特点

焊条电弧焊与其他的熔焊方法相比,具有下列特点:

1)优点

①设备简单,维护方便　焊条电弧焊可用交流焊机或直流焊机进行焊接,这些设备都比较简单,设备投资少,维护方便。

②操作灵活,适应性强　焊条电弧焊设备简单,移动方便,电缆长,焊钳轻,操作灵活,适应性强,可达性好,不受场地和焊接位置的限制,在焊条能达到的地方一般都能施焊。对复杂结构、不规则形状的构件以及单件、非定型结构的制造,不用辅助工装、夹具等就可以焊接。在安装或修理部门焊接位置不定,焊接工作量相对较小时,更宜采用焊条电弧焊。

③待焊接头装配要求低　焊接过程由焊工手工控制,可以适时调整电弧位置和运条姿势,修正焊接参数,以保证跟踪接缝和均匀熔透。对焊接接头的装配精度要求相对降低。

④应用范围广　焊条电弧焊广泛应用于平焊、立焊、横焊、仰焊等各种空间位置和对接、搭接、角接、T形接头等各种接头形式的焊接。选用合适的焊条不仅可以焊接碳钢合金钢、非铁金属等同种金属,而且可以焊接异种金属。还可在普通碳素钢上堆焊具有耐磨、耐腐蚀等特殊性能的材料,在造船、锅炉及压力容器、机械制造、化工设备等行业中得到广泛应用。

2)缺点

①对焊工操作技术要求高　焊条电弧焊的焊接质量除选择合适的焊条、焊接参数及焊接设备外,主要依靠焊工的操作技术和经验保证。在相同的工艺条件下,操作技术高、经验丰富的焊工能焊出外形美观、质量优良的焊缝;而操作技术低,没有经验的焊工焊出的焊缝可能不合格。

②劳动条件差　焊条电弧焊主要依靠焊工的手工操作控制焊接的全过程,焊工不仅处在手脑并用、精神高度集中状态,并且在有毒烟尘及高温烘烤的环境中工作,劳动条件比较差,要加强劳动保护。

③生产效率低　焊条电弧焊与其他电弧焊相比,其使用的焊接电流小,熔敷速度慢,每焊完一根焊条后必须更换焊条,并残留下一截焊条头而未被充分利用,以及因清渣而停止焊接等,生产效率低。

任务 2.3　认识焊条电弧焊的设备及工具

焊条电弧焊的焊接设备主要有弧焊电源、焊钳和焊接电缆,此外,还有面罩、敲渣锤、钢丝刷和焊条保温筒等,后者统称为辅助设备或工具。如图 2.4 所示为

焊条电弧焊设备及工具1

焊条电弧焊的基本焊接回路,它由交流或直流弧焊电源、焊钳、电缆、焊条、电弧、工件及地线等组成。

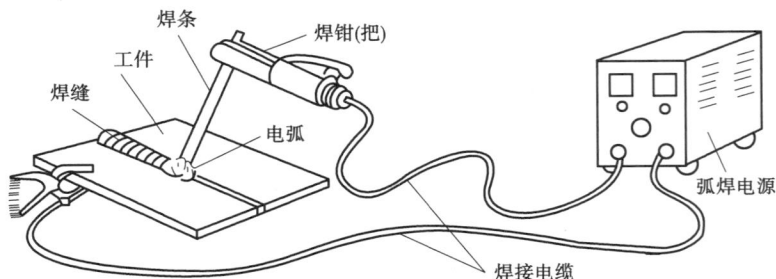

图 2.4　焊条电弧焊基本焊接回路

2.3.1　弧焊电源

焊条电弧焊用的弧焊电源是一台额定电流在 500 A 以下的具有下降外特性的弧焊电源,有弧焊变压器、弧焊整流器、弧焊逆变器等多种类型(图 2.5)。特殊情况下还可使用矩形波交流弧焊电源和脉冲弧焊电源。下面仅讨论焊条电弧焊电源的选择要点。

焊条电弧焊设备及工具2

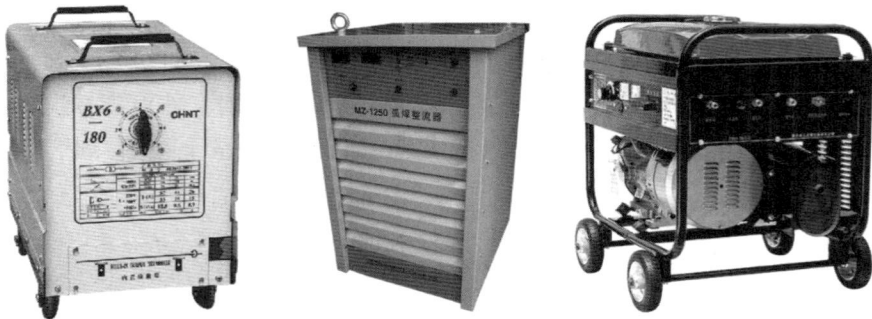

图 2.5　弧焊电源

焊条电弧焊要求电源具有陡降的外特性、良好的动特性和合适的电流调节范围。选择焊条电弧焊电源应主要考虑以下因素:

1)弧焊电源的电流种类和容量的选择

焊条电弧焊采用的焊接电流既可以是交流也可以是直流,焊条电弧焊电源既有交流电源也有直流电源。目前,我国焊条电弧焊用的电源主要有弧焊变压器和弧焊整流器(包括弧焊逆变器)两大类。前一种属于交流电源,后一种属于直流电源。弧焊电源电流的种类主要是根据所使用的焊条类型和所要焊接的产品要求进行选择的。低氢钠型焊条必须选用直流弧焊电源,以保证电弧稳定燃烧。酸性焊条虽然交、直流均可使用,但一般选用结构简单且价格较低的交流弧焊电源。

弧焊变压器用以将电网的交流电变成适宜于弧焊的交流电。与直流弧焊电源相比,弧焊变压器具有结构简单、制造方便、使用可靠、维修容易、效率高和成本低等优点,在焊接生产应用中占很大的比例。目前国内主要应用的弧焊整流器是晶闸管式和逆变式,其引弧容易,性能柔和,电弧稳定,飞溅少,是理想的更新换代产品。

用直流弧焊电源焊接时,工件和焊条与电源输出端正、负极的接法,称为极性。工件接直流电源正极,焊条接负极时,称正接或正极性;工件接负极,焊条接正极时,称反接或反极性。不同类型的焊条要求不同的接法,一般在焊条使用说明书上都有说明。

焊条电弧焊时,应根据焊接产品所需的焊接电流范围和实际负载持续率来选择弧焊电源的容量,即弧焊电源的额定焊接电流。额定焊接电流是在额定负载持续率条件下允许使用的最大焊接电流,焊接过程中使用的焊接电流值如果超过这个额定焊接电流值,就要考虑更换额定电流值大一些的弧焊电源或者降低弧焊电源的负载持续率。

2)弧焊电源外特性形状的选择

焊条电弧焊电极尺寸较大,电流密度低。在电弧稳定燃烧条件下,其静特性处于 U 形曲线的水平段,首先要求电源外特性曲线与电弧静特性曲线的水平段相交,即要求焊条电弧的电源应具有下降的外特性。再从焊接参数稳定性考虑,要求电源空载电压高一些、外特性形状陡降一些为好,因为对相同的弧长变化,陡降外特性电源所引起的电流变化比缓降外特性电源所引起的电流变化小得多,如图 2.6 所示。焊条电弧焊过程中,弧长的变化是经常发生的。为了保证焊接参数稳定,获得均匀一致的焊缝,显然要求电源具有陡降的外特性。

陡降外特性能克服弧长波动所引起的电流变化,但其短路电流过小,不利于引弧。理想的焊条电弧焊电源的外特性是具有陡降带外拖的外特性,如图 2.7 所示。在正常电弧电压范围内,弧长变化时焊接电流保持不变。当电弧电压低于拐点电压值时,外特性曲线向外倾斜,焊接电流变大,增大了熔滴过渡的推力。其短路电流也相应增大,有利于引燃电弧。

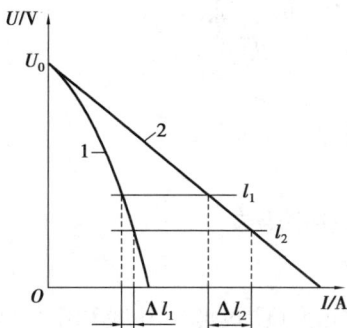

图 2.6　外特性形状对电流稳定性的影响
1—陡降外特性曲线;2—缓降外特性曲线

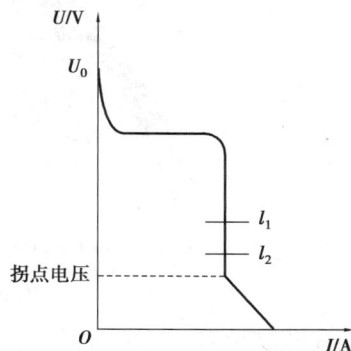

图 2.7　焊条电弧焊理想电源外特性

2.3.2　焊条电弧焊常用的工具和辅助工具

焊条电弧焊设备及工具3

1)焊钳

焊钳是用来夹持焊条、传导电流的工具。焊钳既是焊接设备的组成部分,又是焊条电弧

焊的主要工具。焊钳有 300 A、500 A 两种规格,要求具有良好的绝缘性与隔热能力。焊条位于水平(0°)、45°、垂直(90°)等方向时焊钳都能夹紧焊条,并保证更换焊条安全方便操作灵活,如图 2.8 所示。

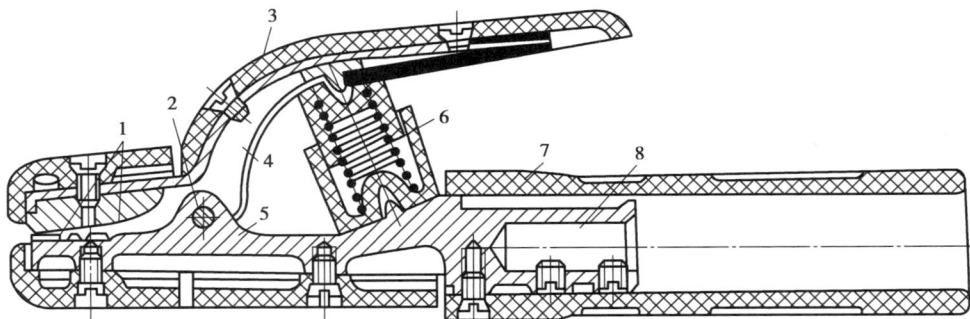

图 2.8　焊钳

1—钳口;2—固定销;3—弯臂罩壳;4—弯臂;5—直柄;6—弹簧;7—胶木手柄;8—焊接电缆固定处

2)面罩和护目镜

面罩是防止焊接飞溅、弧光、高温对焊工面部及颈部灼伤的一种工具。面罩一般分为手持式和头盔式两种,如图 2.9 所示。要求选用耐燃或不燃的绝缘材料制成,罩体应遮住焊工的整个面部,其结构牢固,不漏光。

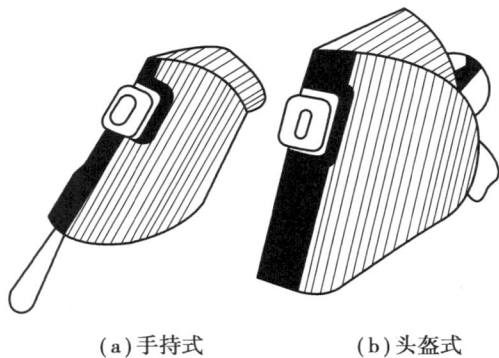

(a)手持式　　　　(b)头盔式

图 2.9　焊工面罩

面罩正面安装有护目滤光片,即护目镜,起减弱弧光强度、过滤红外线和紫外线以保护焊工眼睛的作用。护目镜按亮度的深浅不同分为 6 个型号(7 ~ 12 号),号数越大,色泽越深。在护目镜片外侧,应加一块尺寸相同的一般玻璃,以防止护目镜被金属飞溅污损。使用面罩护目镜给焊工操作带来了不便,为此发展了一种光电式护目镜片,可解决这一问题。

3)焊条保温筒

焊条保温筒是盛装已烘干的焊条,且能保持一定温度以防止焊条受潮的一种筒形容器,有立式和卧式两种,内装焊条 2.5 ~ 5 kg。通常是利用弧焊电源一次电压对筒内加热,温度一般为 100 ~ 450 ℃。

焊条分类

使用低氢型焊条焊接重要结构时,焊条必须先进烘箱焙烘,烘干温度和保温时间因材料和季节而异。焊条从烘箱内取出后,应储存在焊条保温筒内,焊工可随身携带到现场,随用随取。

任务 2.4　认识焊条电弧焊工艺

焊条电弧焊工艺

2.4.1　焊前准备

焊前准备主要包括坡口的选择与制备、焊接区域的清理、焊条烘干、工件装配定位和焊前预热等。对上述工作必须给予足够的重视,否则会影响焊接质量,严重时会造成焊后返工或工件报废。工件材料等因素不同焊前准备工作也不相同。下面仅以碳钢及普通低合金钢为例加以说明。

1)坡口的选择与制备

坡口形式取决于焊接接头形式、工件厚度以及对接头质量的要求。根据板厚不同,焊条电弧焊接头常用的坡口类型有 I 形、Y 形、X 形、U 形等(图 2.10)。

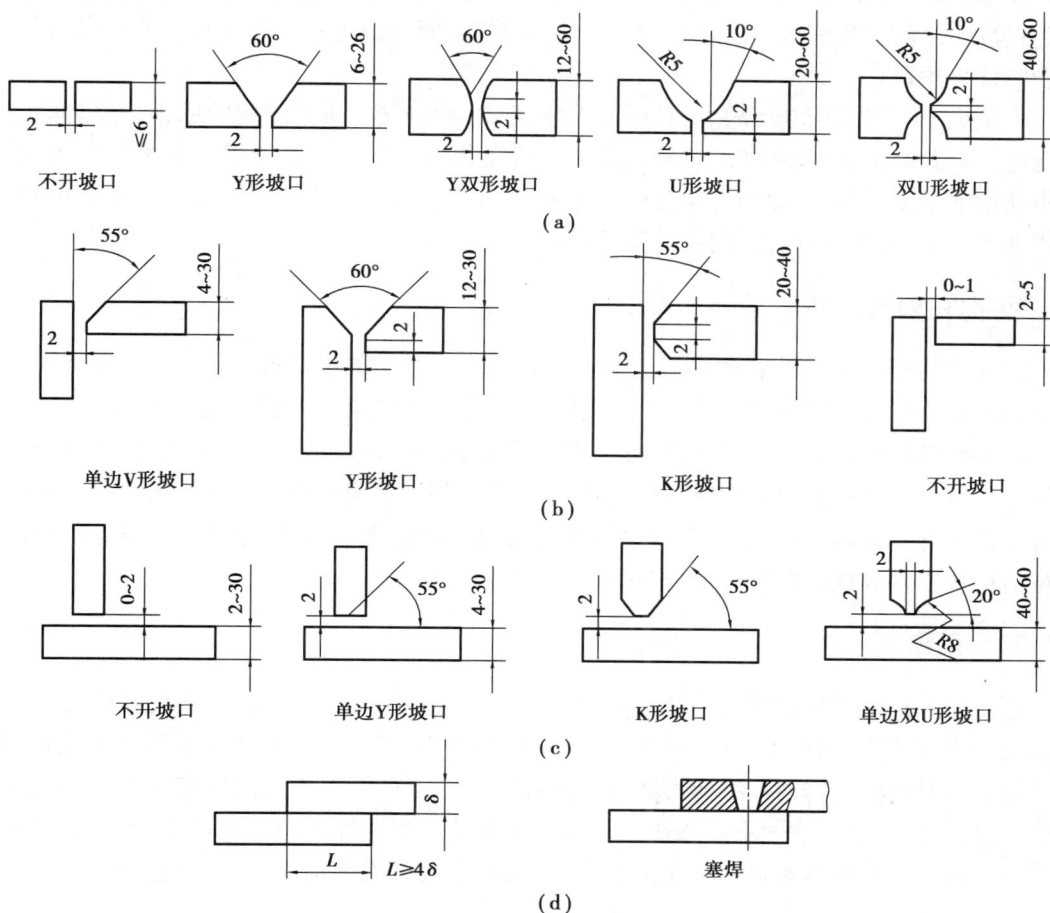

图 2.10　常用的坡口类型(单位:mm)

坡口制备的方法很多,应根据工件的尺寸、形状与加工条件综合考虑进行选择。目前工厂中常用剪切、气割、刨边、车削、碳弧气刨等方法制备坡口。

2)焊接区域的清理

它是指焊前对接头坡口及其附近(约 20 mm 内)的表面被油、锈、漆和水等污染的清理。用碱性焊条焊接时,清理要求严格和彻底,否则极易产生气孔和延迟裂纹。酸性焊条对锈不很敏感,若锈蚀较轻,而且对焊缝质量要求不高,可以不清理。清理时,可根据被清物的种类及具体条件,分别选用钢丝刷刷、砂轮磨或喷丸处理等手工或机械方法,也可用除油剂(汽油、丙酮)清洗等化学方法,必要时,可用氧乙炔焰烘烤清理的部位,以去除工件表面油污和氧化皮。

3)焊条烘干

焊条在出厂前经过高温烘干,并用防潮材料包装,起到一定的防止药皮吸湿的作用,一般应在使用前拆封。焊条长期储运过程中难免受潮,为确保焊接质量,用前仍须按产品说明书的规定进行再烘干。再烘干温度由药皮类型确定,一般酸性焊条取 70 ~ 150 ℃,最高不超过 250 ℃,保温 1 ~ 1.5 h;碱性焊条取 300 ~ 400 ℃,保温 1 ~ 2 h。温度太低,达不到去除水分的目的;温度过高,容易引起药皮开裂,焊接时成块脱落,而且药皮中的组成物会分解或氧化,直接影响焊接质量。

焊条烘干一般采用专用的烘箱,应遵循使用多少烘多少、随烘随用的原则。烘后的焊条不宜露天放置过久,可放在低温烘箱或专用的焊条保温筒内。低氢型焊条对水分比较敏感,要求使用前一定要烘干,原则上重复烘干不超过两次。酸性焊条药皮中允许的含水量较高,是否要烘干,可视焊条存放时间及受潮程度而定。

4)工件的装配定位

焊前的装配定位主要是使工件定位对正,以及达到预定的坡口形状和尺寸。装配间隙的大小和沿接头长度上的均匀程度对焊接质量、生产率及制造成本影响很大,须引起重视。

经装配各工件的位置确定之后,可以用夹具或定位焊缝把它们固定起来,然后进行正式焊接。定位焊的质量直接影响焊缝的质量,它是正式焊缝的组成部分。其焊道短,冷却快,比较容易产生焊接缺陷,若缺陷被正式焊缝所覆盖而未被发现,将造成隐患。一般定位焊的焊接电流应比正常焊接的电流大 15% ~ 20%。

5)焊前预热

预热是指焊接开始前对工件的整体或局部进行加热的工艺措施。预热的目的是降低焊接接头的冷却速度,以改善组织,减小应力,防止焊接裂纹等。工件是否需要预热及预热温度的选择,主要根据工件材料、结构形状与尺寸而定。对刚性不大的低碳钢和强度级别较低的低合金高强度钢结构,一般不需预热。而对刚性大的或焊接性差而容易产生裂纹的结构,焊前必须预热。工件整体预热一般在炉内进行;局部预热可用火焰加热、工频感应加热或红外线加热。

2.4.2　焊接工艺参数及选择

焊条电弧焊的焊接工艺参数通常包括焊条直径、焊接电流、电弧电压、焊接速度、焊接层数等。焊接工艺参数选择得正确与否,直接影响焊缝形状、尺寸、焊接质量和生产率,选择合适的焊接工艺参数是焊接生产中不可忽视的一个重要问题。

焊接工艺参数选择

1)焊条直径的选择

焊条直径是指焊芯直径。它是保证焊接质量和效率的重要因素。焊条直径一般根据工件厚度选择。同时要考虑接头形式、施焊位置和焊接层数,对重要结构还要考虑焊接热输入的要求,在一般情况下,焊条直径与工件厚度之间关系的参考数据见表 2.1。

表 2.1　焊条直径与工件厚度之间的关系

工件厚度/mm	2	3	4 ~ 5	6 ~ 12	>113
焊条直径/mm	2	3.2	3.2 ~ 4	4 ~ 5	4 ~ 6

在板厚相同的条件下,平焊位置的焊接所选用的焊条直径应比其他位置大一些,立焊、横焊和仰焊应选用较细的焊条,一般不超过 4.0 mm。第一层焊道应选用小直径焊条焊接,以后各层可以根据工件厚度,选用较大直径的焊条。T 形接头、搭接接头都应选用较大直径的焊条。

2)焊接电流的选择

选择焊接电流时,应根据焊条类型、焊条直径、工件厚度、接头形式、焊接位置和层数等因素综合考虑。如果焊接电流过小会使电弧不稳,造成未焊透、夹渣以及焊缝成形不良等缺陷;反之,焊接电流过大易产生咬边、焊穿,增加工件变形和金属飞溅量,会使焊接接头的组织过热而发生变化。

在相同焊条直径的条件下,平焊时焊接电流可大些,其他位置焊接电流应小些。在相同条件的情况下,碱性焊条使用焊接电流一般可比酸性焊条小 10% 左右,否则焊缝中易产生气孔。一定直径的焊条有一个合适的焊接电流范围,可参考表 2.2 选择。

表 2.2　焊接电流和焊条直径的关系

焊条直径/mm	1.6	2.0	2.5	3.2	4	5	6
焊接电流/A	25 ~ 40	40 ~ 65	50 ~ 80	100 ~ 130	160 ~ 210	200 ~ 270	260 ~ 300

3)焊接层数的选择

在工件厚度较大时,往往需要进行多层焊。对低碳钢和强度等级较低的低合金钢多层焊时,若每层焊缝厚度过大,则对焊缝金属的塑性(主要表现在冷弯上)有不利影响。对质量要求较高的焊缝,每层厚度最好不大于 5 mm。

焊接层数主要根据钢板厚度、焊条直径、坡口形式和装配间隙等来确定,可近似估算为

$$n = \frac{\delta}{d}$$

式中,n 为焊接层数;δ 为工件厚度,mm;d 为焊条直径,mm。

4)电弧电压与焊接速度的控制

焊条电弧焊的电弧电压主要由电弧长度决定:电弧长度越大,电弧电压越高;电弧长度越短,电弧电压越低。在焊接过程中,应尽量使用短弧焊接。立焊、仰焊时弧长应比平焊更短些,有利于熔滴过渡,防止熔化金属下滴。碱性焊条焊接时应比酸性焊条弧长短些,有利于电弧的稳定和防止气孔。

焊接过程中,焊接速度应该均匀适当,既要保证焊透又要保证不焊穿,还要使焊缝宽度和余高符合设计要求。如果焊速过快,熔化能量不够,易造成未熔合、焊缝成形不良等缺陷;如果焊速过慢,使高温停留时间增长,热影响区宽度增加,焊接接头的晶粒变粗,力学性能降低,同时使工件变形量增大。当焊接较薄工件时,易形成烧穿。

焊接速度直接影响焊接生产率,在保证不焊穿和成形良好的条件下,应尽量采用较大的焊条直径和焊接电流,并适当提高焊接速度,以提高生产率。

2.4.3　焊条电弧焊的基本操作

引弧

1)引弧

电弧焊开始时,引燃焊接电弧的过程称为引弧。焊条电弧焊通常采用接触引弧法,它是指先将焊条与工件接触形成短路,再拉开焊条引燃电弧的方法。根据操作手法不同可分为直击引弧法和划擦引弧法,如图 2.11 所示。

直击引弧法是指使焊条与工件表面垂直地接触,当焊条的末端与工件表面轻轻一碰后,便迅速提起焊条,并保持一定距离,而将电弧引燃的方法,如图 2.11(a)所示。

划擦引弧法与划火柴有些类似,先将焊条末端对准工件,然后将焊条在工件表面划擦一下,当电弧引燃后立即将焊条末端与被焊工件表面距离保持在 2 ~ 4 mm,电弧就能稳定地燃烧,如图 2.11(b)所示。

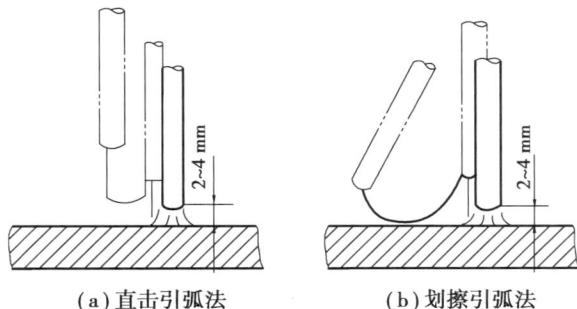

(a)直击引弧法　　　　　(b)划擦引弧法

图 2.11　引弧方法

以上两种接触式引弧方法中,划擦法比较容易掌握,但在狭小工作面上或不允许工件表面有划痕时,应采用直击法。在使用碱性焊条时,为防止引弧处出现气孔,宜采用划擦法。

引弧的位置应选在焊缝起点前约 10 mm 处。引燃后将电弧适当拉长并迅速移到焊缝的起点,同时逐渐将电弧长度调到正常范围。这样做的目的是对焊缝起点处起预热作用,以保证焊缝始端熔深正常,并有消除引弧点气孔的作用。重要的结构往往需增加引弧板。

2)运条

焊接过程中,焊条相对焊缝所做的各种动作的总称叫运条。运条包括沿焊条轴线方向的送进、沿焊缝轴线方向的纵向移动和横向摆动 3 个动作,如图 2.12 所示。

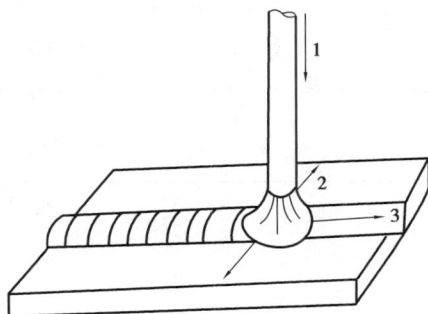

图 2.12 运条的基本动作
1—焊条轴线方向的送进;2—横向摆动;3—焊缝轴线方向的纵向移动

焊条轴线方向送进的作用是保证焊条在不断熔化时电弧的长度保持一定,送进的速度应该等于焊芯熔化的速度。焊条沿焊接方向运动的作用是形成一定长度、一定尺寸的焊缝,其运动速度实际上就是焊接速度。为了保证焊缝的宽度,焊条必须作横向摆动。适当的横向摆动不仅可以保证焊缝的宽度,而且可根据焊缝的位置及要求,合理控制电弧对各部分的加热程度,从而获得良好的焊缝成形。

运条的方法很多,选用时应根据接头的形式、装配间隙、焊缝的空间位置、焊条直径与性能、焊接电流及焊工技术水平等而定。常用运条方法及适用范围见表 2.3,表中的运条形式,实际上是焊条前进与摆动的合成。其中以锯齿形、月牙形和环形应用较多。

表 2.3 常用运条方法及适用范围

运条方法	运条示意图	适用范围
直线运条法	→	(1)3~5 mm 厚度,I 形坡口对接平焊 (2)多层焊的第一层焊道 (3)多层多道焊
直线往返形运条法	-Z-Z-Z-Z-Z-Z-Z-Z→	(1)薄板焊 (2)对接平焊(间隙较大)
锯齿形运条法	∿∿∿∿∿∿	(1)对接接头(平焊、立焊、仰焊) (2)角接接头(立焊)

续表

运条方法		运条示意图	适用范围
月牙形运条法			同锯齿形运条法
三角形运条法	斜三角形		(1)角接接头(仰焊) (2)对接接头(开 V 形坡口横焊)
	正三角形		(1)角接接头(立焊) (2)对接接头
圆圈形运条法	斜圆圈形		(1)角接接头(平焊、仰焊) (2)对接接头(横焊)
	正圆圈形		对接接头(厚焊件平焊)
八字形运条法			对接接头(厚焊件平焊)

3)焊缝的连接

受焊条长度的限制,焊缝前后两段出现连接接头是不可避免的,但焊缝接头应力求均匀,防止产生过高、脱节、宽窄不一致等缺陷。焊缝的连接有 4 种情况,如图 2.13 所示。

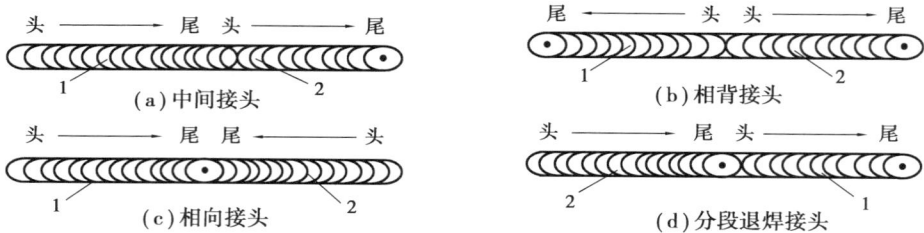

图 2.13　焊缝的连接
1—先焊焊缝;2—后焊焊缝

(1)中间接头

后焊的焊缝从先焊的焊缝尾部开始焊接,如图 2.13(a)所示。要求在弧坑前约 10 mm 附近引弧,电弧长度比正常焊接时略长些,然后回移到弧坑,压低电弧,稍作摆动,再向前正常焊接。这种接头的方法是使用最多的一种,适用于单层焊及多层焊的表层接头。

(2)相背接头

两焊缝起头处相接,如图 2.13(b)所示。要求先焊焊缝起头处略低些,后焊焊缝必须在前焊焊缝始端稍前处引弧,然后稍拉长电弧将电弧逐渐引向前条焊缝的始端,并覆盖前条焊缝的端头,待焊平后,再向焊接方向移动。

(3)相向接头

两条焊缝首尾相接,如图 2.13(c)所示。当后焊的焊缝焊到先焊的焊缝收尾处时,焊接速度应稍慢些,填满先焊焊缝的弧坑后,以较快的速度再向前焊一段,然后熄弧。

（4）分段退焊接头

先焊焊缝的起头和后焊　　　　　　接，如图 2.13（d）所示。要求后焊的焊缝焊至靠近前条焊缝始端时,改变焊条角度,使焊条指向前条焊缝的始端,拉长电弧,待形成熔池后,再压短电弧,往回移动,最后返回原来熔池处收弧。

接头接得平整与否,不仅和焊工操作技术有关,还和接头处的温度高低有关。温度越高,接头处越平整。中间接头要求电弧中断的时间要短,换焊条动作要快。多层焊时,层间接头处要错开,以提高焊缝的致密性。除中间焊缝接头焊接时可不清理焊渣外,其余接头连接处必须先将焊渣打掉,必要时可将接头处先打磨成斜面后再接头。

4）收尾

焊缝的收尾是指一条焊缝焊完后如何收弧。焊接结束时,如果将电弧突然熄灭,则焊缝表面留有凹陷较深的弧坑会降低焊缝收尾处的强度,并容易引起弧坑裂纹。过快拉断电弧,液体金属中的气体来不及逸出,容易产生气孔等缺陷。为克服弧坑缺陷,可采用以下方法收尾（图 2.14）。

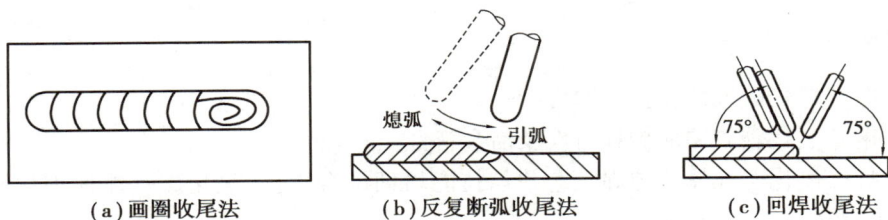

收尾

（a）画圈收尾法　　（b）反复断弧收尾法　　（c）回焊收尾法

图 2.14　焊缝收尾

（1）画圈收尾法

焊条移到焊缝终点时,在弧坑处作圆圈运动,直到填满弧坑再拉断电弧,此方法适用于厚板。

（2）反复断弧收尾法

焊条移到焊缝终点时,在弧坑处反复熄弧、引弧数次,直到填满弧坑为止,此方法适用于薄板和大电流焊接时的收尾,不适用于碱性焊条。

（3）回焊收尾法

焊条移到焊缝终点时,在弧坑处稍作停留,将电弧慢慢拉长,引到焊缝边缘的母材坡口内,这时熔池会逐渐缩小,凝固后一般不出现缺陷,此方法适用于换焊条或临时停弧时的收尾。

综合训练

项目 3

汽车尾箱盖左支撑杆的焊接

【学习目标】

（1）了解二氧化碳气体保护焊原理特点。

（2）了解二氧化碳气体保护焊材料及冶金特性。

（3）掌握二氧化碳气体保护焊工艺并与技能培训结合，对二氧化碳气体保护焊的操作技术有深入的了解。

【素质目标】

"做事情要做到极致，做工人要做到最好"。二氧化碳气体保护焊的正确运用和焊接时的质量控制，是检验一件成品能否正常运行的关键，也是一名职业人的工匠精神的体现。严谨敬业，团结协作是大家必备的工作作风。

艾爱国——中国共产党成立 100 周年"七一勋章"获得者，工匠精神的杰出代表，秉持"做事情要做到极致、做工人要做到最好"的信念，在焊工岗位奉献 50 多年，集丰厚的理论素养和操作技能于一身，多次参与我国重大项目焊接技术攻关，攻克数百个焊接技术难关。作为我国焊接领域"领军人"，倾心传艺，在全国培养焊接技术人才 600 多名。荣获"全国劳动模范""全国十大杰出工人"等称号，是焊接界最闪亮的星！

任务 3.1　认识汽车尾箱盖左支撑杆的焊接工艺

3.1.1　焊接工艺卡(图 3.1)

焊接工艺卡		产品型号	WX-50	零件图号	WX50-1100					
		产品名称	汽车尾箱	零件名称	汽车尾箱盖左支撑杆	共 1 页第 1 页				

主要组成件

序号	图　号	名　称	材料	件数
1		工序10组件	20#	1
2	WX50-1110	球头支架组件	20#	1

技术要求:

1. 图示P1处焊缝长度30 mm、焊缝高度2 mm;P2处焊缝长度20 mm、焊缝高度2 mm。
2. 焊缝熔深P1、P2≥0.3 mm。
3. 焊缝圆滑,无未熔合及表面气孔等缺陷。
4. 焊件上不允许有焊渣及其飞溅。

工序号	工　序　内　容	设备	工艺装备	电压或气压	电流或焊嘴号	焊条、焊丝、电极型号	直径	焊剂	其他规范	工时
1	清除焊件待焊表面油污及铁锈	二氧化碳焊机 YD-300	焊接夹具 IF354/WX50-226	电压 21~28 V	120~150 A	ER50-6	1 mm		特种检测要求: 每批按3%抽取零件,截取焊缝部位,检测P1、P2处熔深	
2	在焊接夹具上组装件1和件2,然后进行定位焊									
3	按参数要求焊接图示焊缝		检验夹具	气压 15~18 L						
4	若有气孔等焊接缺陷时,应清除缺陷部位,然后进行补焊		IF364/WX50-108							
5	清除焊缝及其附近的飞溅									

描图					
描校					
底图号			设计(日期)	审核(日期)	标准化(日期)	会签(日期)
装订号					

标记	处数	更改文件号	签字	日期	标记	处数	更改文件号	签字	日期	李某某(20××.07.11)	张某某(20××.07.12)	刘某某(20××.07.12)	程某某(20××.07.13)

图 3.1　焊接工艺卡

3.1.2　焊接任务

　　汽车尾箱盖左支撑杆(图 3.2)零件,在球头支架组件处的焊缝有一定的承力要求,该处不仅对焊缝长度及焊缝高度提出了一定要求,同时对每批产品要求抽取一定比例的零件,进行剖切检测熔深。

3.1.3　焊接准备

　　准备一台晶闸管二氧化碳焊机,选用直径为 1.0 mm 的 ER49-1 或 ER50-6 焊丝,焊前对焊接处进行除油、除锈处理。

3.1.4　注意事项

　　①CO_2 气体保护焊焊接时,常采用左焊法进行焊接,不仅便于观察焊接部位,而且焊缝成形美观。

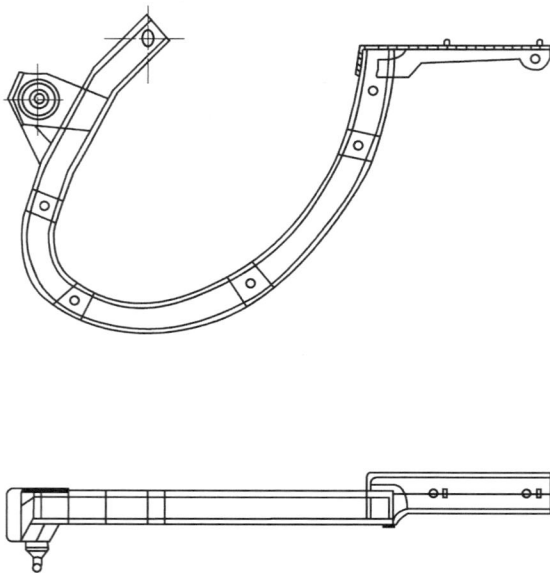

图 3.2   汽车尾箱盖左支撑杆

②保护气体是使焊接区与空气隔离,防止熔滴焊缝金属被周围气氛污染和损坏。焊接气体可采用 CO_2,也可采用 20% CO_2+80% Ar 的混合气体,其中,CO_2 气体纯度≥99.7%,符合 HG/T 2537—1993;Ar 气体纯度≥99.99%,符合 GB/T 4842—2017。

③焊接外观质量检查要求目视检查,必要时可采用 5 倍或 10 倍放大镜观察。涉及焊接尺寸的检查采用焊接检测器 HCQ-1 测量。

任务 3.2   认识二氧化碳气体保护焊原理及特点

3.2.1   二氧化碳气体保护焊基本原理

CO_2 气体保护焊是指利用 CO_2 作为保护气体的熔化极气体保护焊方法,简称 CO_2 焊。CO_2 焊是目前焊接钢铁材料的重要焊接方法之一,在许多金属结构的生产中逐渐取代了焊条电弧焊和埋弧焊。

CO_2 焊是利用 CO_2 气体使焊接区与周围空气隔离,防止空气中的氧、氮对焊接区的有害作用,从而获得优良的机械保护性能。CO_2 气体具有氧化性,一旦焊缝金属被氧化和氮化,脱氧是较容易实现的,而脱氮就很困难。另外,CO_2 气体高温分解,体积增加,增强了保护效果。CO_2 焊的原理示意图如图 3.3 所示。

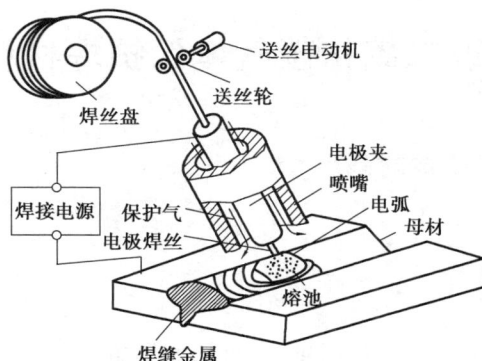

图 3.3　CO_2 焊的原理示意图

3.2.2　二氧化碳气体保护焊特点及应用

1)二氧化碳气体保护焊特点

①CO_2 的穿透能力强,厚板焊接时可增加坡口的钝边和减小坡口;焊接电流密度大(通常为 $100 \sim 300 \ A/mm^2$),焊丝熔化率高;焊后一般无须清渣。CO_2 焊的生产率比焊条电弧焊机高 $1 \sim 3$ 倍。

②CO_2 气体来源广,价格便宜,而且电能消耗少,焊接成本低。通常 CO_2 焊的成本只有埋弧焊或焊条电弧焊的 $40\% \sim 50\%$。

③可实现全位置焊接,并且对薄板、中厚板甚至厚板都能焊接。由于电弧加热集中,工件受热面积小,同时 CO_2 气流有较强的冷却作用,所以焊缝金属焊接变形小,特别适合薄板焊接。

④对铁锈敏感性小,焊缝含氢量少,抗裂性能好。

⑤飞溅率较大,并且焊缝表面成形较差。特别当焊接工艺参数匹配不当时,更为严重。

⑥电弧气氛有很强的氧化性,不能焊接易氧化的金属材料。抗侧向风能力较弱,室外作业需有防风措施。

⑦焊接弧光较强,特别是大电流焊接时,要注意对操作人员防弧光辐射保护。

2)二氧化碳气体保护焊应用

CO_2 焊主要用于焊接低碳钢及低合金钢等钢铁材料。对不锈钢,由于焊缝金属有增碳现象,影响抗晶间腐蚀性能,所以只能用于对焊缝性能要求不高的不锈钢工件。CO_2 焊还可用于耐磨零件的堆焊、铸钢件的焊补以及电铆焊等方面。此外,CO_2 焊可以用于水下焊接。CO_2 焊所能焊接的材料厚度范围较大,目前最薄的可焊到 $0.8 \ mm$,最厚的已经焊到 $250 \ mm$ 左右。目前 CO_2 焊已在石油化工、汽车制造、机车和车辆制造、农业机械、矿山机械等部门得到广泛的应用。

任务 3.3   认识二氧化碳气体保护焊材料及冶金特性

3.3.1   二氧化碳气体保护焊材料

1)CO_2 气体

（1）CO_2 气体的性质

CO_2 气体来源广,可由专门生产厂提供,也可从食品加工厂(如酒精厂)的副产品中获得。用于焊接的气体,其纯度要求大于 99.5% 。

CO_2 有固态、液态和气态 3 种形态。CO_2 气体是无色、无味和无毒气体。在常温下它的密度为 1.98 kg/m^3,约为空气的 1.5 倍。在常温时很稳定,但在高温时会发生分解,至 5 000 K 时几乎能全部分解。常压冷却时,CO_2 气体将直接变成固态的干冰。固态的干冰在温度升高时直接变成气态,而不经过液态的转变。但是,固态 CO_2 不适于在焊接中使用,因为空气中的水分会冷凝在干冰的表面上,使 CO_2 气体中带有大量的水分。用于 CO_2 焊的是由瓶装液态 CO_2 所产生的 CO_2 气体。

气体在较高压力下能变成液体,液态 CO_2 的密度随温度有很大变化。当温度低于−11 ℃ 时比水重,而当温度高于−11 ℃ 时比水轻。由于 CO_2 由液态变为气态的沸点很低,为−78.9 ℃,所以工业用 CO_2 都是使用液态,常温下它自己就气化了。在 0 ℃ 和 101.3 kPa(1 个大气压)下,1 kg 液态 CO_2 可以气化成 509 L 的气态 CO_2。通常容量为 40 L 的标准钢瓶内,可以灌入 25 kg 的液态 CO_2,约占钢瓶容积的 80%,其余 20% 左右的空间则充满气化了的 CO_2。一瓶液态 CO_2 可以气化成 12 725 L 气体。若焊接时气体流量为 15 L/min,则可以连续使用 14 h 左右。

气瓶的压力与环境温度有关,当温度为 0 ~ 20 ℃ 时,瓶中压力为 $(4.5 ~ 6.8)×10^6$ Pa (40 ~ 60 大气压);当环境温度在 30 ℃ 以上时,瓶中压力急剧增加,可达 $7.4×10^6$ Pa (73 大气压)以上。气瓶不得放在火炉、暖气等热源附近,也不得放在烈日下暴晒,以防发生爆炸。

（2）提高 CO_2 气体纯度的措施

当厂家生产的 CO_2 气体纯度不稳定时,为确保 CO_2 气体的纯度,可采取以下措施:

①将新灌气瓶倒立静置 1 ~ 2 h,以便使瓶中自由状态的水沉积到瓶口部位,然后打开阀门放水 2 ~ 3 次,每次放水间隔 30 min,放水结束后,把钢瓶恢复放正。

②放水处理后,将气瓶正置 2 h,打开阀门放气 2 ~ 3 min,放掉一些气瓶上部的气体,因这部分气体通常含有较多的空气和水分,同时带走瓶阀中的空气,然后套接输气管。

③可在焊接供气的气路中串接高压和低压干燥器,用以干燥含水较多的 CO_2 气体,用过的干燥剂经烘干后可重复使用。

④当瓶中气体压力低于 $1×10^6$ Pa (10 个大气压)时,CO_2 气体的含水量急剧增加,这将引起在焊缝中形成气孔。低于该压力时不得再继续使用。

使用瓶装液态 CO_2 时,注意设置气体预热装置,因瓶中高压气体经减压降压而体积膨胀时要吸收大量的热,使气体温度降到 0 ℃ 以下,会引起 CO_2 气体中的水分在减压器内结冰而堵塞气路,故在 CO_2 气体未减压之前须经过预热。

2)焊丝

CO_2 焊的焊丝既要保证一定的化学成分和力学性能,又要保证具有良好的导电性和工艺性能。对焊丝的要求如下:

①焊丝必须含有足够的脱氧元素。

②焊丝的含碳量要低,要求 $w_C < 0.11\%$。

③要保证焊缝具有满意的力学性能和抗裂性能。

目前国内常用的焊丝直径为 0.6 mm、0.8 mm、1.0 mm、1.2 mm、1.6 mm、2.0 mm 和 2.4 mm。近年又发展了直径为 3 ~ 4 mm 的粗焊丝。焊丝应保证有均匀外径,还应具有一定的硬度和刚度。一方面防止焊丝被送丝滚轮压扁或压出深痕;另一方面焊丝要有一定的挺直度。无论何种送丝方式,都要求焊丝以冷拔状态供应,不能使用退火焊丝。表 3.1 为常用 CO_2 焊焊丝牌号、化学成分及用途。

表 3.1 CO_2 焊常用的焊丝牌号、化学成分和用途

焊丝牌号	含金元素含量(质量分数,%)										用途
	C	Si	Mn	Ti	Al	Cr	Mo	V	S	P	
H10MnSi	<0.14	0.6 ~ 0.9	0.8 ~ 1.1	—	—	<0.20	—	—	<0.03	<0.04	焊接低碳钢和低合金钢
H08MnSi	<0.10	0.7 ~ 1.0	1.0 ~ 1.3	—	—	<0.20	—	—	<0.03	<0.04	焊接低碳钢和低合金钢
H08Mn2SiA	<0.10	0.65 ~ 0.95	1.8 ~ 2.1	—	—	<0.20	—	—	<0.03	<0.035	焊接低碳钢和低合金钢
H04MnSiAlTiA	<0.04	0.4 ~ 0.8	1.4 ~ 1.8	—	—	—	—	—	<0.025	<0.025	焊接低碳钢和低合金钢
H10MnSiMo	<0.14	0.7 ~ 1.1	0.9 ~ 1.2	—	—	<0.20	0.15 ~ 0.25	—	<0.03	<0.04	焊接低合金高强钢
H08MnSiCrMoA	<0.10	0.6 ~ 0.9	1.5 ~ 1.9	—	—	0.8 ~ 1.1	0.5 ~ 0.7	—	<0.03	<0.03	焊接低合金高强钢
H08MnSiCrMoVA	<0.10	0.6 ~ 0.9	1.2 ~ 1.5	—	—	0.95 ~ 1.25	0.6 ~ 0.8	0.25 ~ 0.4	<0.03	<0.03	焊接低合金高强钢
H08Cr3Mn2MoA	<0.10	0.3 ~ 0.5	2.0 ~ 2.5	—	—	2.5 ~ 3.0	0.35 ~ 0.5	—	<0.03	<0.03	焊接贝氏体钢

选择焊丝时要考虑工件的材料性质、用途以及焊接接头强度的设计要求,根据表 3.1 选用适当牌号的焊丝。通常在焊接低碳钢或低合金钢时,可选用的焊丝较多,一般首选的是 H08Mn2SiA,也可选用其他的焊丝,如 H10MnSi,比较便宜,与前者相比其含 C 量稍高,而含 Si、Mn 量较低,焊缝金属强度略高,但焊缝金属的塑性和冲击韧度稍差。

合金钢用的焊丝冶炼和拔制困难,CO_2 焊用的合金钢焊丝逐渐向药芯焊丝方向发展。

3.3.2　二氧化碳气体保护焊冶金特性

CO$_2$ 焊所用的 CO$_2$ 气体是一种氧化性气体,在高温下进行分解,具有强烈的氧化作用,能把合金元素氧化烧损或造成气孔和飞溅。

CO$_2$焊冶金特性和焊接材料1

1)合金元素的氧化

CO$_2$ 气体在电弧高温作用下会发生分解反应:

$$CO_2 \longrightarrow CO+O$$

CO$_2$、CO 和 O 这 3 种成分在电弧空间同时存在,CO 气体在焊接中不溶解于金属,也不与金属发生反应。CO$_2$ 和 O 则能与铁和其他元素发生以下氧化反应:

(1)直接氧化

$$Fe+CO_2 \Longrightarrow FeO+CO\uparrow$$
$$Si+2CO_2 \Longrightarrow SiO_2+2CO\uparrow$$
$$Mn+CO_2 \Longrightarrow MnO+CO\uparrow$$

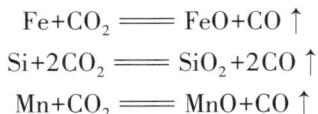

与高温分解的氧原子作用:

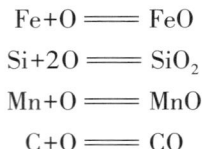

$$Fe+O \Longrightarrow FeO$$
$$Si+2O \Longrightarrow SiO_2$$
$$Mn+O \Longrightarrow MnO$$
$$C+O \Longrightarrow CO$$

FeO 可熔于液体金属内成为杂质或与其他元素发生反应,SiO$_2$ 和 MnO 成为熔渣能浮出,生成的 CO 从液体金属中逸出。

(2)间接氧化

与氧结合能力比 Fe 大的合金元素把氧从 FeO 中置换出来而自身被氧化,其反应如下:

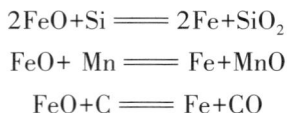

$$2FeO+Si \Longrightarrow 2Fe+SiO_2$$
$$FeO+Mn \Longrightarrow Fe+MnO$$
$$FeO+C \Longrightarrow Fe+CO$$

生成的 SiO$_2$ 和 MnO 变成熔渣浮出,其结果是液体金属中 Si 和 Mn 被烧损而减少。生成的 CO 在电弧高温下急剧膨胀,使熔滴爆破而引起金属飞溅。在熔池中的 CO 若逸不出来,便成为焊缝中的气孔。

直接和间接氧化的结果造成了焊缝金属力学性能降低,产生气孔和金属飞溅。

合金元素烧损、CO 气孔和飞溅是 CO$_2$ 焊中的 3 个主要问题。它们都与 CO$_2$ 的氧化性有关,必须在冶金上采取脱氧措施予以解决。但应指出,金属飞溅除和 CO$_2$ 气体的氧化性有关外,还和其他因素有关。

(3)脱氧措施及焊缝金属合金化

从上述内容可知,在 CO$_2$ 焊中,溶入液态金属中的 FeO 是引起气孔、飞溅的主要因素。同时,FeO 残留在焊缝金属中将使焊缝金属的含氧量增加而降低力学性能。如果能使 FeO 脱氧,并在脱氧的同时对烧损掉的合金元素给予补充,则 CO$_2$ 气体的氧化性所带来的问题基本上可以解决。

CO_2 焊所用的脱氧剂,主要有 Si、Mn、Al、Ti 等合金元素。实践表明,用 Si、Mn 联合脱氧时效果更好,可以焊出高质量的焊缝。目前国内广泛应用的 H08Mn2SiA 焊丝,就是采用 Si、Mn 联合脱氧。

加入焊丝中的 Si 和 Mn,在焊接过程中一部分直接被氧化和蒸发,一部分耗于 FeO 的脱氧,剩余的部分则留在焊缝中,起焊缝金属合金化作用,焊丝中加入的 Si 和 Mn,需要有足够的数量。但是焊丝中 Si、Mn 的含量过多也不行。Si 含量过高会降低焊缝的抗热裂纹能力;Mn 含量过高会使焊缝金属的冲击韧度下降。

此外,Si 和 Mn 之间的比例必须适当,否则不能很好地结合成硅酸盐浮出熔池,会有一部分 SiO_2 或者 MnO 夹杂物残留在焊缝中,使焊缝的塑性和冲击韧度下降。

根据试验,焊接低碳钢和低合金钢用的焊丝,Si 的质量分数一般在 1% 左右。经过在电弧中和熔池中烧损和脱氧后,还可在焊缝金属中剩下 0.4% ~ 0.5%。至于 Mn,焊丝中的质量分数一般为 1% ~ 2%。

2)CO_2 焊的气孔

CO_2 焊时,由于熔池表面没有熔渣覆盖,CO_2 气流又有冷却作用,因此熔池凝固比较快。此外,CO_2 焊所用电流密度大,焊缝窄而深,气体逸出时间长,增加了产生气孔的可能性。可能出现的气孔有 CO 气孔、氮气孔和氢气孔。

(1) CO 气孔

在焊接熔池开始结晶或结晶过程中,熔池中的 C 与 FeO 反应生成的 CO 气体来不及逸出,而形成 CO 气孔。这类气孔通常出现在焊缝的根部或接近表面的部位,且多呈针尖状。

CO 气孔产生的主要原因是焊丝中脱氧元素不足,并且含 C 量过多。要防止产生 CO 气孔,必须选用含足够脱氧剂的焊丝,且焊丝中的含碳量要低,抑制 C 与 FeO 的氧化反应。如果母材的含碳量较高,则在工艺上应选用较大热输入的焊接参数,增加熔池停留的时间,以利于 CO 气体的逸出。只要焊丝有足够的脱氧元素,并限制焊丝中的含碳量,就能有效地防止 CO 气孔。

(2) 氮气孔

在电弧高温下,熔池金属对 N_2 有很大的溶解度。但当熔池温度下降时,N_2 在液态金属中的溶解度便迅速减小,会析出大量 N_2,若未能逸出熔池,便生成 N_2 气孔。N_2 气孔常出现在焊缝近表面的部位,呈蜂窝状分布,严重时会以细小气孔的形式广泛分布在焊缝金属之中,这种细小气孔往往在金相检验中才能被发现,或者在水压试验时被扩大成渗透性缺陷而表露出来。

氮气孔产生的主要原因是保护气层遭到破坏使大量空气侵入焊接区。造成保护气层破坏的因素有使用的 CO_2 保护气体纯度不合要求;CO_2 气体流量过小;喷嘴被飞溅物部分堵塞;喷嘴与工件距离过大及焊接场地有侧向风等。要避免氮气孔,必须改善气层保护效果。要选用纯度合格的 CO_2 气体,焊接时采用适当的气体流量参数;要检验从气瓶至焊枪的气路是否有漏气或阻塞;要增加室外焊接的防风措施。此外,在野外施工中最好选用含有固氮元素(如 Ti、Al)的焊丝。

（3）氢气孔

氢气孔产生的主要原因是在高温时溶入了大量氢气，在结晶过程中又不能充分排出，留在焊缝金属中成为气孔。

氢的来源是工件、焊丝表面的油污及铁锈，以及 CO_2 气体中所含的水分。油污为碳氢化合物，铁锈是含结晶水的氧化铁。它们在电弧的高温下都能分解出氢气。氢气在电弧中会被进一步电离，然后以离子形态很容易溶入熔池。熔池结晶时，氢的溶解度陡然下降，析出的氢气如不能排出熔池，则在焊缝金属中形成圆球形的气孔。

要避免氢气孔，就要杜绝氢的来源。应去除工件及焊丝上的铁锈、油污及其他杂质，重要的是要注意 CO_2 气体中的含水量，CO_2 气体中的水分是引起氢气孔的主要原因。

3）CO_2 焊的飞溅及防止措施

CO_2焊冶金特性和焊接材料2

（1）飞溅产生的原因

飞溅是 CO_2 焊最主要的缺点，严重时会影响焊接过程的正常进行。产生飞溅的主要原因如下：

①由冶金反应引起。熔滴过渡时，熔滴中的 FeO 与 C 反应产生的 CO 气体在电弧高温下急剧膨胀，使熔滴爆破而引起金属飞溅。

②由电弧的斑点压力引起。CO_2 气体高温分解吸收大量电弧热量，对电弧的冷却作用较强，使电弧电场强度提高，电弧收缩，弧根面积减小，增大了电弧的斑点压力，熔滴在斑点压力的作用下十分不稳定，形成大颗粒飞溅。用直流正接法时，熔滴受斑点压力大，飞溅也大。

③由短路过渡不正常引起。当熔滴与熔池接触时，由熔滴把焊丝与熔池连接起来，形成液体小桥。随着短路电流的增加，液体小桥金属被迅速加热，最后导致小桥气化爆断，引起飞溅。

④由焊接参数选择不当引起。主要是电弧电压升高，电弧变长，易引起焊丝末端熔滴长大，产生无规则的晃动，而出现飞溅。

（2）减少金属飞溅的措施

①合理选择焊接工艺参数。当采用不同熔滴过渡形式焊接时，要合理选择焊接工艺参数，以获得最小的飞溅。

②细滴过渡时在 CO_2 中加入 Ar 气。CO_2 气体的性质决定了电弧的斑点压力较大，这是 CO_2 焊产生飞溅的主要原因。在 CO_2 气体中加入 Ar 气后，改变了纯 CO_2 气体的物理性质。随着 Ar 气比例增大，飞溅逐渐减少。

③合理选择焊接电源特性，并匹配合适的可调电感。短路过渡 CO_2 焊接时，当熔滴与熔池接触形成短路后，如果短路电流的增长速率过快，使液桥金属迅速地加热，造成热量的聚集，会导致金属液桥爆裂而产生飞溅。合理选择焊接电源特性，并匹配合适的可调电感，以便当采用不同直径的焊丝时，能调得合适的短路电流增长速度，可使飞溅减少。

④采用低飞溅率焊丝。在短路过渡或细滴过渡的 CO_2 焊中，采用超低碳的合金钢焊丝，能够减少由 CO 气体引起的飞溅。选用药芯焊丝，药芯中加入脱氧剂、稳弧剂及造渣剂等，造成气渣联合保护，电弧稳定，飞溅少，通常药芯焊丝 CO_2 焊的飞溅率约为实心焊丝的 1/3，采用活化处理焊丝，在焊丝的表面涂有极薄的活化涂料，如 Ca_2CO_3 与 K_2CO_3 的混合物，这种稀

土金属或碱土金属的化合物能提高焊丝金属发射电子的能力,从而改善 CO_2 电弧的特性,使飞溅大大减少。

任务 3.4　认识二氧化碳气体保护焊工艺

在 CO_2 焊中,为了获得稳定的焊接过程,可根据工件要求采用短路过渡和细滴过渡两种熔滴过渡形式,其中短路过渡焊接应用较为广泛。

3.4.1　短路过渡焊接工艺

1)短路过渡焊接的特点

短路过渡时,采用细焊丝、低电压和小电流。熔滴细小而过渡频率高,电弧非常稳定,飞溅小,焊缝成形美观,主要用于焊接薄板及全位置焊接。焊接薄板时,生产率高,变形小,焊接操作容易掌握,对焊工技术水平要求不高,短路过渡的 CO_2 焊易于在生产中得到推广应用。

2)焊接工艺参数的选择

焊接工艺参数主要有焊丝直径、焊接电流、电弧电压、焊接速度、保护气体流量、焊丝伸出长度及焊接回路电感等。

（1）焊丝直径

短路过渡焊接主要采用细焊丝,常用焊丝直径为 $0.6 \sim 1.6$ mm,随着焊丝直径的增大,飞溅颗粒和数量相应增大。直径大于 1.6 mm 的焊丝,如再采用短路过渡焊接,飞溅将相当严重,生产上很少应用。

焊丝的熔化速度随焊接电流的增加而增加,在相同电流下焊丝越细,其熔化速度越高。在细焊丝焊接时,若使用过大的电流,也就是使用很大的送丝速度,将引起熔池翻腾和焊缝成形恶化。各种直径焊丝的最大电流要有一定的限制。

（2）焊接电流

焊接电流是重要的工艺参数,是决定焊缝熔深的主要因素。电流大小主要取决于送丝速度。随着送丝速度的增加,焊接电流也增加,大致成正比关系。焊接电流的大小还与焊丝的外伸长及焊丝直径等有关。短路过渡形式焊接时,使用的焊接电流较小,焊接飞溅较小,焊缝熔深较浅。

（3）电弧电压

电弧电压的选择与焊丝直径及焊接电流有关,它们之间存在着协调匹配的关系。细丝 CO_2 焊的电弧电压与焊接电流的匹配关系如图 3.4 所示。

短路过渡时不同直径焊丝相应选用的焊接电流、电弧电压的数值范围见表 3.2。

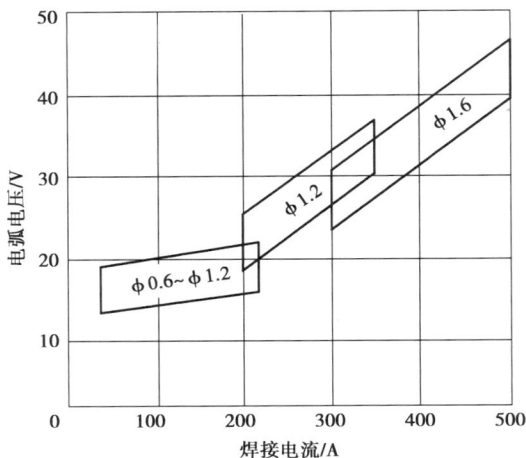

图 3.4   合适的电弧电压与焊接电流范围

表 3.2   不同直径焊丝选用的焊接电流与电弧电压

焊丝直径/mm	电弧电压/V	焊接电流/A
0.5	17 ~ 19	30 ~ 70
0.8	18 ~ 21	50 ~ 100
1.0	18 ~ 22	70 ~ 120
1.2	19 ~ 23	90 ~ 200
1.6	22 ~ 26	140 ~ 300

（4）焊接速度

焊接速度对焊缝成形、接头的力学性能及气孔等缺陷的产生都有影响。在焊接电流和电弧电压一定的情况下，焊接速度加快时，焊缝的熔深、熔宽和余高均减小。焊速过快时，焊趾部会出现咬边，甚至出现驼峰焊道，而且保护气体向后拖，影响保护效果。相反，速度过慢时，焊道变宽，易产生烧穿和焊缝组织变粗的缺陷。通常半自动焊时，熟练焊工的焊接速度为 30 ~ 60 cm/min。

（5）保护气体流量

气体保护焊时，保护效果不好将产生气孔，甚至使焊缝成形变坏。在正常焊接情况下，保护气体流量与焊接电流有关，在 200 A 以下薄板焊接时为 10 ~ 15 L/min，在 200 A 以上的厚板焊接时为 15 ~ 2.5 L/min。

影响气体保护效果的主要因素是保护气体流量不足，喷嘴高度过大，喷嘴上附着大量飞溅物和强风。特别是强风的影响十分显著，在强风的作用下，保护气流被吹散，使得熔池、电弧甚至焊丝端头暴露在空气中，破坏保护效果。风速在 1.5 m/s 以下时，对保护作用无影响。当风速大于 2 m/s 时，焊缝中的气孔明显增加。规定施焊环境在没有采取特殊措施时风速一般不得超过 2 m/s。

（6）焊丝伸出长度

短路过渡焊接时采用的焊丝都比较细,焊丝伸出长度对焊丝熔化速度的影响很大。在焊接电流相同时,随着伸出长度增加,焊丝熔化速度也增加。换句话说,当送丝速度不变时,伸出长度越大,则电流越小,将使熔滴与熔池温度降低,造成热量不足,而引起未焊透。直径越小、电阻率越大的焊丝影响越大。

另外,伸出长度太大,电弧不稳,难以操作。同时,飞溅较大,焊缝成形恶化,甚至破坏保护而产生气孔。相反,焊丝伸出长度过小时,会缩短喷嘴与工件间的距离,飞溅金属容易堵塞喷嘴。同时,妨碍观察电弧,影响焊工操作。

适宜的焊丝伸出长度与焊丝直径有关。也就是焊丝伸出长度等于焊丝直径的 10 倍,在 10～20 mm 内。

（7）电源极性

CO_2 焊一般都采用直流反极性。这时电弧稳定,飞溅小,焊缝成形好,并且焊缝熔深大,生产率高。而正极性时,在相同电流下,焊丝熔化速度大大提高,大约为反极性时的 1.6 倍,而熔深较浅,余高较大且飞溅很大。只有在堆焊及铸铁补焊时才采用正极性,以提高熔敷速度。

焊接电源

3.4.2　细滴过渡焊接工艺

1）细滴过渡焊接的特点

细滴过渡 CO_2 焊的特点是电弧电压比较高,焊接电流比较大。此时电弧是持续的,不发生短路熄弧的现象。焊丝的熔化金属以细滴形式进行过渡,电弧穿透力强,母材熔深大,适合于进行中等厚度及大厚度工件的焊接。

2）焊接工艺参数的选择

（1）电弧电压与焊接电流

焊接电流可根据焊丝直径来选择。对应于不同的焊丝直径,实现细滴过渡的焊接电流下限是不同的。表 3.3 列出了几种常用焊丝直径的电流下限值。这里存在着焊接电流与电弧电压的匹配关系,在一定焊丝直径下,选用较大的焊接电流,就要匹配较高的电弧电压。因为随着焊接电流增大,电弧对熔池金属的冲刷作用增加,势必会恶化焊缝的成形。只有相应地提高电弧电压,才能减弱这种冲刷作用。

表 3.3　滴状过渡的电流下限及电压范围

焊丝直径/mm	电流下限/A	电弧电压/V
1.2	300	
1.6	400	
2.0	500	34～45
3.0	650	
4.0	750	

（2）焊接速度

细滴过渡 CO_2 焊的焊接速度较高。与同样直径焊丝的埋弧焊相比,焊接速度高 0.5 ~ 1 倍。常用的焊速为 40 ~ 60 m/h。

（3）保护气流量

应选用较大的气体流量来保证焊接区的保护效果。保护气流量通常比短路过渡的 CO_2 焊提高 1 ~ 2 倍。常用的气流量为 25 ~ 50 L/min。

3.4.3 二氧化碳焊技术

1）焊前准备

CO_2 焊时,为了获得较好的焊接效果,除选择好焊接设备和焊接工艺参数外,还应做好焊前准备工作。

（1）坡口形状

CO_2 焊时推荐使用的坡口形式见表 3.4。细焊丝短路过渡的 CO_2 焊主要焊接薄板或中厚板,一般开 I 形坡口;粗焊丝细滴过渡的 CO_2 焊主要焊接中厚板及厚板,可以开较小的坡口。开坡口不仅为了熔透,而且要考虑焊缝成形的形状和融合比。坡口角度过小易形成指状熔深,在焊缝中心可能产生裂缝。尤其在焊接厚板时,拘束应力大,这种倾向很强,必须注意。

表 3.4 CO_2 焊推荐坡口形状

坡口形状		板厚/mm	有无垫板	坡口角度 α/(°)	根部间隙 b/mm	钝边高度 p/mm
I 形		<12	无	—	0 ~ 2	—
			有	—	0 ~ 3	—
半 V 形		<60	无	45 ~ 60	0 ~ 2	0 ~ 5
			有	25 ~ 50	4 ~ 7	0 ~ 3
V 形		<60	无	45 ~ 60	0 ~ 2	0 ~ 5
			有	35 ~ 60	0 ~ 6	0 ~ 3
K 形		<100	无	45 ~ 60	0 ~ 2	0 ~ 5

续表

坡口形状		板厚/mm	有无垫板	坡口角度 α/(°)	根部间隙 b/mm	钝边高度 p/mm
X 形		<100	无	45~60	0~2	0~5

（2）坡口加工方法与清理

加工坡口的方法主要有机械加工、气割和碳弧气刨等。坡口精度对焊接质量影响很大。坡口尺寸偏差能造成未焊透和未焊满等缺陷。CO_2 焊时对坡口精度的要求比焊条电弧焊时高。

焊缝附近有污物时，会严重影响焊接质量。焊前应将坡口周围 10~20 mm 内的油污、油漆、铁锈、氧化皮及其他污物清除干净。

（3）定位焊

定位焊是为了保证坡口尺寸，防止焊接引起的变形。通常 CO_2 焊与焊条电弧焊相比要求更坚固的定位焊缝。定位焊缝本身易产生气孔和夹渣，它们是随后进行 CO_2 焊时产生的气孔和夹渣的主要原因，必须细致地焊接定位焊缝。

焊接薄板时定位焊缝应该细而短，长度为 3~10 mm，间距为 30~50 mm。它可防止变形及焊道不规整。焊接中厚板时定位焊缝间距较大，达 100~150 mm，为增加定位焊的强度，应增大定位焊缝长度，一般为 15~50 mm。若为熔透焊缝时，点固处难以实现反面成形，应从反面进行点固。

2）引弧与收弧

（1）引弧工艺

半自动焊时，喷嘴与工件间的距离不好控制。对于焊工来说，操作不当时极易出现这样的情况，也就是当焊丝以一定速度冲向工件表面时，往往把焊枪顶起，结果使焊枪远离工件，从而破坏了正常保护。焊工应该注意保持焊枪到工件的距离。

半自动焊时习惯的引弧方式是焊丝端头与焊接处划擦的过程中按焊枪按钮，通常称为"划擦引弧"。这时引弧成功率较高。引弧后必须迅速调整焊枪位置、焊枪角度及导电嘴与工件间的距离。

引弧处工件的温度较低，熔深比较浅，特别是在短路过渡时容易引起未焊透。为防止产生这种缺陷，可以采取倒退引弧法。引弧后快速返回工件端头，再沿焊缝移动，在焊道重合部分进行摆动，使焊道充分熔合，完全消除弧坑。

（2）收弧方法

焊道收尾处往往出现凹陷，称为弧坑。CO_2 焊比一般焊条电弧焊用的电流大，弧坑也大。弧坑处易产生火口裂纹及缩孔等缺陷。为此，焊工总是设法减小弧坑尺寸。目前主要应用的方法如下：

　　①采用带有电流衰减装置的焊机时,填充弧坑电流较小,一般只为焊接电流的 50% ~ 70% ,易填满弧坑。最好以短路过渡的方式处理弧坑。这时,电弧沿火口的外沿移动焊枪,并逐渐缩小回转半径,直到中间停止。

　　②没有电流衰减装置时,在火口未完全凝固的情况下,应在其上进行几次断续焊接。这时只是交替按压与释放焊枪按钮,而焊枪在弧坑填满之前始终停留在火口上,电弧燃烧时间应逐渐缩短。

　　③使用工艺板,也就是把弧坑引到工艺板上,焊完之后再去掉它。

综合训练

项目 4

车身后围总成的焊接

【学习目标】

（1）了解电阻焊的原理特点。

（2）掌握各种常用电阻焊方法技能。

（3）掌握点焊工艺并与技能培训结合，对点焊的操作技术有深入的了解。

【素质目标】

巾帼不让须眉。电阻点焊的正确运用和焊接时的质量控制，是检验一件成品能否正常运行的关键，严谨细致的工作作风，也是一名职业人的工匠精神的体现。

刘霞——中国焊工界的巾帼英雄。她曾用 20 年的时间，帮助祖国克服世界顶级技术难题，她用手中的电焊机将核电汽轮机转子焊到了世界顶级高度，为我国科技的进步和提升作出了划时代的贡献。德国专家专门提出优厚条件来请教她，但被她拒绝了，对国内人才的请教，她倾囊相授，恨不得将自己的毕生所学全部传授给下一代，将国家的复兴和强大寄托在下一代身上，很多后辈对刘霞非常尊敬，都亲切地称她为"师姐"。

任务 4.1　认识车身后围总成工艺

4.1.1　焊接工艺卡（图4.1）

焊接工艺卡			产品型号	CS-1	零件图号	CS-02-1000		
			产品名称	汽车车身	零件名称	后围总成	共　1　页第　1　页	

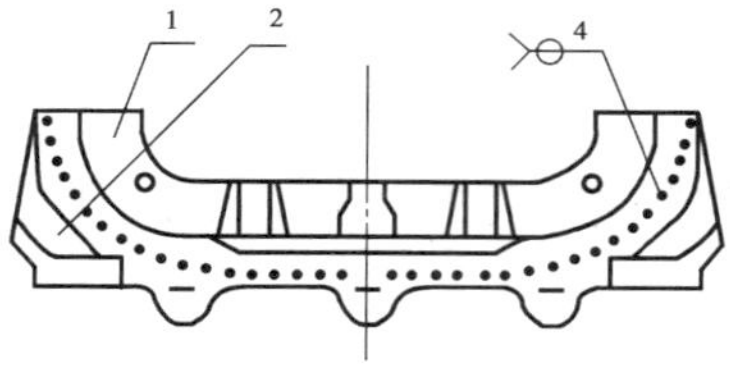

技术要求：

1.试样和试件应100%进行目视检验；

2.所有焊点不允许有外部裂纹、烧穿、沿焊点边缘的胀裂；

3.外部飞溅清除干净；

4.焊点压痕深度不超过0.24 mm。

主 要 组 成 件

序号	图　号	名　称	材　料	件数
1	CS-02-1001	后围外板	20#	1
2	CS-02-1002	后围内板	20#	1

工序号	工 序 内 容	设备	工艺装备	电压或气压	电流或焊嘴号	焊条、焊丝、电极		焊剂	其他规范	工时
						型号	直径			
1	消除焊件待焊表面油污及铁锈	点焊机	焊接夹具	压力P	电流I	上、下电极	电极D		特种检测要求：	
2	首次焊接,制定焊接规范参数时,焊前点焊试片,进行目视、撕破、低倍、X光及强度检验;检验合格后方可进行焊接。每批焊件焊接开始和结束,每班焊接生产开始、中间和结束需进行目视、撕破检验,必要时可做低倍	SMD-80	1F354/CS-066	0.4~0.5 MPa	6~8kA 时间T 9~13周波	φ12×45	φ5.5~7		1.撕破检验时,每组不少于3件,应在一侧板材上撕成孔洞; 2.低倍检验试样不少于2件,焊透率在30%~70%,熔核直径不小于4 mm; 3.强度试件不少于5个,强度不小于560 kg; 4.X光检验,小于0.5 mm气孔允许存在	
3	在焊接夹具上组装各零件									
4	按参数要求进行点焊,焊点间距50±5 mm,单侧点焊36处									

				设计(日期)	审核(日期)	标准化(日期)	会签(日期)	
标记	处数	更改文件号	签字	日期	标记处数 更改文件号 签字 日期	李某某(20××.07.17)	张某某(20××.07.18)	刘某某(20××.07.20) 程某某(20××.07.21)

图4.1　焊接工艺卡

4.1.2　焊接任务

汽车后围总成（图4.2）是通过后围内板与后围外板合成的立体空腔结构,提高汽车后围总成的扭转刚度,从而提高汽车骨架的扭转刚度,提升整车性能和延长汽车的使用寿命。后围内板与后围外板材料为20#钢,厚度为1.2 mm,通过点焊连接在一起,三级焊接接头。

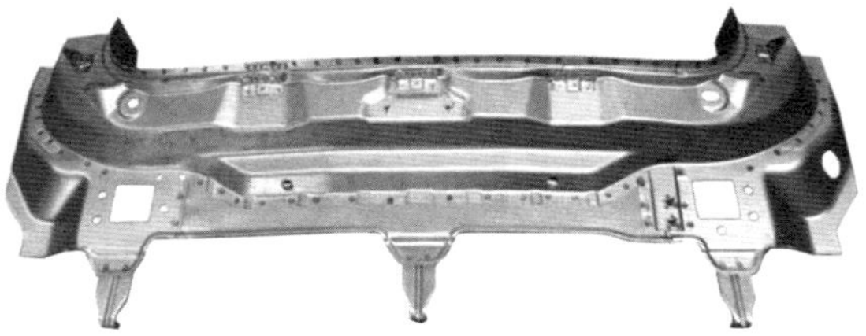

图4.2　车身后围总成

4.1.3　焊接准备

准备一台点焊机,每批备材料为 20#钢,尺寸为 $\delta 1.2$ mm×100 mm×25 mm 点焊试片 40 ~ 50 件,用于首次验证焊接工艺参数的相关试验和焊接过程中的撕破、低倍。

4.1.4　注意事项

①为分析焊件故障原因,可以从焊件上切取试样进行低倍检验和强度试验。

②点焊证明试样上不应取第一个焊点作低倍试样。

③点焊件上的脱焊点或熔核直径小于 4 mm 的焊点,其数量不大于焊点总数的 20% 时,允许采用重复点焊或补加焊点的方法修补。

④三级点焊接头,同一处允许补焊两次。

任务 4.2　认识电阻焊的原理特点

4.2.1　电阻焊的实质和分类

1)电阻焊的实质

电阻焊是以电阻热为能源的一类焊接方法。电阻焊发明于 19 世纪末期,随着航空航天、电子、汽车、家用电器等工业部门的发展,电阻焊越来越受到重视。同时,对电阻焊的质量提出了更高的要求。电子技术的发展和大功率半导体器件研制成功,给电阻焊技术提供了坚实的技术基础。可以预测,电阻焊方法在工业生产中将会获得越来越广泛的应用。

电阻焊有三大显著特点:一是焊接的热源是电阻热;二是焊接时工件必须接触,也称接触焊;三是焊接时需施加压力,属于压焊。

要形成一个牢固的焊接接头,两工件间必须有足够量的共同晶粒。熔焊是利用外加热使连接处熔化、凝固结晶而形成焊缝的;而电阻焊则利用本身的电阻热及大量塑性变形能量,形成结合面的共同晶粒而得到焊点、焊缝或对接接头。从连接的物理本质来看,两者都是靠工件金属原子之间的结合力结合在一起的,但它们之间的热源不同,在接头形成过程有无必要的塑性变形也不同,即实现接头牢固结合的途径不同。这是电阻焊与一般熔化焊的异同之处。

2)电阻焊的分类

电阻焊的种类很多,可根据所使用的接头形式和工艺特点等进行分类,如图 4.3 所示。按工艺特点可将电阻焊分为点焊、凸焊、缝焊、电阻对焊和闪光对焊 5 类。如图 4.4 所示为按工艺特点分类的电阻焊方法的原理图。按接头形式可把电阻焊归纳成搭接接头电阻焊和对接接头电阻焊两大类,上述的点焊、凸焊和缝焊属于搭接接头电阻焊类型,电阻对焊和闪光对焊属于对接接头电阻焊类型。

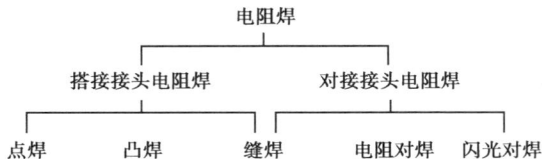

图 4.3　电阻焊分类

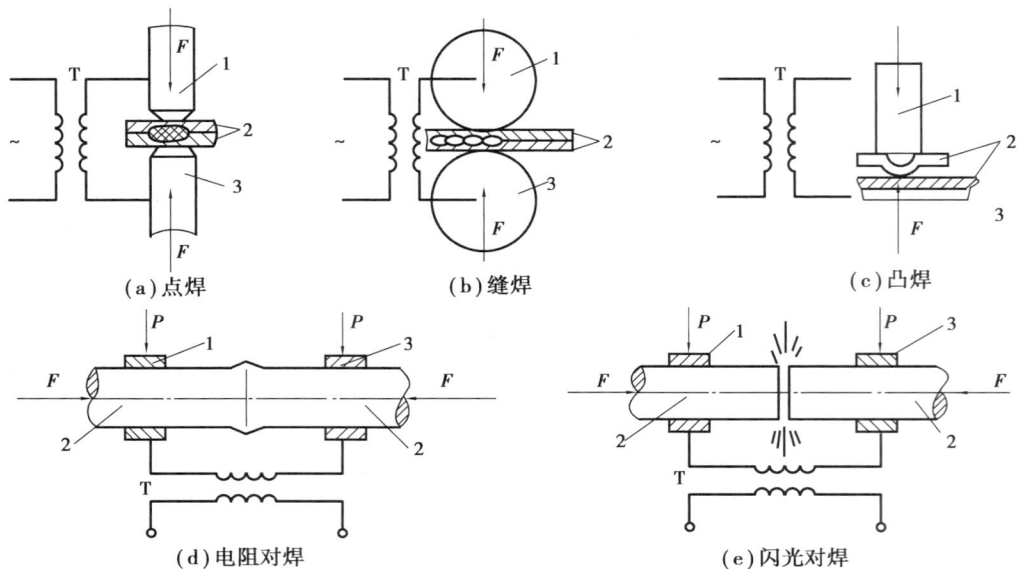

(a)点焊　　　　　　　　(b)缝焊　　　　　　　　(c)凸焊

(d)电阻对焊　　　　　　　　　　(e)闪光对焊

图 4.4　电阻焊方法的原理图

1、3—电极;2—工件;F—电极力(顶锻力);P—夹紧力;T—电源(变压器)

4.2.2　电阻焊的特点及应用

1)电阻焊的优点

(1)焊接生产率高

电阻焊是一种内部热源,焊接时热能损失比较少,热效率较高。点焊时若用通用点焊机每分钟可焊 60 点,若用快速点焊机则每分钟可达 500 点以上;对焊径为 40 mm 的棒材每分钟可焊一个接头;缝焊厚度为 1 ~ 3 mm 的薄板时,其焊接速度通常为 0.5 ~ 1 m/min,最高焊速可达 60 m/min,电阻焊非常适合大批量生产。

(2)焊接质量好

从焊接接头来说,冶金过程简单,不易受空气的有害作用,焊接接头的化学成分均匀,并且与母材基本一致。从整体结构来看,由于热量集中,受热范围小,热影响区也很小,所以焊接变形不大,并且易于控制。此外,电阻焊的焊缝是在外界压力作用下结晶的,具有锻压的特性,容易避免产生缩孔、疏松和裂纹等缺陷,能获得致密的焊缝。

(3)焊接成本较低

电阻焊时不用焊接材料,一般也不用保护气体,在正常情况下除必需的电力消耗外,几乎没有什么消耗,成本低廉。

（4）劳动条件较好

电阻焊时既不会产生有害气体,也没有强光的辐射,劳动条件比较好。此外,电阻焊焊接过程简单,易于实现机械化、自动化,工人的劳动强度较低。

2）电阻焊的缺点

①焊接过程进行得很快,当焊接时因某些工艺因素发生波动,对焊接质量的稳定性有影响时,往往来不及进行调整,焊后没有很简便的无损检验方法,在重要的承力结构中使用电阻焊时应该慎重。

②设备比较复杂。除了需要大功率的供电系统外,还需精度高、刚度较大的机械系统,设备成本较高。

③工件的厚度、形状和接头形式受到一定程度的限制。如点焊、缝焊一般只适用于薄板搭接接头,厚度太大则受到设备功率的限制,而搭接接头难免会增加材料的消耗,降低承载能力。对焊主要适用于紧凑断面的对接接头,而对薄板类零件焊接则比较困难。

3）电阻焊的应用

电阻点焊、缝焊和凸焊的特点在于焊接电流大（几千至几万安培）,通电时间短（几周波至几秒）,生产率高,适于大批量生产,主要用于焊接厚度小于 3 mm 的薄板组件。对焊是将两工件沿整个端面同时焊接起来的电阻焊方法,主要适用于对接直径在 20 mm 以内的棒材或线材,不适于大断面对接和薄壁管子对接。

虽然电阻焊工件接头形式和厚度受到一定限制,但适用于电阻焊的结构和零件仍然非常广泛,如飞机机身、汽车车身、自行车钢圈、锅炉钢管接头、轮船的锚链、洗衣机和电冰箱的壳体等。电阻焊所适用的材料非常广泛,不但可以焊接碳素钢、低合金钢,而且可以焊接铝、铜等非铁金属及其合金。

4.2.3 电阻焊的基本原理

1）电阻热及影响因素

（1）电阻热的产生

电阻焊的热源是电阻热。由电工学可知,电流通过导体时,导体将析热,其温度会升高。同样,当焊接电流通过两电极间的金属区域——焊接区时,焊接区具有电阻,就会析热,并在工件内部形成热源——电阻热。

根据焦耳定律,焊接区的总析热量为

$$Q = I^2 R t \tag{4.1}$$

式中,I 为焊接电流的有效值;R 为焊接区的总电阻;t 为通过焊接电流的时间。

（2）影响产热的因素

①焊接电流的影响 由式（4.1）可知,电流对电阻热的影响比电阻和时间两者都大。在焊接过程中,必须严格控制焊接电流的大小。焊接时,引起电流波动的主要原因是电网电压

波动和交流焊机二次回路阻抗变化。阻抗变化是二次回路的几何尺寸发生变化或在二次回路中引入了不同量的磁性金属所致。

②电阻的影响   焊接区的总电阻 R 为工件本身电阻 R_w、工件间接触电阻 R_c、工件与电极间电阻 R_{cw} 之和。

a. 工件本身电阻 R_w。

当工件厚度和电极一定时,工件本身电阻 R_w 取决于它的电阻率。电阻率高的金属(如不锈钢)导热性差,电阻率低的金属(如铝合金)导热性好,不锈钢焊接时产热易而散热难,铝合金焊接时产热难而散热易。前者可采用较小电流(几千安)进行焊接,后者须用很大的电流(几万安)焊接。

电阻率不仅取决于金属种类,还与温度有关(图4.5)。由图4.5可知,随着温度的升高电阻率增大,并且金属熔化时的电阻率比熔化前高 $1 \sim 2$ 倍。

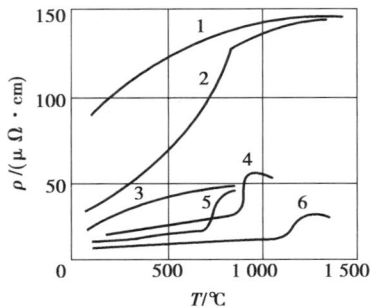

图 4.5   各种金属高温时的电阻率
1—不锈钢;2—低碳钢;3—镍;4—黄铜;5—铝;6—纯铜

焊接时,随着温度的升高,除电阻率增高使 R_w 增大外,同时金属的压溃强度降低,使工件与工件、工件与电极间的接触面积增大,引起 R_w 减小。点焊低碳钢时,在上述两种相互矛盾的因素影响下,加热开始时 R_w 逐渐增大,当熔核形成时,逐渐减小。

b. 工件间接触电阻 R_c。

电阻 R_c 是由以下两个方面原因形成的:工件间有高电阻率的氧化膜或污物层,使电流受到较大阻碍。过厚的氧化膜或污物层甚至使电流不能导通。工件表面的微观不平度,使工件只能在粗糙表面形成局部接触点,由于接触点形成的电流较集中,由于电流的通路减小而增加了接触处的电阻 R_c。电极压力增加或温度升高使金属达到塑性状态时,都会导致工件间接触面积增加,促使接触电阻 R_c 减小。当工件表面较清洁时,接触电阻仅在通电开始时极短时间内存在,随后就会迅速减小以至消失。

接触电阻尽管存在时间极短,但在点焊薄的铝合金板时,对熔核的形成仍有显著影响。

c. 工件与电极间电阻 R_{cw}。

与 R_c 相比,铜合金电阻率比一般工件低,R_{cw} 比 R_c 更小,对熔核的形成影响也更小。

③通电时间的影响   为保证熔核尺寸和焊点强度,通电时间与焊接电流在一定范围可以互相补充。为了获得一定强度的焊点,可以选用大电流和短时间(硬规范),也可以选用小电流和长时间(软规范)进行焊接。选用哪一种规范进行焊接取决于金属材料的性能、工件厚度和焊机的功率。

④电极压力的影响　电极压力对两电极间总电阻 R 有显著的影响。随着电极压力的增加，R 显著降低。此时焊接电流虽略有增加，但不能抵消 R 降低而引起的产热减小。焊点强度总是随电极压力增加而降低。在增加电极压力的同时，增大焊接电流或延长通电时间，以弥补电阻减小对产热的影响，可以保证焊点强度不变。采用这种焊接工艺有利于提高焊点强度的稳定性。

⑤电极端面形状及材料的影响　由于电极端面尺寸决定电极和工件的接触面积从而决定电流密度的大小，电极材料的电阻率和导热性与产热和散热有密切关系，因此，电极端面形状和材料对熔核的形成有较大的影响。随着电极端部的变形与磨损，电极与工件的接触面积将增大，使电流密度变小，焊点强度将下降。

⑥工件表面状况的影响　工件表面的氧化膜、油污及其他杂质都能增加接触电阻，过厚的氧化膜甚至使焊接电流不能导通。若接触面中仅局部导通，会使电流密度过大，从而造成飞溅或工件表面烧损。工件表面氧化膜不均匀还会影响各焊点加热不一致，从而影响焊点的质量。焊前必须仔细清理工件的表面。

2)热平衡及温度分布

点焊时，电阻热只有较小部分用于形成熔核，而较大部分通过传导、辐射等方式损失掉了，其热平衡方程式为

$$Q = Q_1 + Q_2$$

式中，Q 为焊接区总析热量；Q_1 为熔化金属形成熔核的热量；Q_2 为通过电极和工件的热传导以及对流、辐射损失的热量。

Q 的大小主要取决于焊接工艺参数和工件金属的热物理性能；Q_1 仅取决于金属的热物理性能及熔化金属量，而与热源种类和焊接工艺参数无关，点焊时，$Q_1 = (10\% \sim 30\%) Q$，电阻率低、导热性好的金属取下限，电阻率高、导热性差的金属取上限；Q_2 主要与电极形状、材料、冷却条件及工件的板厚、金属的热物理性能及焊接工艺参数有关，是最主要的散热损失，而通过对流、辐射损失到空气中的热量只占很少一部分。

焊接区的温度分布是产热和散热的综合结果，点焊加热终了时的温度分布如图 4.6 所示。最高温度处于焊接区中心，超过金属熔点 T_m 的部分形成熔化核心。电极的强烈散热，温度从熔核边界到工件外表面降低得很快，外表面的温度分布通常不超过 $(0.4 \sim 0.6) T_m$。

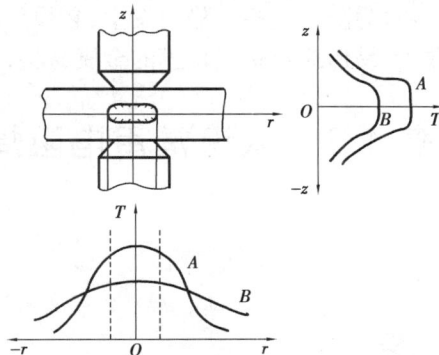

图 4.6　点焊时的温度分布

A—焊钢时；B—焊铝时

温度在熔核径向随着离开熔核边界距离的增加而降低。被焊金属的导热性越好,所用的规范越弱,温度降低越平缓,则接头的热影响区越大,工件表面越易过热,电极也越容易磨损。

缝焊时,熔核不断形成,对已焊部位起到后热作用,对未焊部位起到预热作用。缝焊时的温度分布比点焊平缓,但温度分布沿工件前进方向前后不对称,如图4.7所示。焊接速度越快,散热条件越差,预热作用越小,温度分布不对称现象越明显。采用硬规范或步进缝焊能改变这种现象,使温度分布更接近点焊。

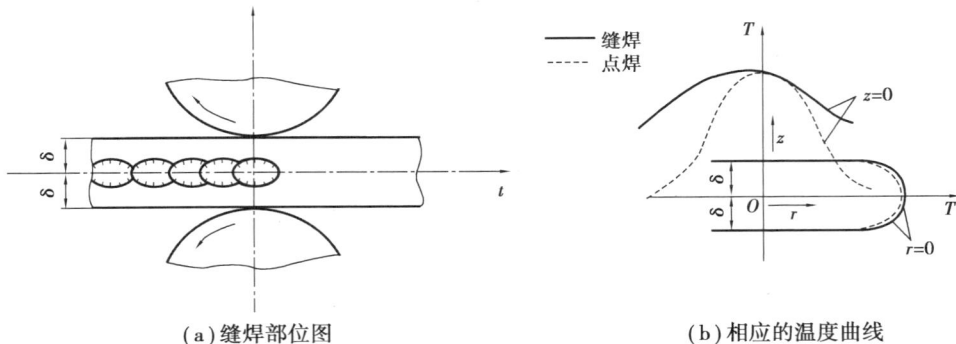

(a)缝焊部位图　　　　　　　　(b)相应的温度曲线

图4.7　缝焊时的温度分布

4.2.4　电阻焊时金属的焊接性

电阻焊时影响金属焊接性的因素主要有以下几方面:

①材料的导热性和导电性　电阻率小而热导率大的金属焊接性较差,必须使用大功率焊机。

②材料的塑性温度范围　塑性温度范围较小的金属(如铝合金),对焊接参数的波动非常敏感,焊接性差。焊接时要使用能精确控制焊接参数的焊机,同时要求电极的随动性要好。

③材料的高温强度　高温$(0.5 \sim 0.7 T_m)$下的屈服强度$\sigma_{0.2}$大的金属,点焊时易产生裂纹、缩孔、飞溅等缺陷,焊接性较差。焊接时需使用较大的电极压力,有时还需在断电后施加大的锻压力。

④材料对热循环的敏感性　在焊接热循环作用下,有淬火倾向的金属易产生淬硬组织及冷裂纹;与易熔杂质容易形成低熔点共晶物的合金,易产生结晶裂纹;经冷作强化的金属易产生软化区,焊接性比较差。焊接时为防止这些缺陷的发生,必须采取相应的工艺措施。

此外,熔点高、线膨胀系数大、易形成致密氧化膜的金属材料,其焊接性比较差。

任务4.3　认识常用电阻焊

4.3.1　点焊

1)点焊原理和接头形成过程

点焊原理如图4.8所示。焊接时,将工件放入两电极之间,电极施加压力压紧工件后,电

源通过电极向工件通电加热,在工件内部形成熔核。熔核中的液态金属在电磁力作用下发生强烈搅拌,熔核内的金属成分均匀化,结晶界面迅速消失,断电后在电极压力作用下凝固结晶,形成点焊接头。同时,在接头周围形成一个尚未达到熔化状态的环状塑性变形区,称为塑性环。塑性环的存在可防止周围气体侵入和液态熔核金属沿板缝向外喷溅。

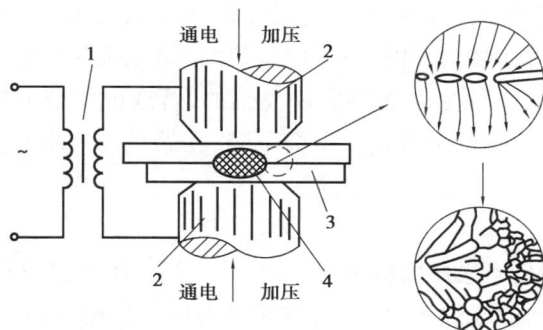

图4.8 点焊原理

1—阻焊变压器;2—电极;3—工件;4—熔核

可见,点焊是在电极压力作用下,通过电阻热来熔化金属,断电后在电极压力作用下结晶而形成焊接接头的。每完成一个接头称为一个点焊循环。普通的点焊循环包括预压、通电加热、冷却结晶和休止4个相互衔接的阶段,如图4.9所示。

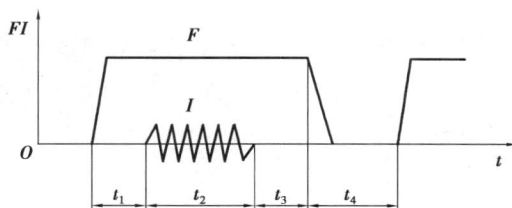

图4.9 点焊时的焊接循环

F—电极压力;I—焊接电流;t_1—预压阶段;t_2—通电加热阶段;

t_3—冷却结晶阶段;t_4—休止阶段

(1)预压阶段 t_1

从电极开始下降到焊接电流接通这段时间为预压阶段。预压的目的是使工件间紧密接触,并使接触面上凸点处产生塑性变形,破坏表面的氧化膜,以获得稳定的接触电阻。若预压力不足,可能只有少数凸点接触,形成较大的接触电阻,产生较大的电阻热,接触处的金属很快熔化,并以火花的形式飞溅出来,严重时可能烧坏工件或电极。当工件较厚、结构刚性较大或工件表面质量较差时,为使工件紧密接触,稳定焊接区电阻,可以加大预压力或在预压阶段施加辅助电流。此时的预压力通常为正常压力的0.5~1.5倍,而辅助电流则为焊接电流的1/4~1/2。

(2)通电加热阶段 t_2

焊接电流通过工件并产生熔核的时间即为通电加热阶段。当预压力使工件紧密接触后,即可通电焊接。当焊接工艺参数合适时,金属总是在电极夹持处的两工件接触面上开始熔化,并不断扩展而逐步形成熔核。熔核在电极压力作用下结晶(断电),结晶后在两工件间形成牢固的结合。

通电加热阶段最易发生的问题是熔核金属的飞溅。产生飞溅时,溢出了熔化金属,削弱了焊点强度,从而降低了接头的力学性能;会使工件表面产生凹坑,污染工作环境,应力求避免飞溅的产生。形成飞溅可能有两种情况:一种是加热前期飞溅,它往往是加热速度过快或电极压力不足引起的,这时在熔核周围来不及形成保持熔核金属的塑性环,熔化金属在压力作用下就容易向外飞出;另一种是在加热后期发生的,若通电加热时间过长,熔化金属量过多,工件未熔化部分的厚度太薄,金属表面就会下陷,在熔核内产生过大的压力,使塑性环或金属表面破裂,熔核金属产生外溢而产生飞溅。

(3)冷却结晶阶段 t_3

它是指焊接电流切断后电极压力继续保持的一段时间,此阶段也称为锻压阶段。当熔核达到合适的形状和尺寸后,切断焊接电流,熔核在电极压力作用下冷却结晶。熔核结晶是在封闭的金属膜内进行的,结晶时不能自由收缩,用电极挤压就可使正在结晶的金属变得紧密,使之不会产生缩孔和裂纹。电极压力要在焊接电流断开、熔核金属全部结晶后才能停止作用。当焊接较厚工件($\delta > 1.5 \sim 2.5$ mm 铝合金,$\delta > 5 \sim 6$ mm 钢)时,熔核周围的金属膜较厚,常采用在切断电流经间歇时间 $0 \sim 0.2$ s 后加大锻压力的焊接循环。如果锻压力施加得过早,就会挤出熔化金属而产生飞溅;若锻压力加得太迟,则会因熔化金属已凝固而失去作用。

(4)休止阶段 t_4

它是指由电极开始提升到电极再次下降,准备在下一个焊点处压紧工件的过程。电极提升必须在焊接电流切断之后进行,否则电极间将引起火花,使电极烧损,工件烧穿。休止时间只适用于焊接循环重复进行的场合。

2)点焊方法

点焊通常按电极馈电方向在一个点焊循环中所能形成的焊点数来分类,如图 4.10 所示。

(1)双面单点焊

如图 4.10(a)所示,两个电极从工件上、下两面接近工件进行焊接。这种焊接方法能对工件施加足够的电极压力,焊接电流集中通过焊接区,可减小工件的受热范围,提高接头质量,应优先选用。

(2)单面双点焊

如图 4.10(b)所示,两电极位于工件一侧,同时能形成两个焊点。这种方法能提高生产率,能方便地焊接尺寸大、形状复杂和难以进行双面单点焊的工件。此外,有利于保证工件的一面光滑、平整、无电极压痕。但此法焊接时,部分电流直接经工件形成分流。为给焊接电流提供低电阻的通路,通常采用在工件下面加铜垫板的措施,使焊接电流能均匀地通过上下两工件,熔核不产生偏移。

(3)单面单点焊

两电极位于工件一侧,不形成焊点的电极采用大直径和大接触面以减小电流密度,仅起导电块的作用,如图 4.10(c)所示。这种方法主要用于不能采用双面单点焊的结构上。

（4）双面双点焊

如图 4.10（d）所示，两台焊接变压器分别对上、下两面的成对电极供电。两台变压器的接线方向，应保证上、下对准电极，在焊接时间内极性相反。这样，上、下变压器的二次电压成顺向串联，形成单一的焊接回路。在一次点焊循环中，同时形成两个焊点。这种方法的特点是分流小，焊接质量比较好，主要用于工件厚度较大，质量要求较高的构件。

（5）多点焊

这是将工件压紧后同时焊接多个焊点的方法。最常用的是采用数组单面双点焊组成，如图 4.10（e）所示。在个别情况下，可用数组双面单点焊或双面双点焊组成。多点焊的生产效率高，在大批量生产中应用广泛。

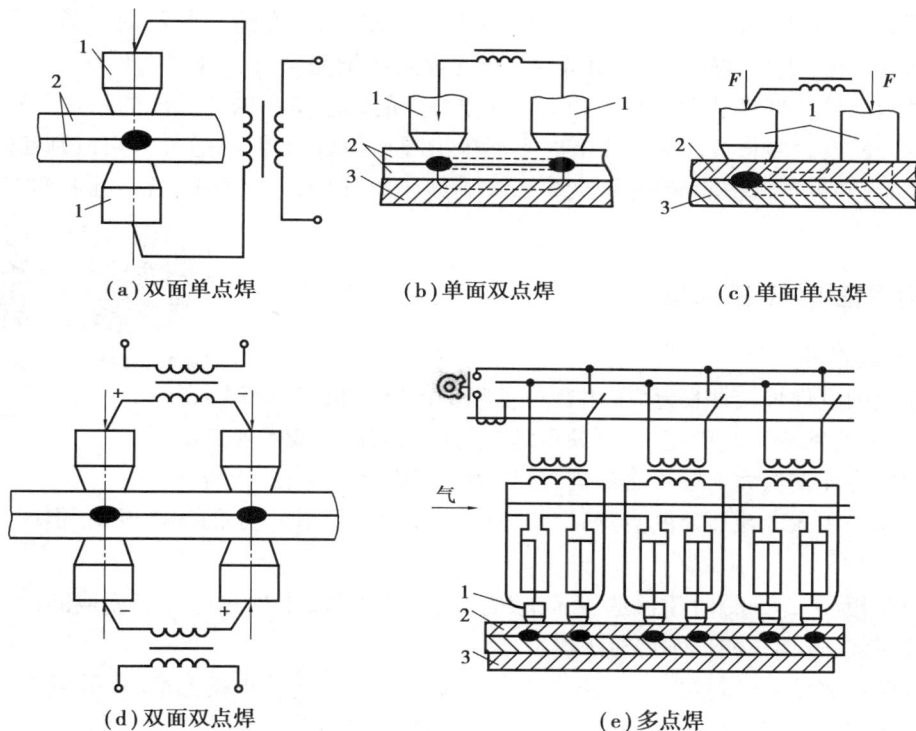

（a）双面单点焊　　　（b）单面双点焊　　　（c）单面单点焊

（d）双面双点焊　　　　　（e）多点焊

图 4.10　点焊方法示意图
1—电极；2—工件；3—铜垫板

3）点焊工艺

（1）点焊接头设计

点焊通常采用搭接接头和折边接头（图 4.11），接头可由两个或两个以上等厚或不等厚度的工件组成。

（2）焊前清理

工件表面的氧化膜、油污等均属不良导体，这些因素的存在会直接影响热量析出、熔核形成及电极寿命，并导致焊接缺陷产生及接头强度降低，焊前对工件表面

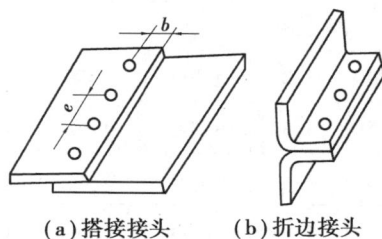

（a）搭接接头　　（b）折边接头

图 4.11　点焊接头形式
e—点距；b—边距

进行清理是十分关键、重要的工序。

目前常用的清理方法有机械清理和化学清理。各种清理方法的选择,可按产量、材料、厚度、结构及对表面状态的要求而定。对任何方法清理过的工件,其存放时间都有一定限制,否则会重新生成氧化膜,失去表面清理的意义,应严格规定存放时间。

(3)点焊工艺参数的选择

点焊工艺参数主要取决于金属材料的性质、板厚、结构形式等。它主要包括焊接电流、通电时间、电极压力、电极工作端面的形状和尺寸。通常是根据工件的材料和厚度,参考该种材料的焊接规范来选取。

首先确定电极的端面形状和尺寸。其次初步选定电极压力和焊接时间,然后调节焊接电流,以不同的电流焊接试样。经检验熔核直径符合要求后,再在适当的范围内调节电极压力、焊接时间和电流,进行试样的焊接和检验,直到焊点质量完全符合技术条件所规定的要求为止。最常用的检验试样的方法是撕开法。优质焊点的标志是在撕开试样的一片上有圆孔,另一片上有圆凸台。厚板或淬火材料有时不能撕出圆孔和凸台,但可通过剪切口判断熔核的直径。必要时,需进行低倍测量、拉伸试验和 X 射线检验,以判定熔透率、抗剪强度和有无缩孔、裂纹等。

4)常用金属材料的点焊

(1)低碳钢的点焊

低碳钢的点焊焊接性良好,采用普通工频交流点焊机、简单焊接循环,无须特别的工艺措施,即可获得满意的焊接质量。技术要点如下:

①焊前冷轧钢板表面可不必清理,热轧钢板应去除氧化皮、铁锈。

②建议采用大电流短时间点焊,碳当量(CE)大者会产生一定的淬硬倾向,但一般不影响使用。

③焊厚板($\delta>3$ mm)时建议选用带锻压力的压力曲线,带预热脉冲电流或断续通电的多脉冲点焊方式,选用三相低频焊机焊接。

④低碳钢属铁磁性材料,当工件尺寸大时应考虑分段调整焊接参数,以弥补工件伸入焊接回路过多而引起焊接电流的减弱。低碳钢板的焊接参数见表4.1。

表 4.1　低碳钢板的焊接参数

板厚 δ/mm	电极头端面直径 D/mm	大电流短时间			小电流长时间			一般		
		焊接电流 I/A	焊接时间 t/s	电极压力 F_w/N	焊接电流 I/A	焊接时间 t/s	电极压力 F_w/N	焊接电流 I/A	焊接时间 t/s	电极压力 F_w/N
0.4	3.2	5 200	0.08	1 150	4 500	0.16	750	3 500	0.34	400
0.5	4.8	6 000	0.10	1 350	5 000	0.18	900	4 000	0.40	450
0.6	4.8	6 600	0.12	1 500	5 500	0.22	1 000	4 300	0.44	500
0.8	4.8	7 800	0.14	1 900	6 500	0.26	1 250	5 000	0.50	600
1.0	6.4	8 800	0.16	2 250	7 200	0.34	1 500	5 600	0.60	750

续表

板厚 δ/mm	电极头端面直径 D/mm	大电流短时间			小电流长时间			一般		
		焊接电流 I/A	焊接时间 t/s	电极压力 F_w/N	焊接电流 I/A	焊接时间 t/s	电极压力 F_w/N	焊接电流 I/A	焊接时间 t/s	电极压力 F_w/N
1.2	6.4	9 800	0.20	2 700	7 700	0.38	1 750	6 100	0.60	850
1.6	6.4	11 500	0.26	3 600	9 100	0.50	2 400	7 000	0.86	1 150
1.8	8.0	12 500	0.28	4 100	9 700	0.54	2 750	7 500	0.96	1 300
2.0	8.0	13 300	0.34	4 700	10 300	0.60	3 000	8 000	1.06	1 500
2.3	8.0	15 000	0.40	5 800	11 300	0.74	3 700	8 600	1.28	1 800
3.2	9.5	17 400	0.54	8 200	12 900	1.0	5 000	10 000	1.74	2 600

（2）不锈钢的点焊

不锈钢的电导率比较低，仅为低碳钢的 1/6 ~ 1/5，热导率也低，为低碳钢的 1/3，可采用小电流和短时间的软规范来焊接。不锈钢具有较高的高温强度，必须采用较大的电极压力，以防止产生缩孔、裂纹等缺陷。不锈钢的点焊焊接参数见表 4.2。

表 4.2　不锈钢点焊的焊接参数

板厚 δ/mm	电极		焊接规范		焊接电流 /kA		焊点直径 /mm	焊点强度/MPa 母材强度/MPa		
	d/mm	D/mm	焊接时间/周波	电极压力/N	$\sigma_b <$ 105 MPa	$\sigma_b >$ 105 MPa		49 ~ 63	63 ~ 105	>105
0.3	2.8	>6	3	1 200	2.4	2.1	1.6	850	800	1 140
0.6	4.0	>10	5	2 200	4.7	3.6	2.9	2 050	2 450	2 800
1.0	5.0	>10	7	4 000	7.6	6	4.1	4 400	5 500	6 500
1.6	6.3	>10	11	7 000	11.5	9	5.8	9 000	11 000	12 600
2.0	7.0	>16	13	9 000	13.5	11	6.6	12 800	15 200	18 800
3.2	9.0	>19	20	15 500	19	15.5	8.1	24 500	28 500	36 000

（3）铝合金的点焊

铝合金点焊焊接性较差，尤其是热处理强化型铝合金。点焊时应采取以下措施：

①焊前必须严格清理，存放时间不宜过长，否则极易引起飞溅和熔核成形不良。

②选用硬规范进行焊接，选用容量大的焊机。铝合金的电导率和热导率较大，只有采用硬规范才能产生足够的热量形成熔核。

③应选用电导率和热导率均高的电极,加强电极对焊点的冷却作用,电极应经常修整。

④焊机应能提供形成马鞍形电极压力和缓升缓降的焊接电流,电极的随动性应好。

表 4.3　点焊铝合金的焊接参数

板厚 δ/mm	球面电极半径 R/mm	焊接电流 I/A	焊接时间 t/s	电极压力 F_{w}/N	锻压力 F_{50}/N	锻压开始 t'_{w}/s	铝合金牌号
0.8	75	25 000 ~ 28 000	0.04 ~ 0.08	1 960 ~ 2 450			51-5B LALA
1	100	29 000 ~ 32 000	0.04	2 450 ~ 3 528			
1.5	150	35 000 ~ 40 000	0.06	3 430 ~ 3 920			2A21 5A03 5A05 等铝合金
2.0	200	45 000 ~ 50 000	0.10	4 410 ~ 4 900			
2.5	200	49 000 ~ 55 000	0.10 ~ 0.14	5 800 ~ 6 370			
3.0	200	57 000 ~ 60 000	0.12 ~ 0.18	7 840	21 560		
0.5	75	19 000 ~ 26 000	0.02	2 254 ~ 3 038	2 940 ~ 3 136		2A12CZ 7A04CS 等铝合金
1.0	100	29 000 ~ 36 000	0.04	3 528 ~ 3 920	7 840 ~ 8 820	0.06	
1.6	150	41 000 ~ 54 000	0.06	4 900 ~ 5 782	13 230 ~ 13 720	0.08	
2.0	200	5 000	0.10	6 860 ~ 8 820	18 620 ~ 19 110	0.12	
2.5	200	8 000 ~ 85 000	0.14	7 840 ~ 10 780	24 500 ~ 25 480	0.16	
3.0	200	9 000 ~ 94 000	0.16	10 780 ~ 11 760	29 400 ~ 31 360	0.2	

5)点焊设备

点焊设备(点焊机)应能以一定压力压紧工件,并向焊接区传送电流。它由机座、焊接变压器、加压机构及控制箱等部分组成,如图 4.12 所示。

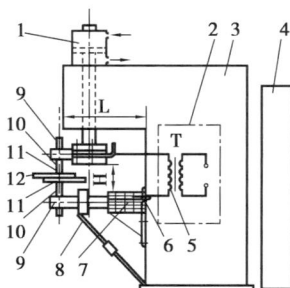

图 4.12　点焊机

1—加压机构;2—变压器;3—机座;4—控制箱;5—二次绕组;6—柔性母线;

7—支座;8—撑杆;9—机臂;10—电极握杆;11—电极;12—工件

点焊机的种类很多,可按下列特征进行分类:

①按用途分为通用型、专用型和特殊型。

②按安装方式分为固定式、移动式或轻便式(悬挂式)。

③按焊接电流波形分为交流型、低频型、电容储能型和直流型。

④按加压机构传动方式分为脚踏式、电动凸轮式、气压式、液压式和复合式。

⑤按活动电极移动方式分为垂直行程式和圆弧行程式。

⑥按焊点数目分为单点式、双点式和多点式。

4.3.2　凸焊

1)凸焊原理和接头形成过程

凸焊是在一工件的接合面上预先加工出一个或多个凸起点,使其与另一工件表面相接触,然后加压并通电加热,凸起点压溃后,使这些接触点形成焊点的电阻焊方法。

凸焊是在点焊基础上发展起来的,凸焊的形成机理与点焊基本相似,是点焊的一种变形。如图 4.13 所示为一个凸焊点的形成过程。如图 4.13(a)所示为带凸点工件与不带凸点工件相接触;如图 4.13(b)所示为电流已开始流过凸点从而将其加热至焊接温度;如图 4.13(c)所示为电极力将已加热的凸点迅速压溃,然后发生熔合形成核心;完成后的焊点如图 4.13(d)所示。从上述过程可知,凸点的存在提高了接合面的压强和电流密度,有利于接合面氧化膜破裂及热量集中,使熔核迅速形成。

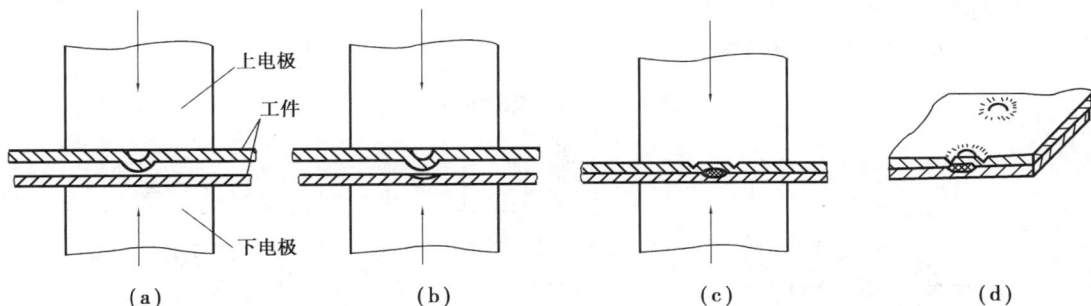

图 4.13　凸焊接头形成过程

凸焊时,由于是凸点接触,提高了单位面积上的压力和电流,因此可用较小的焊接电流进行焊接。也可采用多点凸焊,以提高生产率和减小接头变形。凸点可以在工件上预制,也可以利用零件原有型面、倒角、底面。凸焊时使用平面电极,工件表面平整无压痕,电极寿命长。凸焊既可在通用点焊机上进行,也可以在专用凸焊机上进行。它可以代替点焊将小零件互相焊接或将小零件焊到大件上。凸焊多用于成批生产的仓口盖、筛网、管壳以及 T 形、十字形、平板等零件的焊接,如图 4.14 所示。

凸焊接头的连接部位必须是搭叠的,接头的形式有搭接接头、T 形接头和十字交叉接头。搭接接头主要用于平面间的连接[(图 4.14(a)、(b)];当零件的端部需与板件连接时,就形成 T 形接头[(图 4.14(c)、(d)];当丝、棒或管子之间需交叉连接时采用十字接头[图 4.14(e)]。

2)凸焊工艺参数和常用金属材料的凸焊

(1)凸点形状

凸焊时必须预先制备凸点,凸点形状如图 4.15 所示,其中以半圆形和圆锥形应用较广。圆锥形凸点刚度大,可预防凸点过早压溃,还可减少电流线过于密集而发生飞溅。为防止压塌的凸点金属挤压在加热不良的周围间隙内引起电流密度的降低,也用带溢出环形槽的凸点。

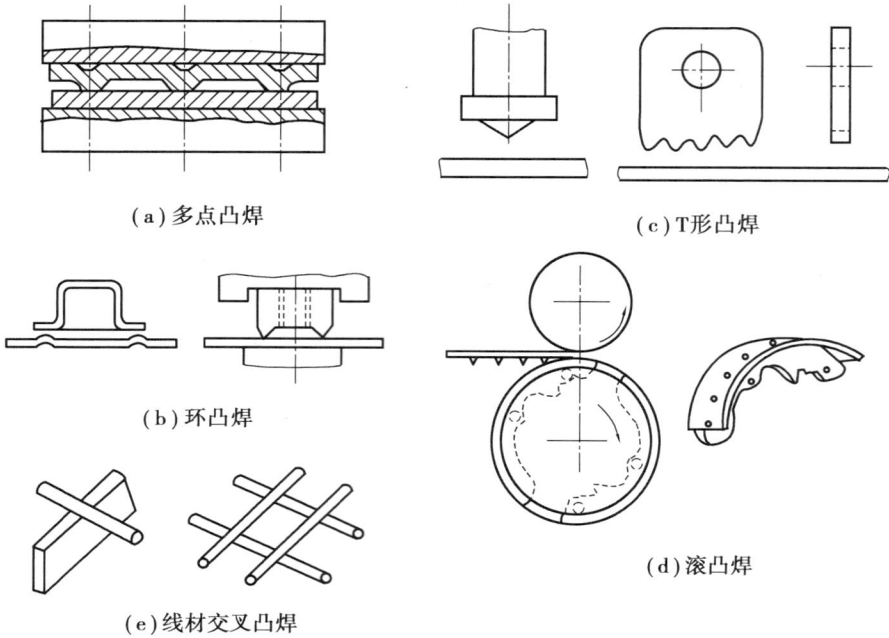

(a)多点凸焊

(c)T形凸焊

(b)环凸焊

(d)滚凸焊

(e)线材交叉凸焊

图 4.14   凸焊类型示例

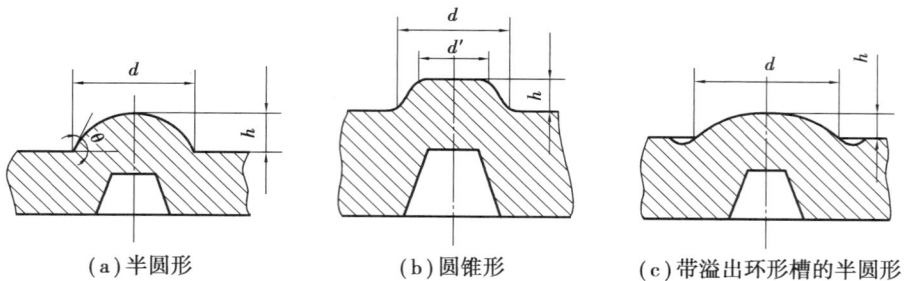

(a)半圆形

(b)圆锥形

(c)带溢出环形槽的半圆形

图 4.15   凸点形状

(2)凸焊工艺参数

凸点形状、尺寸确定后,焊接电流、通电时间及电极压力等参数对接头质量均有影响,其影响规律和点焊相似。应该指出的是,凸焊时电极压力对接头强度的影响比点焊时要严重得多。若电极压力过小,将使通电前凸点预变形量太小,凸点贴合面电流密度显著增大,造成严重飞溅,甚至烧穿工件;若电极压力过大,将使通电前凸点预变形量太大,失去凸焊意义。

(3)常用金属材料的凸焊

低碳钢板的凸焊应用较广。低碳钢焊接性很好,如果工件表面清洁而无铁锈、氧化皮、过多的油污、油脂和其他杂质,都能获得良好的焊点。焊前工件剪切边缘和冲孔边缘的毛刺应清除,否则在凸点被压溃时,这些毛刺将形成电流和电极力的分路,影响焊点质量。表 4.4 为采用半圆形和圆锥形凸点的低碳钢凸焊工艺参数。

表 4.4　低碳钢凸焊的工艺参数

板厚 /mm	电极接触面最小直径/mm	电极压力 /kN	焊接时间 /周波	维持时间 /周波	焊接电流 /kA
0.36	3.18	0.80	6	13	5
0.53	3.97	1.36	8	13	6
0.79	4.76	1.82	13	13	7
1.12	6.35	1.82	17	13	7
1.57	7.94	3.18	21	13	9.5
1.98	9.53	5.45	25	25	13
2.39	11.1	5.45	25	25	14.5
2.77	12.7	7.73	25	38	16
3.18	14.3	7.73	25	38	17

　　镀层钢板凸焊要比点焊遇到的问题少一点。原因是电流集中于凸点,即使接触处的镀层金属首先熔化并蔓延开来,也不会像点焊那样使电流密度降低。此外,凸焊的平面电极接触面大,电流密度小,无论是镀层的黏附还是电极的变形都比较小。

3)凸焊机

　　凸焊机的结构与点焊机相类似,只是凸焊机一般采用平板形电极,要求活动部分灵敏。常用凸焊机型号为 TN-200-1、TR-3000,表 4.5 列举了典型点焊机和凸焊机的型号及主要技术参数。

表 4.5　典型点焊机和凸焊机的主要技术参数

焊机类型	型号	特性	额定功率 /(kV·A)	负载持续率/%	二次空载电压/V	电极臂长 /mm	焊件厚度 /mm
摇臂点焊机	DN2-75		75	20	3.16~624	500	钢 2.5+2.5
	S0432-5A		31	50	2.5~4.6	250~500	钢 2.5+2.5
直压点焊机	SDN-16	工频	16	50	1.86~3.65	240	钢 3+3
	DN-63		63	50	3.22~6.67	600	钢 4+4
	DN2-100		100	20	3.65~7.30	500	钢 4+4
	DN2-200		200	20	4.42~8.85	500	钢 6+6
移动点焊机	C130S-A2		150	50	14~19	200	钢 3+3
	KT-826		26	50	4.7	170	钢 3.5+3.5
	KT-218		2.5	50	2.3	115	钢 2.5+3
凸焊机	TN-063		63	50	3.22~6.67	250	—
	TN-200		200	20	4.42~8.85	500	—

续表

焊机类型	型号	特性	额定功率 /（kV·A）	负载持续 率/%	二次空载 电压/V	电极臂长 /mm	焊件厚度 /mm
摇臂点焊机	DZ-63	整流	63	50	3.65～7.31	500	钢 3+3 铝 1+1
直压点焊机	P260CC-10A		152	50	4.52～9.04	1 000	钢 6+6 铝 3+3
凸焊机	E2012T6-A		260	50	2.75～7.60	400	—
三相点焊机	P300DTI-A	低频	247	50	1.82～7.29	1 200	铝合金 3.2+3.2
储能点焊机	DR-100-1	储能	100j	20	充电电压 430	120	不锈钢 0.5+0.5
储能凸焊机	TR-3000		3 000j	20	充电电压 420	250	铝点焊 1.5+1.5

4.3.3　缝焊

[QR code: 缝焊]

1)缝焊的特点及分类

缝焊就是将工件装配成搭接或对接接头并置于两滚轮电极之间,滚轮加压工件并转动,连续或断续送电,形成一条连续焊缝的电阻焊方法(图4.16)。缝焊即连续点焊。按熔核重叠程度不同,缝焊可分为滚点焊和气密缝焊,后者应用较为广泛。缝焊在汽车、拖拉机、飞机发动机、密封容器等产品的制造中得到广泛应用。

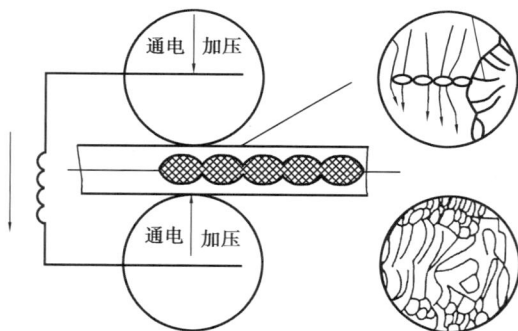

图 4.16　缝焊原理

气密缝焊的焊缝,实质上就是由一连串重叠的焊点组成的,具有气密性。这些焊点的形成过程与点焊相同,主要分为预压、通电加热和冷却结晶3个阶段。根据滚轮电极旋转(工件移动)与焊接电流通过(通电)的机-电配合方式,可将缝焊分为3种基本类型(图4.17):

（1）连续缝焊

连续缝焊的机-电特点是滚轮电极连续旋转,工件等速移动,焊接电流连续通过,每半个周波形成一个焊点[(图4.17(a)]。

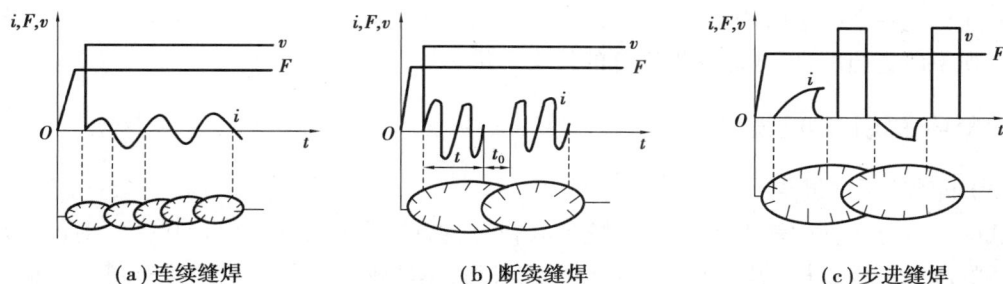

图 4.17　缝焊的基本类型和焊接循环示意图

v—缝焊速度;F—电极压力;t—电流脉冲时间;t_0—脉冲间隔时间

连续缝焊设备简单,生产率高,一般焊接速度为 10～20 m/min,但滚轮电极表面和工件表面均有强烈过热,滚轮电极腐蚀严重,工件表面易下凹。这种方法所需设备和控制系统都很简单,通常在小功率焊机焊接薄板或不重要的结构中使用。

(2)断续缝焊

断续缝焊的机-电特点是滚轮电极连续旋转,工件等速移动,焊接电流断续通过,每通断一次,形成一个焊点[(图 4.17(b)]。

断续缝焊在生产中应用广泛,焊接电流采用工频交流或电容储能电流波形(频率可调),用以制造钢铁材料气密、水密和油密焊缝,焊接速度一般为 0.5～4.3 m/min。

(3)步进缝焊

步进缝焊的机-电特点是滚轮电极断续旋转,工件相应断续移动,焊接电流在电极与工件皆静止时通过并形成一个焊点。焊点形成后滚轮电极重新旋转,移动工件前移一定距离[(图 4.17(c)]。

步进缝焊是一种高质量的焊接方法,焊接电流采用直流冲击波、三相低频和二次整流电流波形,用以制造铝合金、镁合金等的密封焊缝。步进缝焊速度一般较低,仅为 0.2～0.6 m/min。

缝焊广泛应用于家用电器(电冰箱壳体等)、交通运输(汽车、拖拉机油箱等)及航空、航天(火箭燃料储箱等)工业中要求密封性的接头制造上,有时也用来连接普通钣金件。被焊材料的厚度通常为 0.1～2 mm。

2)缝焊工艺参数的选择

缝焊的工艺参数与点焊基本相同,有焊接电流、焊接时间、电极力、滚轮工作面宽度、缝焊速度和休止时间等。它们对焊接质量的影响与点焊大致相似,它们之间有些是相互影响、共同作用的。例如,焊接时产生的热量,可以通过增加或减少焊接电流和通电时间进行直接控制,也可通过增加或减少电极压力进行间接控制,因为电极压力影响接触电阻。

由于对缝焊接头质量的要求主要体现在接头应具有良好的密封性和耐蚀性上,因此在选择焊接工艺参数时应注意焊接工艺参数对焊透率和重叠量的影响。合格焊缝的标准应当是获得符合焊缝强度要求的熔核尺寸,该熔核必须无缩孔,焊缝表面状况良好。为了保证接头的气密性或液密性,熔核重叠的程度应为熔核长度的 15%～20%,平均焊透率为最薄件的45%～50%,一般应为 30%～70%。

上述讨论一个参数时均假定其他参数不变,而实际上各参数间是互相影响的,焊接时,各参数必须予以适当配合,才能获得满意的接头质量。

3)常用金属材料的缝焊

（1）低碳钢板的缝焊

低碳钢具有适度的塑性和导电性,它比其他金属更易得到优质的缝焊接头。对没有油污和铁锈的冷轧低碳钢板,焊前可以不进行特殊清理,热轧钢板必须在焊前进行清理。低碳钢薄板的断续缝焊工艺参数见表4.6。

表4.6　低碳钢板断续缝焊工艺参数

工艺类别	板厚/mm	焊轮宽度/mm		电极压力/N	最小搭边/mm	焊接时间/周波		焊接速度/(m·min⁻¹)	点距/mm	焊接电流/kA
		工作面	总宽			脉冲	休止			
高速缝焊	0.4	5	11	2 200	10	2	1	2.5	4.2	12
	0.8	6	13	3 300	12	2	1	2.6	4.6	15.5
	1.0	7	14	4 000	13	2	2	2.5	3.6	18
	1.2	7.7	14	4 700	14	2	2	2.4	3.7	18
	2.0	10	17	7 200	17	3	1	2.2	4.2	22
	3.2	13	20	10 000	22	4	2	1.7	3.4	27.5
中速缝焊	0.4	5	11	2 200	10	2	2	2.0	4.5	9.7
	0.8	6	13	3 300	12	3	2	1.8	4.9	13
	1.0	7	14	4 000	13	3	3	1.8	3.4	14.5
	1.2	7.7	14	4 700	14	4	3	1.7	3.0	16
	2.0	10	17	7 200	17	5	5	1.4	2.5	19
	3.2	13	20	10 000	22	11	7	1.1	1.8	22
低速缝焊	0.4	5	11	2 200	10	3	3	1.2	5.1	8.6
	0.8	6	13	3 300	12	2	4	1.1	5.7	11.7
	1.0	7	14	4 000	13	2	4	1	6.0	13
	1.2	7.7	14	4 700	14	3	4	0.9	5.3	14
	2.0	10	17	7 200	17	6	6	0.7	3.9	16.5
	3.2	13	20	10 000	22	6	6	0.6	5.2	20

（2）不锈钢的缝焊

不锈钢的电导率和热导率都比较低,焊接时宜采用较小的焊接电流和短的通电时间。但不锈钢的高温强度高,须采用较大的电极压力和中等的焊接速度进行缝焊。不锈钢的线膨胀系数较低碳钢大,焊接时应注意防止工件变形。为防止过热引起的碳铬化合物析出,应选择合适的缝焊工艺参数（表4.7）,同时加强外部水冷。

表 4.7　不锈钢缝焊工艺参数（单相交流）

薄件板厚 /mm	焊轮宽度 /mm	电极压力 /N	焊接时间 /周波	休止时间/周波		最大焊接速度 /(m·min⁻¹)		焊接电流 /kA	最小搭边 /mm
				厚度比		厚度比			
				1:1	1:3	1:1	1:3		
0.15	4.8	1 400	2	1	1	1.52	1.70	4.0	7
0.30	6.4	2 000	3	2	2	1.22	1.40	5.6	8
0.55	6.4	3 200	3	2	3	1.40	1.40	7.9	10
1.0	9.5	5 900	3	5	6	1.20	1.14	13.0	13
1.6	12.7	8 400	4	6	8	1.00	1.04	15.1	16
2.0	15.9	10 400	4	7	8	1.00	1.04	16.5	18
3.2	19.1	15 000	6	7	9	0.97	0.94	17.0	22

（3）铝合金的缝焊

铝合金缝焊与点焊相似，但铝合金电导率高，分流严重，焊接电流比点焊时提高15%～50%，电极压力提高5%～10%，滚轮电极粘连更严重，应增加拆修次数。缝焊时电极压力的压实作用比点焊时差，易造成裂纹、缩孔等缺陷，应降低焊接速度。重要工件宜使用步进缝焊，以提高焊缝的强度。铝合金缝焊的焊接工艺参数见表4.8。

表 4.8　铝合金缝焊的工艺参数

板厚 /mm	滚盘球面半径 /mm	步距 (点距) /mm	3A21、5A03、5A06				2A12CZ、7A04CS			
			电极压力 /kN	焊接时间 /周波	焊接电流 /kA	每分钟点数	电极压力 /kN	焊接时间 /周波	焊接电流 /kA	每分钟点数
1.0	100	2.5	3.5	3	49.6	120～150	5.5	4	48	120～150
1.5	100	2.5	4.2	5	49.6	120～150	8.5	6	48	100～120
2.0	150	3.8	5.5	6	51.4	100～120	9.0	6	51.4	80～100
3.0	150	4.2	7.0	7	60.0	60～80	10	7	51.4	60～80
3.5	150	4.2	—	—	—	—	10	8	51.4	60～80

4)缝焊设备

缝焊机与点焊机的基本区别在于用旋转的滚轮电极代替了固定的电极，其他如机身、阻焊变压器、气缸和加压机构等基本上与点焊机相同。缝焊机的结构如图4.18所示。缝焊机可按下列特征进行分类：

①按工件移动方向分　有纵缝焊机、横缝焊机及圆缝焊机。

②按馈电方式分　有双侧缝焊机和单侧缝焊机。

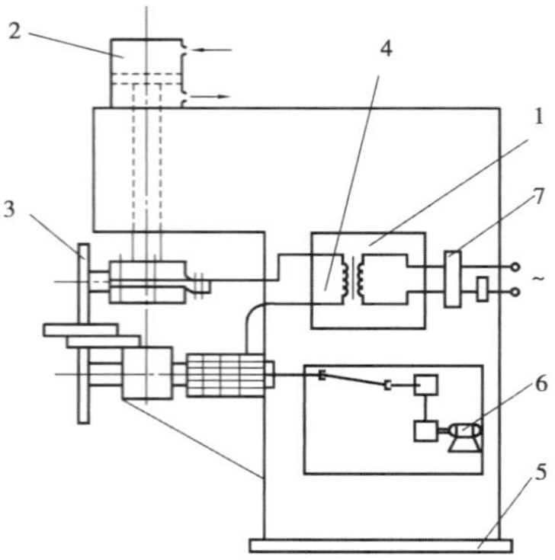

图 4.18 缝焊机结构示意图
1—电源；2—加压机构；3—滚轮电极；4—焊接回路；
5—机架；6—传动与减速机构；7—开关与调节装置

③按滚轮电极数目分　有双轮缝焊机和单轮缝焊机。

④按缝焊方法分　有连续缝焊机、断续缝焊机和步进缝焊机。

⑤按加压机构传动方式分　有脚踏式、电动凸轮式和气压式缝焊机。

⑥按安装方式分　有固定式缝焊机和移动式缝焊机。

典型缝焊机的型号及主要参数见表4.9。

表 4.9　典型缝焊机主要技术参数

焊机类型	型号	特性	额定功率/(kV·A)	负载持续率/%	二次空载电压/V	电极臂长/mm	焊件厚度/mm
横向缝焊机	FN1-150-1	工频	150	50	3.88~7.76	800	钢 2+2
	FN1-150-9		150	50	4.52~9.04	1 000	钢 2+2
	M272-6A		110	50	4.75~6.35	670	钢 1.5+1.5
	M230-4A		290	50	5.85~9.80	400	镀层钢板 1.5+1.5
纵向缝焊机	FN1-150-2		150	50	3.88~7.76	800	钢 2+2
纵向缝焊机	FN1-150-5	工频	150	50	4.80~9.58	1 100	钢 1.5+1.5
	M272-10A		170	50	4.2~8.4	1 000	钢 1.25+1.25
横向缝焊机	FZ-100	整流	100	50	3.52~7.04	610	钢 2+2
通用缝焊机	M300ST1-A	低频	350	50	2.85~5.70	800	铝合金 2.5+2.5

4.3.4　对焊

1)对焊的特点和应用

对焊是把两工件相对放置,利用电阻热为热源,然后加压将两工件沿整个端面同时焊接起来的电阻焊方法。对焊按加压和通电方式的不同可分为电阻对焊和闪光对焊。

　　对焊主要用于型材(钢轨等)的接长、闭合零件(轮圈等)的拼口、异种金属(刀具等)对焊、部件(后桥壳体等)的组焊。其生产率高,质量可靠,易于实现自动化,获得了广泛的应用,如图 4.19 所示。

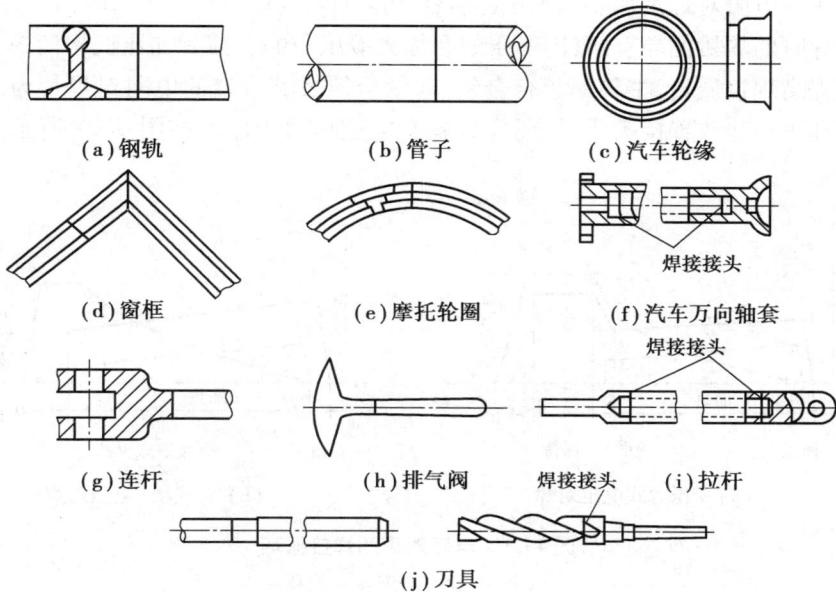

(a)钢轨　　(b)管子　　(c)汽车轮缘

(d)窗框　　(e)摩托轮圈　　(f)汽车万向轴套

焊接接头

(g)连杆　　(h)排气阀　　(i)拉杆

焊接接头

(j)刀具

图 4.19　各种对接接头

2)电阻对焊

　　电阻对焊是将工件装配成对接接头,使其端面紧密接触,利用电阻热将工件端面加热到塑性状态,然后迅速施加预锻力完成焊接的方法,如图 4.20 所示。

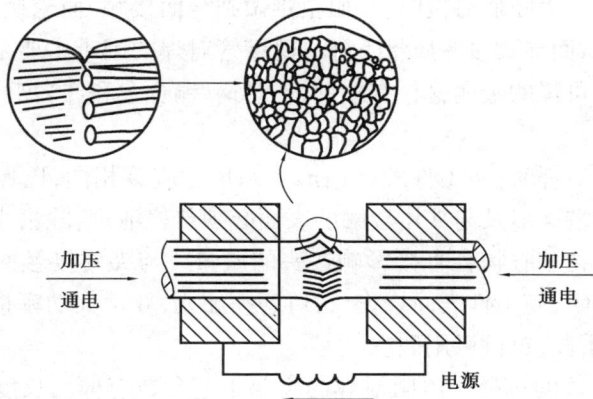

加压通电　　加压通电

电源

图 4.20　电阻焊对焊原理

(1)电阻对焊接头形成过程

电阻对焊时两工件待焊端面始终压紧,利用电阻热将其加热至塑性状态,然后迅速施加顶锻压力而完成焊接。从过程看,电阻对焊和点焊一样分预压、通电加热和顶锻 3 个阶段。从加热程度看,电阻对焊与点焊有明显区别,电阻对焊在接合面处并不需要加热至熔化,而仅加热至塑性状态(即低于被焊金属的熔点),使其在顶锻时容易产生塑性变形即可。这种高温下的塑性变形能使接合面之间的原子距离接近,发生相互作用,生成共同晶粒(再结晶)而形成牢固的接头。电阻对焊是加热和加压综合作用的工艺过程。

电阻对焊时的焊接循环有两种:等压的和加大锻压力的。前者加压机构简单,便于实现。后者有利于提高焊接质量,主要用于合金钢、非铁金属及其合金的电阻对焊。为了获得足够的塑性变形和进一步改善接头质量,还应设置有电流顶锻程序。如图 4.21 所示为电阻对焊的焊接循环。

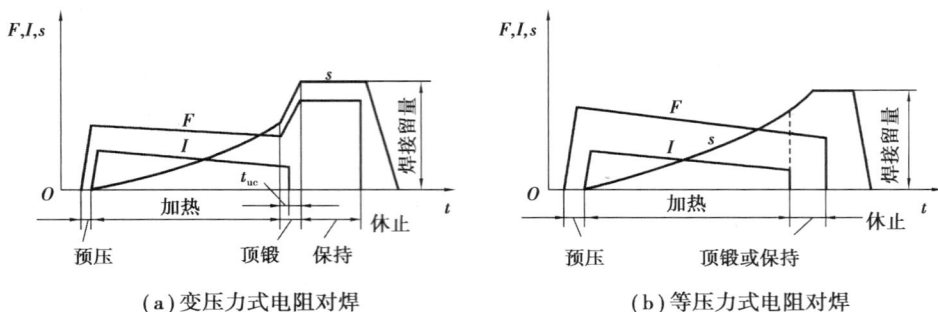

图 4.21　电阻对焊的焊接循环
F—压力;I—电流;s—位移

(2)电阻对焊的特点与适用范围

①特点　电阻对焊具有接头光滑、毛刺小、焊接过程简单、无弧光和飞溅、易于操作等优点。但是其接头的力学性能较低,焊前对工件端面的准备工作要求高,大断面工件对焊尤为困难。

②适用范围　电阻对焊主要适用于小断面(小于 250 mm²)金属型材的对接,不适合大断面对接和薄壁管子对接。大断面对接时,端面很难做到全面接触,而未接触部分被气化,顶锻时难以把它排挤出去,从而导致接头质量下降。薄壁管对焊的困难主要是顶锻时容易引起管壁压曲失稳。电阻对焊可焊的金属材料有碳钢、不锈钢、铜合金和许多铝合金等。

(3)焊接工艺

①焊前准备　电阻对焊时,两工件的端面形状和尺寸应该相同,以保证两工件的加热和塑性变形一致。工件的端面以及与夹钳接触的表面必须严格清理,除去尘土、油、氧化物和其他夹杂物。端面的氧化物和脏物会直接影响接头的质量。与夹钳接触的工件表面的氧化物和脏物会增大接触处电阻,使工件表面烧伤、钳口磨损加剧,并增大功率损耗。清理工件可以用砂轮、钢丝刷等机械手段,也可以用酸洗。

②电阻对焊工艺参数的选择　电阻对焊的主要工艺参数有伸出长度、焊接电流密度(或焊接电流)、通电时间、焊接压力和预锻压力。

a.伸出长度。伸出长度即工件伸出卡具外的长度,又称调伸长度。伸出长度的作用是保证必要的留量(工件缩短量)和调节工件的加热温度梯度。伸出长度过小,则散热快,塑性变形困难,需增大焊接压力和预锻压力;伸出长度过大,则工件易过热,结果使加热区变宽,塑性变形不易在接触面集中,导致排除氧化物夹杂困难且顶锻时可能失稳而使工件弯曲。焊接低碳钢圆钢时伸出长度取直径的 0.7 ~ 1.0 倍。

b. 电流密度和通电时间。在电阻对焊中,电流密度和通电时间是决定工件加热的两个重要参数,可适当相互配合。为达到同样的温度可用大电流短时间,也可用小电流长时间。前者可提高生产率,但加热区窄且温度分布不均匀,并应配以较大的压力;后者使焊缝晶粒粗大,氧化程度增加,生产率低。焊接低碳钢时,电流密度一般选用 20 ~ 60 A/mm² ,焊接时间为 0.5 ~ 10 s。

c. 焊接压力和顶锻力。加热过程中的压力称为焊接压力,顶锻过程中所施加的压力称为顶锻力。顶锻力可以等于焊接压力,也可以大于焊接压力。压力过低易接触不良,发生氧化或使接触处的金属局部熔化外溢,还可能使塑性变形量不够,使接头的晶粒粗大,接头质量下降;压力过大,有利于挤出氧化物,但会使变形量过大,冲击性能下降。通常低碳钢焊接时,压力一般取 10 ~ 30 MPa。

常用金属材料电阻对焊工艺见表 4.10。

表 4.10　电阻对焊工艺参数

焊接材料	截面积/mm²	伸出长度 $2l_0$/mm	电流密度 /(A·mm⁻²)	焊接时间 /s	顶锻量/mm		压力/MPa
					有电	无电	
低碳钢	25	12	200	0.6	0.5	0.9	10 ~ 20
	50	16	160	0.8	0.5	0.9	
	100	20	140	1.0	0.5	1.0	
	250	24	90	1.5	1.0	1.8	
铜	25	15	70 ~ 200	—	1	1	30
	100	25			1.5	1.5	
	500	60			2.0	2.0	
黄铜	25	10	50 ~ 150	—	1	1	—
	100	15			1.5	1.5	
	500	30			2.0	2.0	
铝	25	10	40 ~ 120	—	2	2	15
	100	15			2.5	2.5	
	500	30			4	4	

3)闪光对焊

闪光对焊是将工件装配对正后,接通电源,并使工件端面逐渐移近达到局部接触,利用电阻热加热这些接触点(产生闪光),使端面金属熔化,直至端部在一定深度范围内达到预热温度时,迅速施加顶锻力完成焊接的方法,如图 4.22 所示。

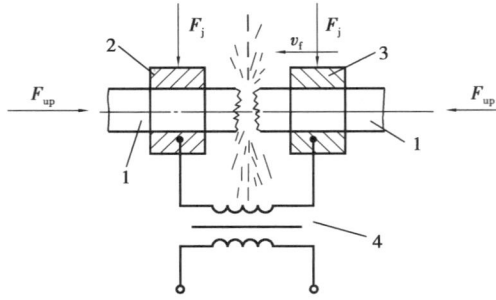

图 4.22　闪光对焊原理

1—工件;2—固定夹钳电极;3—可动夹钳电极;4—焊接变压器

F_{up}—顶锻力;F_j—夹紧力;v_f—闪光速度

（1）闪光对焊接头形成过程

闪光对焊分为连续闪光对焊和预热闪光对焊两类,前者适用的断面面积为 1 000 mm^2 左右的工件,后者适用的断面面积为 5 000 ~ 10 000 mm^2 的工件。

连续闪光对焊有闪光和预锻两个主要阶段;预热闪光对焊有预热、闪光和顶锻 3 个主要阶段。如图 4.23 所示为两种闪光对焊的焊接循环。

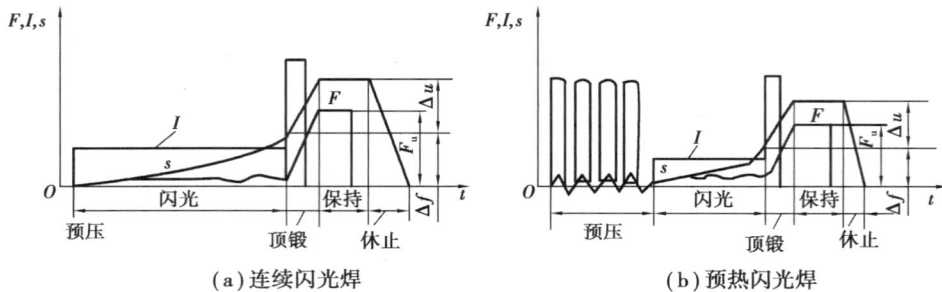

（a）连续闪光焊　　　　　　　　（b）预热闪光焊

图 4.23　闪光对焊的焊接循环

I—电流;F—压力;s—位移;Δu—顶锻留量;Δf—顶锻留量;F_u—顶锻力

①预热阶段　预热是在对焊机上,通过预热将工件端面温度提高到 800 ~ 900 ℃后,再进行闪光和顶锻。预热分电阻预热和闪光预热两种方法。前者是将两工件端面紧密接触后进行脉冲通电,后者是通电后再把两工件端面交错地接触和分片,每接触一次要激起短暂的闪光过程,又称断续闪光预热。预热有减少需用功率、缩短闪光加热时间等优点,不足之处是生产效率低、过程控制复杂、过热区宽和接头质量稳定性较差等。

②闪光阶段　接通电源,并使两工件端面轻微接触时,两端面间形成许多具有很大电阻的小触点,在很大电流密度的加热下瞬间熔化,在两工件端面间形成液态金属过梁。在电磁力等作用下液体过梁截面积减小,使液体过梁的电流密度进一步提高。同时温度上升,液态金属的电阻率相应提高,这样在液体过梁上产生很大的电阻热,使液态金属达到蒸发状态,液态金属微滴以很大的速度从工件间隙处喷射出来,形成火花急流——闪光。过梁爆裂后,工件端面上的凸点被烧平,并在此处留下一薄层液态金属(也称火口),临近火口处也被加热到一定的温度。随着工件的连续送进,会在其他凸点处发生新的闪光过程。经过一定时间的闪

光之后,就会把工件端部加热到一定的温度,并在端面处留下一层液态金属和氧化物,它们的流动性很好,为顶锻时挤出杂质、获得优质的焊接接头提供了条件。

③顶锻阶段　闪光结束后,工件快速靠拢,并在顶锻力的作用下把液态金属和氧化物在凝固前挤出焊口,局部产生较大的塑性变形,使接合面形成共同晶粒,从而获得牢固的焊接接头。

(2)闪光对焊的特点

与电阻对焊相比,闪光对焊有下列优缺点:

优点:

①适用范围比电阻对焊宽。可焊接同种或异种金属,也可焊接展开断面或紧凑断面的零件,可焊的断面比电阻对焊大得多。

②接合面上的熔化金属层或氧化物在顶锻时被挤出,起到清除接合面杂质的作用。接头可靠性高,强度比电阻对焊大。

③闪光对焊对工件待焊面的准备和清理要求不严格。

④接头热影响区比电阻对焊窄很多。

缺点:

①焊接时喷射出的熔融金属颗粒有造成火灾的危险,还可能使操作人员受飞溅烧伤,并损坏机器的滑轨、轴和轴承等。

②焊后在接头处易形成毛刺(飞边),需去除。为此,需用专门设备增加了制造成本,特别是管子闪光对焊后内壁上的毛刺,妨碍流体流动,降低接头疲劳强度,而且是产生腐蚀或污损集中的部位。去除小直径管内壁上的焊接毛刺相当困难,甚至不可能。

(3)闪光对焊的适用范围

闪光对焊广泛用于碳素钢、低合金钢、不锈钢、铝合金、镍合金和铜合金等金属的同种或异种材料的焊接,可焊板材、钢轨、钢管、汽车轮车圈、刀头—刀杆等零件。同时,一些高效低耗的闪光对焊新方法,如程控降低电压闪光法、脉冲闪光法、瞬时送进速度自动控制连续闪光法、矩形波电源闪光对焊等正在得到推广,必将使闪光对焊在工业生产中发挥更大的作用。

(4)焊接工艺

①焊前准备　包括确定接头形式、清理、装配等准备工作。

a.接头形式主要应用的是两个断面形状和尺寸基本相同的工件对接,两工件的轴线可以在一条直线上,可以互成一个角度,也可以是圆环状工件的对接。T形接头不适用,如把一根圆管垂直地焊到另一根圆管壁上,就会因截面、散热条件、顶锻力上的差异而得不到质量合格的接头。

b.清理包括工件表面清理和导电钳口表面清理。清除工件端面的污垢、铁锈、氧化物和油脂等是为了使闪光正常与稳定。工件与导电钳口接触的部位均须清理,接触处电流密度很高,如果不干净导致接触不良,不仅接头质量差,而且工件与钳口之间会产生局部过热点,工件表面或钳口表面都能引起烧伤,顶锻过程发生滑动。清理方法与点焊和缝焊基本相同。

c.装配工作中的关键是保证两工件对中。如果不对中,闪光只能在相对着的区域发生,端面加热就不会均匀,顶锻时工件会相互滑移。随着工件截面的宽度与厚度之比越大,对中问题越显得重要。必须在焊机设计、工件备料公差控制及焊接时所用的夹钳电极的工作状态等方面综合解决。

②闪光对焊工艺参数的选择　闪光对焊的工艺参数有伸出长度、闪光留量、闪光速度、闪光电流密度、顶锻留量、顶锻速度、顶锻力、焊钳夹紧力等。

a. 伸出长度。伸出长度可按工件截面的大小和材料的性能来选择。伸出长度影响工件轴向的温度分布和接头的塑性变形。此外，随着伸出长度的增加，使焊接回路的阻抗增大，需要功率增大。一般情况下，棒材和厚壁管材伸出长度为$(0.7 \sim 1.0)d$，d 为圆棒料的直径或方棒料的边长。对薄板$(\delta = 1 \sim 4 \text{ mm})$，为了顶锻时不失稳，一般伸出长度取$(4 \sim 5)\delta$。

不同金属材料对焊时，为了使两工件上的温度分布一致，通常导电性和导热性差的材料伸出长度应小些。

b. 闪光留量。闪光留量即在闪光过程中两工件总的烧化量。它必须保证在闪光结束时工件整个端面有一金属熔化层，同时在一定深度内达到塑性变形温度。闪光留量过小，则不能满足上述要求，会影响接头质量；闪光留量过大，会浪费金属材料，降低生产率。在选择闪光留量时还应考虑是否有预热，预热闪光留量可比连续闪光留量小30% ～50%。闪光留量主要依据工件断面的大小选取。

c. 闪光电流密度。闪光电流密度对焊接区的加热有重要影响，它与焊接方法、材料性质和工件断面尺寸等有关，通常在较宽的范围内变化。连续闪光对焊、导热和导电性好的金属材料、展开形断面的工件，闪光电流密度应取较高值；预热闪光对焊、大断面的工件，应取较低值。例如，在额定功率情况下，低碳钢闪光时电流密度的平均值为$5 \sim 15 \text{ A/mm}^2$，最大值为$20 \sim 30 \text{ A/mm}^2$，顶锻时电流密度为$40 \sim 60 \text{ A/mm}^2$。

d. 闪光速度。闪光速度即在稳定闪光条件下，动夹具的进给速度，又称烧化速度。闪光速度大可保证闪光稳定，并可使保护作用增强。但过高的闪光速度会使温度分布变陡，加热区变窄，增加塑性变形的困难。同时，需要的焊接电流大，会增大过梁爆破后的火口深度，会降低接头的质量。

e. 顶锻速度。闪光对焊时，顶锻阶段夹具的移动速度称为顶锻速度，它是获得优质接头的重要参数。通常顶锻速度略大些有利，因为足够高的顶锻速度能迅速封闭接口端面间隙，减少金属氧化，在高温状态下可较易排除液态金属和氧化物夹杂，使纯净的端面金属紧密贴合，促进交互结晶。如果顶锻速度较小，不仅使接口闭合和塑性变形所需时间增长，而且接口金属温度早已降低，导致去除氧化物夹杂困难。顶锻速度的最小平均值为：低碳钢60 ～80 mm/s，合金钢80 ～100 mm/s，铝合金150 ～200 mm/s。

f. 顶锻力。闪光对焊时，顶锻阶段施加给工件端面上的力称为顶锻力，其大小应保证能挤出接口内的液态金属，并在接头处产生一定的塑性变形。顶锻力过小，则塑性变形不足，接头强度下降；顶锻力过大，则变形量过大，使接头冲击韧度明显下降。

金属材料闪光对焊在单位面积上所需最小顶锻力为：低碳钢70 MPa，铝合金120 ～150 MPa，奥氏体不锈钢140 MPa，耐热金属280 ～350 MPa。

闪光对焊工艺参数的选择应从技术条件出发，结合材料性质、断面形状和尺寸、设备条件和生产规模等因素综合考虑。一般可先确定工艺方法，然后参考推荐的有关数据及试验资料初步确定工艺参数，最后由工艺试验并结合接头性能分析予以确定。

常用金属材料的闪光对焊工艺参数见表4.11、表4.12。

表 4.11　各类钢闪光对焊的主要工艺参数

类别	平均闪光速度/(mm·s⁻¹)		最大闪光速度/(mm·s⁻¹)	顶锻速度/(mm·s⁻¹)	顶锻压力/MPa		焊后热处理
	预热闪光	连续闪光			预热闪光	连续闪光	
低碳钢	1.5~2.5	0.8~1.5	4~5	15~30	40~60	60~80	不需要
低碳钢及低合金钢	1.5~2.5	0.8~1.5	4~5	≥30	40~60	100~110	缓冷,回火
高碳钢	1.5~2.5	0.8~1.5	4~5	15~30	40~60	110~120	缓冷,回火
珠光体高合金钢	3.5~4.5	2.5~3.5	5~10	30~150	60~80	110~180	回火,正火
奥氏体钢	3.5~4.5	2.5~3.5	5~8	30~150	100~140	110~220	一般不需要

表 4.12　常用非铁金属及合金闪光对焊的主要工艺参数

工艺参数	材料尺寸/mm														
	铜			黄铜(H60)		黄铜(H59)		青铜(QSn6.5~1.5)带材厚		铝				铝合金	
														2A50(LD5)	5A06
	棒材 d=10	管材 9.5×1.5	板材 44.5×10	棒材直径						棒材直径				板材厚度	板材厚度
				Φ6.5	Φ10	Φ6.5	Φ10	1~4	4~8	20	25	30	38	4	6	4~7
空载电压/V	6.1	5.0	10.0	2.17	4.41	2.4	7.5	—	—	—	—	—	—	6	7.5	10
最大电流/kA	33	20	60	12.5	24.3	13.5	41	—	—	58	63	63	63	—	—	—
伸出长度/mm	20	20	—	15	22	18	25	25	40	38	43	50	65	12	14	13
闪光留量/mm	12	—	—	6	8	7	10	15	25	17	20	22	28	8	10	14
闪光时间/s	1.5	—	—	2.5	3.5	2.0	2.2	3	10	1.7	1.9	2.8	5.0	1.2	1.5	5.0
平均闪光速度/(mm·s⁻¹)	8.0			2.4	2.3	3.5	3.5	5	2.5	11.3	10.5	7.9	5.6	5.8	6.5	2.8
最大闪光速度/(mm·s⁻¹)	—							12	6	—	—	—	—	15.0	15.0	6.0

续表

工艺参数	材料尺寸/mm														
	铜			黄铜（H60）		黄铜（H59）		青铜(QSn6.5~1.5)带材厚		铝				铝合金	
														2A50（LD5）		5A06
	棒材 d=10	管材 9.5×1.5	板材 44.5×10	棒材直径						棒材直径				板材厚度		板材厚度
				Φ6.5	Φ10	Φ6.5	Φ10	1~4	4~8	20	25	30	38	4	6	4~7
顶锻留量/mm	8	—	—	9	13	10	12	—	—	13	13	14	15	7.0	8.5	12.0
顶锻速度/(mm·s⁻¹)	200			200~300	200~300	200~300	200~300	125	125	150	150	150	150	150	150	200

4）对焊设备

对焊机的典型结构如图 4.24 所示。它由级数调节器、导轨、上电极、下电极、固定和可动夹座(带夹钳)、闪光及顶锻的送进机构、焊接电源(变压器)、焊机机架及控制系统等组成。

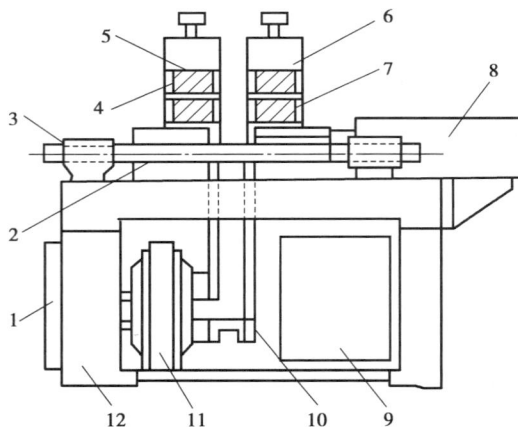

图 4.24　对焊机示意图

1—级数调节器；2—导轨；3—导轨衬套；4—上电极；5—固定夹座；6—可动夹座；7—下电极(钳口)；
8—闪光及顶锻的送进机构；9—控制面板；10—软铜导线；11—变压器；12—焊机机架

对焊机按工艺方法可分为闪光对焊机和电阻对焊机两大类，两者的构造相似，主要区别在于焊接时可动夹座的运动和传递这个运动的机构不同。闪光对焊机又分连续闪光对焊机和预热闪光对焊机。

对焊机按送进机构可分为弹簧式、杠杆式、电动凸轮式、气压式、送进液压阻尼式和液压式等；按夹紧机构可分为偏心式、杠杆式、螺栓式，而杠杆式和螺栓式又分手动和机械传动式，机械传动有电动、气动、液动或气液联动；按自动化程度分有手动、半自动和自动对焊机；按用途分则有通用对焊机和专用对焊机等。表 4.13 和表 4.14 列举了典型对焊机主要技术参数。

表 4.13　典型电阻对焊机主要技术参数

焊机型号	类型	额定功率/(kV·A)	负载持续率/%	二次空载电压/V	夹紧力/N	顶锻力/N	碳钢焊接截面积/mm²
UN-1	弹簧加压	1	8	0.5~1.5	80	40	1.1
UN-3		3	15	1~2	450	130	5.0
UN-10		10	15	1.6~3.2	900	350	50
UN1-25	人力-杠杆	25	20	1.75~3.52	偏心轮	—	300

表 4.14　典型闪光对焊机主要技术参数

焊机型号	类型	送进机构	额定功率/kV·A	负载持续率/%	二次空载电压/V	夹紧力/N	顶锻力/N	碳钢焊接截面积/mm²
UN1-75	通用	杠杆	75	20	3.52~7.04	螺旋	30	600
UN2-150-2		电压机-凸轮	150	20	4.05~8.10	100	65	1 000
UN-40		气压-液压	40	50	3.7~6.3	45	14	320
UN17-150-1			150	50	3.3~7.6	160	80	1 000
UN7-400	轮圈专用		400	50	6.55~11.18	680	340	2 000
UY-125	钢窗专用		125	50	5.51~10.85	75	45	400
UN5-300	薄板专用	凸轮烧化-液压顶锻	300	20	2.84~9.05	350	250	2 500
UN6-500	钢轨专用	液压	500	40	6.8~13.6	600	350	8 500

综合训练

项目 5

汽车顶盖的焊接

【学习目标】

（1）了解钎焊的原理特点。

（2）掌握软钎焊及硬钎焊方法技能。

（3）掌握钎焊工艺并与技能培训结合，对钎焊的操作技术有深入的了解。

【素质目标】

培养学生们的团结协作的意识。学生树立责任意识。车身焊装生产线需要线上密切配合才能够完成生产，从中培养学生严谨的工作作风和团结协作的职业素养。良好的管理才能够保证安全，体现安全意识。

张冬伟——中国焊工界的"四大天王"之一。他曾荣获全国技术能手，是中国"造船工匠"的典型人物，不但是造船人传承"工匠精神"的代表，也是中国工业产业技术人才队伍的先进代表。他创造了多个中国第一，在全国工程建设系统第六届焊工技术比赛中夺取头冠，荣获全国技术能手称号，被授予"中央企业青年成长成才身边的榜样"称号；荣获中央企业劳动模范称号，享受政府特殊津贴待遇。

任务 5.1　认识汽车顶盖焊接工艺

5.1.1　焊接工艺卡（图 5.1）

焊接工艺卡片			产品型号	CS-1	零件图号	CS-01-1000	
			产品名称	汽车车身	零件名称	顶盖焊接组件	共 1 页 第 1 页

主要组成件

序号	图　号	名　称	材料	件数
1	CS-01-1001	车身顶盖	镀锌板	
2	CS-01-1002	车身侧围	镀锌板	

工序号	工　序　内　容	设备	工艺装备	电压或气压	电流或焊嘴号	焊条、焊丝、电极 型号	直径	焊剂	其他规范	工时
1	清除冲压车身各零件表面油污及铁锈	激光焊接工作站	焊接夹具		激光功率	CuSi3	φ2～3mm		焊接速度3.5 m/min	
2	在焊接夹具上对组装各零组件	HWF40	1F354/CS-055		3 000 W				光束倾角10°	
3	利用激光焊接工作站的旋转工作台,实现夹具和工件从上料位置到焊接区域的运动,避免操作人员直接进入焊接区域									
4	按参数要求进行激光钎焊									
5	焊接后将焊接区域清理干净									

	设计(日期)	审核(日期)	标准化(日期)	会签(日期)
	李某某(20××.07.15)	张某某(20××.07.16)	刘某某(20××.07.16)	程某某(20××.07.18)

描图　描校　底图号　装订号

| 标记 | 处数 | 更改文件号 | 签字 | 日期 | 标记 | 处数 | 更改文件号 | 签字 | 日期 |

图 5.1　焊接工艺卡

5.1.2　焊接任务

　　汽车车身是由薄板构成的结构件,冲压成形后的板料通过装配和焊接形成车身壳体(白车身)。装焊是车身成形的关键。车身冲压件的材料大都是具有良好焊接性能的低碳钢,焊接是现代车身制造中应用广泛的连接方式。激光钎焊是指使用工业级激光器将钎焊焊丝熔化,从而将部件连接在一起的加工工艺。它主要应用在批量生产的汽车领域,用于连接镀锌金属板或轻质铝件。激光钎焊的设备通常需要将钎焊加工镜头集成到一个机器手臂上。激光束聚焦于板材的连接处,熔化焊丝将部件连接起来。这种加工方法的优点在于它的焊缝连接具有平滑美观及高密封性。钎焊后的产品几乎不需要返工。例如,车身在清洁后可以直接上漆。如今常用到激光钎焊技术的零件是汽车后盖与汽车顶盖焊接(图 5.2)。

图 5.2　汽车顶盖焊接

5.1.3　焊接准备

焊前对各零组件焊接处进行除油、除锈处理。采用高功率光纤激光器,配备机器人、旋转台以及其他功能辅机进行焊接。焊前检查工装以及变位机构是否完好。

5.1.4　注意事项

①机器人焊接时应注意个人和设备安全,避免发生碰撞。
②激光钎焊容易出现气孔,母材表面应该清理干净。

任务 5.2　认识钎焊的原理特点

钎焊基本原理

5.2.1　钎焊基本原理

钎焊作为一种金属连接方法,已有几千年历史。但是在很长的历史时期中,钎焊技术没有得到较大发展。直至近代,随着科学技术的进步,钎焊技术有了较大的发展。目前钎焊已成为现代焊接技术的三大重要组成部分之一,并在各工业部门中起着越来越重要的作用,特别是在机械、电子、仪表及航空工业中已成为一种不可取代的工艺方法。

钎焊是采用比钎焊金属(母材)熔点低的金属材料作钎料,将钎焊金属和钎料加热到高于钎料熔点同时低于钎焊金属熔点的温度,利用液态钎料润湿钎焊金属,填充接头间隙,并与钎焊金属相互扩散,从而获得不可拆接头的一种焊接方法。

钎焊与熔焊之间既有共同之处,也存在本质的差别。钎焊时虽有钎料熔化而母材保持固态,钎料的熔点低于母材熔点,熔化的钎料依靠润湿和毛细作用吸入并保持在母材间隙内,依靠液态钎料与固态母材间的相互扩散形成金属结合。钎焊的关键是如何获得一个优质接头。这样的接头只有在液态钎料充分地流入并致密地填满全部钎缝间隙,又能与钎焊金属很好地相互作用的前提下才可能获得。

5.2.2　钎焊分类及其特点

1)钎焊的分类

随着钎焊技术的发展,钎焊方法的种类越来越多,可按以下多种方法分类:

①按钎焊温度的高低,钎焊通常分为低温钎焊(450 ℃以下)、中温钎焊(450 ~ 950 ℃)及高温钎焊(950 ℃以上)。也可将 450 ℃以下的钎焊称为软钎焊,450 ℃以上的钎焊称为硬钎焊。

②按加热方法不同,钎焊可分为烙铁钎焊、火焰钎焊、炉中钎焊、电阻钎焊、感应钎焊以及浸渍钎焊等。近年来,在钎焊蜂窝型零件时,采用了新的加热技术,如激光钎焊、石英加热钎焊、红外线加热钎焊以及保证钎焊零件外形精度的陶瓷膜钎焊等。

③按钎焊的反应特点,钎焊可分为毛细钎焊、大间隙钎焊以及反应钎焊等。

2)钎焊的特点

与熔焊方法相比,钎焊具有以下优点:

①钎焊接头平整光滑,外观美观。

②工件变形较小,尤其是对工件采用整体均匀加热的钎焊方法。

③钎焊加热温度较低,对母材组织性能影响较小。

④某些钎焊方法一次可焊成几十条或成百条焊缝,生产率高。

⑤可以实现异种金属或合金以及金属与非金属的连接。

钎焊有它本身的缺点,如钎焊接头强度比较低,耐热能力较差,装配要求比较高等。

任务 5.3　认识钎焊方法及工艺

5.3.1　钎焊材料

钎焊材料包括钎料和钎剂。合理选择钎焊材料对钎焊接头质量有着重要的作用。

1)钎料

钎料是钎焊时使用的填充金属。由于钎焊工件是依靠熔化的钎料凝固后而被连接起来的,因此,钎焊接头的质量与性能在很大程度上取决于钎料。

(1)钎料的分类

钎料有以下几种分类方式:

①按钎料的熔点来分。钎料按熔点的高低分为两大类:通常把熔点低于 450 ℃的钎料称为易熔钎料,又称软钎料;熔点高于 450 ℃的钎料称为难熔钎料,又称硬钎料。

②按钎料的化学成分来分。根据组成钎料的主要元素把软钎料和硬钎料划分为各种基的钎料,如软钎料可分为铟基、铋基、锡基、铅基、镉基、锌基等钎料,硬钎料可分为铝基、银基、铜基、锰基、镍基、金基、钯基等钎料。

③按钎焊工艺性能分为自钎剂钎料、电真空钎料和复合钎料。

（2）钎料的编号

国内钎料的编号有多种，这里只介绍国家标准。

国家标准（GB/T 6208—1995《钎料型号表示方法》）规定的钎料编号表示方法如下：

①钎料型号由两部分组成，两部分用隔线"-"分开。

②钎料型号第一部分用一个大写英文字母表示钎料的类型，"S"表示软钎料，"B"表示硬钎料。

③钎料型号的第二部分由主要合金组分的化学元素符号组成。例如，S-Sn60Pb40Sb 表示为锡 60%、铅 39%、锑 0.4%（均为质量分数）的软钎料；BAg72Cu 表示为银 72%、铜 28%（均为质量分数）的硬钎料。

（3）钎料的选择

从使用要求出发，对钎焊接头强度要求不高和工作温度不高的，可用软钎料钎焊，钢结构中应用最广的是锡铅钎料；对钎焊接头强度要求比较高的，应使用硬钎料钎焊，主要是铜基钎料和银基钎料；对在低温下工作的接头，应使用含锡量低的钎料；要求高温强度和抗氧化性好的接头，宜用镍基钎料。

选择钎料时，必须考虑钎料与母材的相互作用，加热方法对钎料选择也有一定的影响。除了在工艺上采取相应措施外，在确定钎料上应采用熔点低的钎料或选用热膨胀系数介于两者之间的钎料。此外，从经济观点出发，应选用价格便宜的钎料。

2）钎剂

钎剂的主要作用是去除母材和液态钎料表面上的氧化物，保护母材和钎料在加热过程中不会进一步氧化，并改善钎料对母材表面的润湿能力。

（1）钎剂的分类

钎剂的组分按功能可划分为三类：一是基质；二是去膜剂；三是界面活性剂。基质是钎剂的主要成分，它控制着钎剂的熔点，又是钎剂中其他组元的溶剂；去膜剂主要起去除母材和钎料表面氧化膜的作用；界面活性剂的作用是进一步降低熔化钎料与母材的界面张力，加速清除氧化膜并改善钎料的铺展。上述每种组分的作用往往不是单一的，而是共同起着 3 个方面的功能。

从不同角度出发，可将钎剂分为多种类型。例如，按使用温度不同，分为软钎剂和硬钎剂；按用途不同，分为普通钎剂和专用钎剂。此外，根据作用状态的特征不同，可分出气体钎剂。钎剂的分类如图 5.3 所示。

软钎焊主要是指在 450 ℃以下钎焊用钎剂。它主要分非腐蚀性钎剂和腐蚀性钎剂两大类。硬钎剂是指在 450 ℃以上钎焊用钎剂。专用钎剂主要指铝用钎剂。铝的氧化膜致密稳定，钎焊铝及铝合金时必须采用专用的钎剂。气体钎剂是炉中钎焊和气体火焰钎焊过程中起钎剂作用的一种气体，它们的最大优点是钎焊后没有固体残渣，工件不需清洗。

（2）钎剂和钎料的匹配

当钎焊采用钎剂去膜时，不能仅从钎剂的去膜能力来作选择，还必须与钎料的特点和具体加热方法结合起来。首先要保证钎剂的活性温度范围（钎剂稳定有效发挥去膜能力的温度区间)覆盖整个钎焊温度。其次是钎剂与钎料的流动、铺展进程要协调。

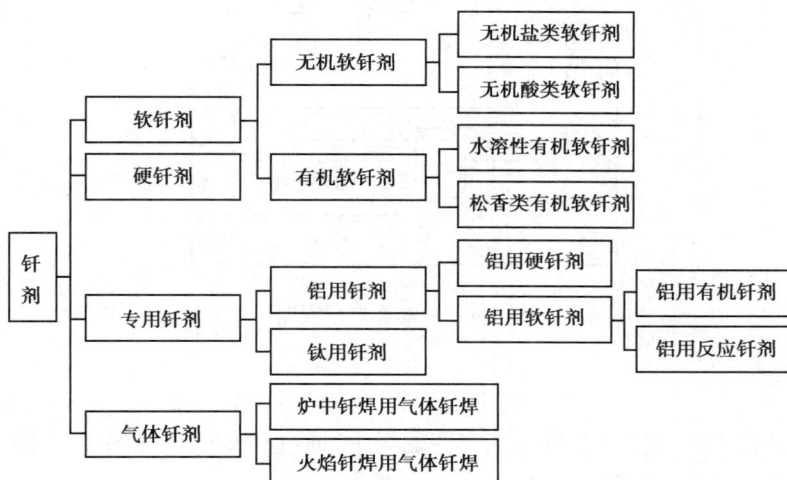

图 5.3　钎剂的分类

5.3.2　钎焊方法

钎焊方法种类甚多,随着新热源的发现和使用,相应出现了不少新的钎焊方法。这里只介绍生产中广泛应用的几种主要钎焊方法。

1)火焰钎焊

火焰钎焊是一种简单而实用的钎焊方法。它的通用性好,所需设备简单轻便,操作方便,燃气来源广,不依赖电力,并能保证必要的质量。此方法主要用于铜基钎料、银基钎料、钎焊碳钢、低合金钢、不锈钢、铜及铜合金、硬质合金等,特别适用于截面不等的组件。还可用作钎焊铝及铝合金等的小型薄壁工件。

火焰钎焊最常用的火焰是氧乙炔焰,一般情况下可使用普通的气焊炬进行钎焊。但钎焊熔点比较低的工件时,最好采用特种的多孔喷嘴,此时得到的火焰比较分散,温度比较适当,有利于保证均匀加热。

火焰钎焊的缺点是手工操作时加热温度难以掌握控制,要求较高的操作技术。此外,火焰钎焊局部加热时,可能会引起工件的应力和变形。

2)浸渍钎焊

浸渍钎焊是把工件局部或整体放入熔态的盐混合物(称盐浴)或钎料(称金属浴)中,依靠这些液体介质的热量来实现钎焊的过程。如图 5.4 所示为浸渍钎焊的示意图。这种钎焊方法的钎焊温度易控制,加热均匀且速度快,一般比炉中加热快 3～6 倍,生产率高,液态介质保护工件不受氧化,有时还能同时完成淬火等热处理过程,特别适用于大批生产。

浸渍钎焊按使用介质不同,分为盐浴钎焊、熔化钎料中浸渍钎焊和热油中浸渍钎焊 3 种。

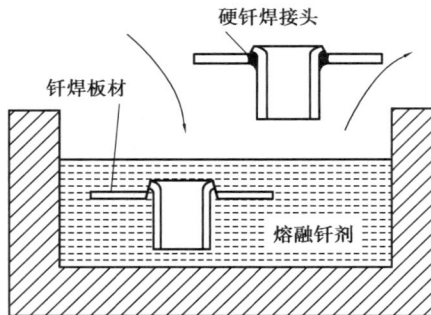

图 5.4   浸渍钎焊示意图

3)感应钎焊

感应钎焊是将工件的待焊部分置于交变磁场中,通过它在交变磁场中产生的感应电流来实现加热工件的一种钎焊方法。

感应电流的大小与交变磁场的频率成正比,频率越高,感应电流越大,加热速度越快。但频率越高,交流电的集肤效应越明显,工件加热的厚度(电流渗透深度)越小。工件内部只能依靠表面层向内部导热来加热,加热不均匀程度增大。电流渗透深度与材料的电导率和磁导率有关。电导率和磁导率越小,电流渗透深度就越深。例如,钢在温度低于 768 ℃时磁导率很大,集肤效应显著;温度高于 768 ℃后,磁导率急剧减小,钢的电导率较小,集肤效应较弱,钎焊可采用较高的电流频率。铜和铝的磁导率虽小,但电导率比钢大得多,电流渗透深度较小,感应钎焊时应采用较小的频率和较大的功率。

感应钎焊加热快,质量好,但温度不易精确控制,工件形状受限,适用于批量钎焊钢、高温合金、铜及铜合金等。感应钎焊既可用于软钎焊,又可用于硬钎焊,主要用于钎焊较小的工件,特别适用于对称形状的工件,如管件套接、管子与法兰、轴与轴套之类的接头,如图 5.5 所示。

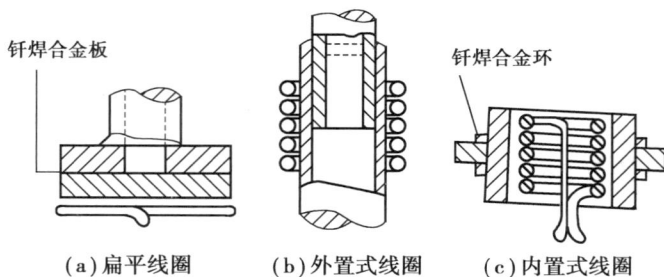

(a)扁平线圈   (b)外置式线圈   (c)内置式线圈

图 5.5   感应钎焊示意图

4)炉中钎焊

炉中钎焊广泛用于钎焊已装配好的工件。钎料预先放置接头附近或接头内,并将所选适量的粉状或糊状钎剂覆盖于接头上,一起置于炉中,加热至钎焊温度。依靠钎剂去除钎焊处的表面氧化膜,熔化的钎料流入钎缝间隙,冷凝后形成接头,如图 5.6 所示。

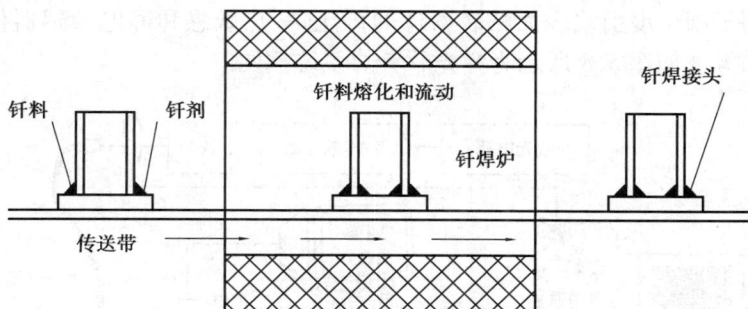

图 5.6　炉中钎焊工作示意图

炉中钎焊可分为空气炉中钎焊、保护气氛炉中钎焊和真空炉中钎焊。空气炉中钎焊一般可钎焊碳钢、合金钢、铜及铜合金、铝及铝合金等材料。真空炉中钎焊常用于含有铬、铝、钛等元素的不锈钢和高温合金，以及活性金属钛、锆，难熔金属钨、钼、钽、铌及其合金的钎焊。

炉中钎焊的特点是工件整体加热，加热均匀，变形小。虽加热速度较慢，但一炉可同时钎焊多件，生产率很高。

5)电阻钎焊

电阻钎焊的基本原理与电阻焊相同，它是利用电流通过工件的钎焊处所产生的电阻热加热工件和熔化钎料的一种钎焊方法。钎焊部位必须保持干净，将预先成形的钎料放入钎焊接头处。然后将钎焊接头两端加上电极，对钎焊处施加一定的压力，将母材压在一起，最后接通电源完成钎焊。电阻钎焊原理如图 5.7 所示。电阻钎焊可在普通的电阻焊机上进行，也可采用专用的电阻钎焊设备。

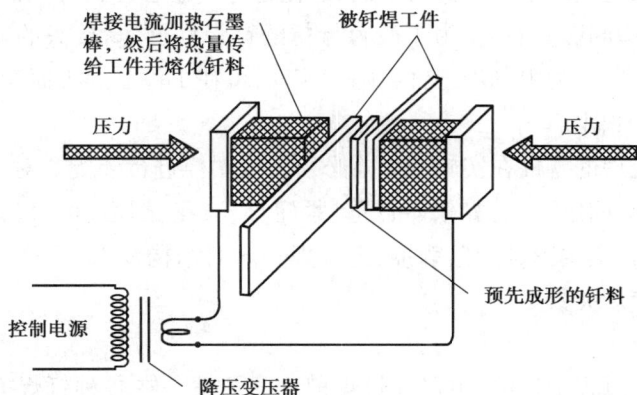

图 5.7　电阻钎焊原理图

电阻钎焊的优点是加热迅速，生产率高，劳动条件好，而且过程易实现自动化，但接头尺寸不能太大，工件形状也不能太复杂。目前，电阻钎焊主要用于刀具、带锯、导线端头等的钎焊。

6)激光软钎焊

激光软钎焊利用激光对连接部位加热、熔化钎料，实现连接。激光软钎焊在微电子封装和组装中已经用于高密度引线表面贴装器件的再流焊、热敏感和静电敏感器件的再流焊、芯片上的凸点制作等。如图 5.8 所示为激光软钎焊系统框图。

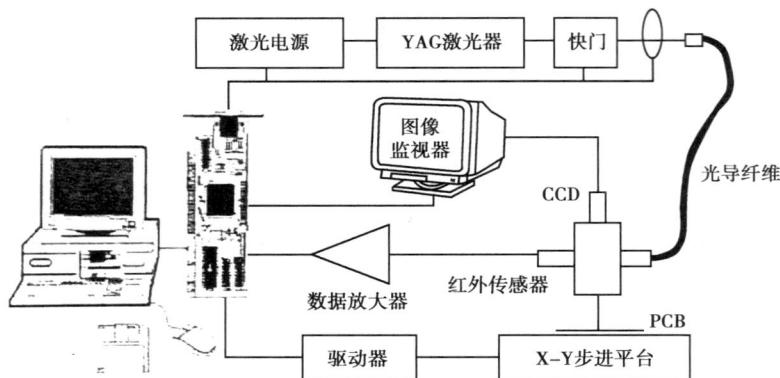

图 5.8　激光软钎焊系统框图

5.3.3　钎焊工艺特点及应用

1)钎焊工艺

钎焊工艺包括焊前表面准备、装配、安置钎料、钎焊工艺参数的确定及钎后处理等内容。

（1）工件表面准备

钎焊前必须仔细地清除工件表面的油脂、氧化物等。液态钎料不能润湿未经清理的工件表面,也无法填充接头间隙。有时,为了改善母材的钎焊性、提高接头的耐蚀性,焊前必须将工件预先镀覆某种金属。为限制液态钎料随意流动,可在工件非焊表面涂覆阻流剂。

（2）零件的装配和固定

经过表面准备处理的零件在实施钎焊前必须先按图样进行装配。对尺寸小、结构简单的零件,可采用较简易的固定方法,如依靠自重、紧配合、滚花、翻边、扩口、旋压、模锻、收口、咬边、开槽和弯边、夹紧、定位销、螺钉、铆接、定位焊等。对结构复杂、生产量较大的工件,主要装配的固定方法是使用夹具。

（3）钎料的放置

钎料既可在钎焊过程中送给,也可在钎焊前预先放置。在各种钎焊方法中,除火焰钎焊和烙铁钎焊外,大多数是将钎料预先放置在接头上。钎料的放置方式主要取决于钎焊方法、工件结构、生产类型及钎料的形态等。

（4）钎焊工艺参数的确定

钎焊过程的主要工艺参数有钎焊温度和保温时间。钎焊温度通常选高于钎料液相线温度 25 ~ 60 ℃,对某些结晶温度间隔宽的钎料,钎焊温度可以高于液相线温度 100 ℃以上。保温时间视工件大小、钎料与母材相互作用的剧烈程度而定。大件保温时间应长些,以保证均匀加热。钎料与母材作用强的,保温时间要短。

（5）钎焊后的清洗

对使用钎剂的钎焊方法,除使用气体钎剂外,大多数钎剂残渣对钎焊接头都有腐蚀作用,会妨碍对钎缝质量的检查,钎焊后必须将其清除干净。有机类软钎剂的残渣可用汽油、酒精、丙酮等有机溶剂擦拭或清洗;氧化锌和氯化铵等的残渣腐蚀性很强,应在 10% NaOH 溶液中清洗,然后用热水或冷水洗净,硼砂和硼酸钎剂的残渣一般用机械方法或在沸水中长时间浸煮来解决。

2）各种钎焊方法的优缺点及适用范围

钎焊方法的优缺点及适用范围见表 5.1。

表 5.1　各种钎焊方法的优缺点及适用范围

钎焊方法	主要特点		用途
	优点	缺点	
烙铁钎焊	设备简单,灵活性好,适用于微细钎焊	需使用钎剂	只能用于软钎焊,钎焊小件
火焰钎焊	设备简单,灵活性好	控制温度困难,操作技术要求较高	钎焊小件
金属浴钎焊	加热快,能精确控制温度	钎料消耗大,焊后处理复杂	用于软钎焊及批量生产
盐浴钎焊	加热快,能精确控制温度	设备费用高,焊后需仔细清洗	用于批量生产,不能钎焊密闭工件
波峰钎焊	生产率高	钎料损耗较大	只用于软钎焊及批量生产
电阻钎焊	加热快,生产率高,成本较低	控制温度困难,工件形状、尺寸受限制	钎焊小件
感应钎焊	加热快,钎焊质量好	温度不能精确控制,工件形状受限制	批量钎焊小件
保护气体炉中钎焊	能精确控制温度,加热均匀,变形小,一般不用钎剂,钎焊质量好	设备费用较高,加热慢,钎焊的工件含大量易挥发元素	大小件的批量生产,多钎缝工件的钎焊
真空炉中钎焊	能精确控制温度,加热均匀,变形小,能钎焊难焊的高温合金,不用钎剂,钎焊质量好	设备费用高,钎料和工件不宜含较多的易挥发元素	重要工件

综合训练

项目 6

冲焊桥壳的焊接

【学习目标】

(1) 了解新一代自动焊接的手段。

(2) 了解点焊机器人及弧焊机器人。

(3) 熟悉机器人焊接智能化技术。

【素质目标】

用智慧和技能把手中的产品变为艺术品。培养学生严谨的工作作风,注意个人和设备安全。鼓励学生考取焊工资质,严格把控焊接时的质量,为成为一名大国工匠打下坚实的基础。

李万君——在中车长客工作 34 年,始终坚守在焊接岗位一线,从一名普通焊工成长为我国高铁焊接专家,总结并制订了 30 多种转向架焊接操作方法。李万君先后荣获"中华技能大奖""全国劳动模范""全国优秀共产党员""感动中国年度十大人物""大国工匠"等荣誉,被誉为"工人院士""高铁焊接大师"。李万君说:"作为一个高铁焊工,就要用智慧和技能把手中的产品不断升华,最后达到极致,变为艺术品,这就是'工匠精神'。"

任务 6.1　认识冲焊桥壳的焊接工艺

6.1.1　焊接工艺卡（图 6.1）

焊接工艺卡片		产品型号	CQ-1	零件图号	CQ-01-1000		
		产品名称	车桥总成	零件名称	冲焊桥壳	共 1 页 第 1 页	

技术要求：
1.桥壳纵焊缝焊透率大于60%，焊缝宽度不小于15 mm；轴管环焊缝和制动法兰环焊缝必须全透焊；三角板内外焊缝之间不允许出现未熔合缺陷；后盖、加强圈环焊缝及其他焊缝在焊角高度范围内不允许有未熔合缺陷；
2.焊缝表面无气孔及未熔合等缺陷。

主要组成件

序号	图 号	名 称	材料	件数
1	CQ-01-1001	导向座	20Mn2	2
2	CQ-01-1002	板簧座	20Mn2	2
3	CQ-01-1003	上推力杆支座	20Mn2	1
4	CQ-01-1004	加强圈	20Mn2	2
5	CQ-01-1005	制动法兰	20Mn2	2
6	CQ-01-1006	轴管	20Mn2	2
7	CQ-01-1007	三角板	20Mn2	4
8	CQ-01-1008	后盖	20Mn2	1
9	CQ-01-1009	下推力杆支座	20Mn2	2

工序号	工 序 内 容	设备	工艺装备	电压或气压	电流或焊嘴号	焊条、焊丝、电极 型号	焊条、焊丝、电极 直径	焊剂	其他规范	工时
1	清除焊件待焊表面油污及铁锈								特种检测要求	
2	在焊接夹具上组装各零组件，然后进行定位焊	焊接机器人 NX110/HP20	焊接夹具 1F354/CQ-080	焊接电压 21~28W	焊接电流 110~150A	ER50-6	1.0 mm			
3	按参数要求依次焊接桥壳纵焊缝、轴管环焊缝、制动法兰环焊缝、三角板焊缝、后盖环焊缝、加强圈环焊缝，然后再焊接板簧座和上下推力杆支座			气体流量 15~20I/min					1.焊缝和热影响区的硬度检测；焊缝硬度150~300 HB；热影响区轴管180~350 HB、桥壳150~240HB、其他130~300 HB。（用2.5mm钢球布氏硬度法检验）。 2.焊缝熔深。 首次生产或工艺变更时进行上述检测	
4	若有气孔等焊接缺陷，应清除缺陷部位，然后进行补焊									
5	清除焊缝及其附近缺陷									
6	机器人焊接应注意个人和设备安全，避免碰撞									

描 图			
描 校			
底图号			
装订号			

					设计（日期）	审核（日期）	标准化（日期）	会签（日期）	
标记处数 更改文件号 签字 日期		标记处数 更文件号 签字 日期			李某某(20××.07.12)	张某某(20××.07.12)	刘某某(20××.07.12)	程某某(20××.07.12)	

图 6.1　焊接工艺卡

6.1.2　焊接任务

　　冲焊桥壳由轴管、制动法兰、导向座、三角板、加强圈、后盖、板簧座和推力杆支座等零件组装焊接而成，如图 6.2 所示。桥壳焊缝主要有对接焊缝和角接焊缝两大类：对接焊缝有桥

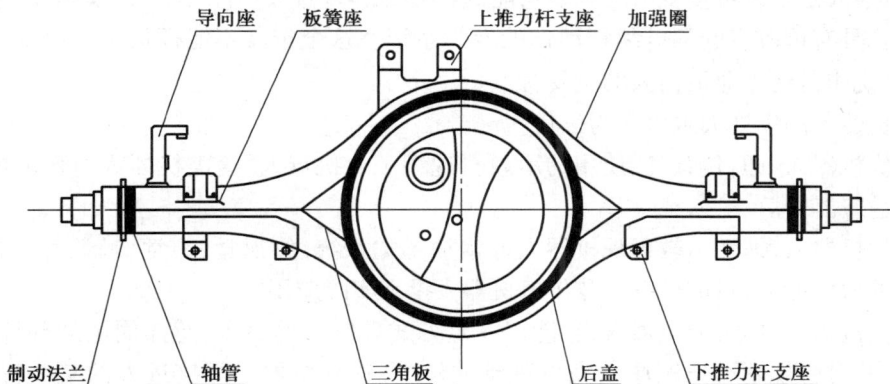

图 6.2　冲焊桥壳

壳纵焊缝、轴管焊缝、三角板焊缝;其余均为角接焊缝,分别是后盖环焊缝、加强圈环焊缝、制动法兰环焊缝以及板簧座、上下推力杆支座、导向座、其他支架等附件的焊缝。根据使用各部位焊缝使用强度需求,确定轴管环焊缝和制动法兰环焊缝为一级焊缝,桥壳纵焊缝、三角板焊缝、后盖环焊缝、加强圈环焊缝为二级焊缝,其余焊缝为三级焊缝。焊接上述焊缝必须由持相应资格证书的焊工操作。

6.1.3　焊接准备

1)焊前准备

焊前对各零组件焊接处进行除油、除锈处理。采用焊接机器人进行焊接。焊前检查工装以及变位机构是否完好,是否满足冲焊桥壳焊接时的需求。

2)操作提示

①机器人焊接时应注意个人和设备安全,避免发生碰撞。
②桥壳纵焊缝焊接时,应尽量对齐,防止错边。对接间隙应小,避免焊缝焊偏。
③轴管焊缝宽度按桥壳厚度进行控制,两侧连接面要求完全焊透。
④法兰盘焊缝在桥壳下面留 120°范围焊缝不焊接。
⑤三角板焊缝先焊接桥壳内部焊缝,再焊接桥壳外面焊缝。
⑥其他焊缝,如推力杆支座、板簧座及导向座等与桥壳的角焊缝,应圆滑过渡,焊缝在需要时,可以进行两层焊接,以达到要求的焊脚高度。

任务 6.2　认识工业机器人

焊接机器人概述

6.2.1　新一代自动焊接的手段

关于工业机器人的定义尚未统一,目前联合国标准化组织采用的美国机器人协会的定义为:工业机器人是一种可重复编程和多功能的,用来搬运物料、零件、工具的机械手,或能执行不同任务且具有可改变的和可编程动作的专门系统。这个定义不能概括工业机器人的今后发展,但可说明目前工业机器人的主要特点。

工业机器人的发展大致可分为三代。

第一代机器人,即目前广泛使用的示教再现型工业机器人,这类机器人对环境的变化没有应变或适应能力。

第二代机器人,即在示教再现机器人上增加感觉系统,如视觉、力觉、触觉等。它具有对环境变化的适应能力,目前已有部分传感机器人投入实际应用。

第三代机器人,即智能机器人,它能以一定方式理解人的命令,感知周围的环境,识别操作的对象,并自行规划操作顺序以完成赋予的任务,这种机器人更接近人的某些智能行为。目前尚处实验室研究阶段。

6.2.2　工业机器人主要名词术语

①机械手(Manipulator)　也称为操作机。具有和人臂相似的功能,可在空间抓放物体或进行其他操作的机械装置。

②驱动器(Actuator)　将电能或流体能转换成机械能的动力装置。

③末端操作器(End Effecter)　位于机器人腕部末端、直接执行工作要求的装置,如夹持器、焊枪、焊钳等。

④位姿(Pose)　工业机器人末端操作器在指定坐标系中的位置和姿态。

⑤工作空间(Working Space)　工业机器人执行任务时,其腕轴交点能在空间活动的范围。

⑥机械原点(Mechanical Origin)　工业机器人各自由度共用机械坐标系中的基准点。

⑦工作原点(Work Origin)　工业机器人工作空间的基准点。

⑧速度(Velocity)　机器人在额定条件下,匀速运动过程中,机械接口中心或工具中心点在单位时间内所移动的距离或转动的角度。

⑨额定负载(Rated load)　工业机器人在限定的操作条件下,其机械接口处能承受的最大负载(包括末端操作器),用质量或力矩表示。

⑩重复位姿精度(Pose Repeatability)　工业机器人在同一条件下,用同一方法操作时,重复 t 次所测得的位姿一致程度。

⑪轨迹重复精度(Path Repeatability)　工业机器人机械接口中心沿同一轨迹跟随 x 次所测得的轨迹之间的一致程度。

⑫点位控制(Point To Point Control)　控制机器人从一个位姿到另一个位姿,其路径不限。

⑬连续轨迹控制(Continuous Path Control)　控制机器人的机械接口,按编程规定的位姿和速度,在指定的轨迹上运动。

⑭存储容量(Memory Capacity)　计算机存储装置中可存储的位置、顺序、速度等信息的容量,通常用时间或位置点数来表示。

⑮外部检测功能(External Measuring Ability)　机器人所具备对外界物体状态和环境状况等的检测能力。

⑯内部检测功能(Internal Measuring Ability)　机器人对本身的位置、速度等状态的检测能力。

⑰自诊断功能(Self Diagnosis Ability)　机器人判断本身全部或部分状态是否处于正常的能力。

任务 6.3　认识工业机器人工作原理及其基本构成

6.3.1　工业机器人工作原理

现在广泛应用的焊接机器人都属于第一代工业机器人,它的基本工作原理是示教再现。

示教也称导引,即由用户导引机器人,一步步按实际任务操作一遍,机器人在导引过程中自动记忆示教的每个动作的位置、姿态、运动参数、工艺参数等,并自动生成一个连续执行全部操作的程序。完成示教后,只需给机器人一个启动命令,机器人将精确地按示教动作,一步步完成全部操作。这就是示教与再现。

实现上述功能的主要工作原理如下:

1)机器人的系统结构

一台通用的工业机器人,按其功能划分,一般由 3 个相互关联的部分组成:机械手总成、控制器、示教系统,如图6.3 所示。

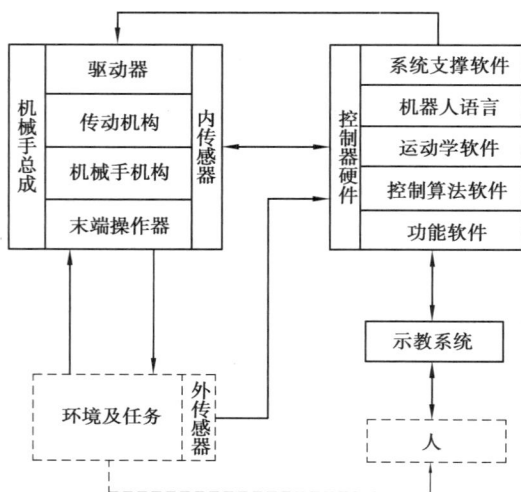

图 6.3   工业机器人的基本结构

机械手总成是机器人的执行机构,它由驱动器、传动机构、机器人臂、关节、末端操作器及内部传感器等组成。它的任务是精确地保证末端操作器所要求的位置和姿态,实现其运动。

控制器是机器人的神经中枢。它由计算机硬件、软件和一些专用电路构成,其软件包括控制器系统软件、机器人专用语言、机器人运动学及动力学软件、机器人控制软件、机器人自诊断、保护功能软件等,它处理机器人工作过程中的全部信息和控制其全部动作。

示教系统是机器人与人的交互接口,在示教过程中它将控制机器人的全部动作,并将其全部信息送入控制器的存储器中,它实质上是一个专用的智能终端。

2)机器人手臂运动学

机器人的机械臂是由数个刚性杆体由旋转或移动的关节串联而成,是一个开环关节链,开链的一端固接在基座上,另一端是自由的,安装着末端操作器(如焊枪)。机器人操作时,机器人手臂前端的末端操作器必须与被加工工件处于相适应的位置和姿态,而这些位置和姿态是由若干个臂关节的运动所合成的。机器人在运动控制中,必须知道机械臂各关节变量空间和末端操作器的位置和姿态之间的关系,这就是机器人运动学模型。一台机器人机械臂几何结构确定后,其运动学模型即可确定,这是机器人运动控制的基础。

机器人手臂运动学中有两个基本问题：

①对给定机械臂，已知各关节角矢量 $g(f) = [g_1(t), g_2(t), \cdots, g_n(i)]$，其中 n 为自由度。求末端操作器相对于参考坐标系的位置和姿态，称为运动学正问题。在机器人示教过程中，机器人控制器即逐点进行运动学正问题运算。

②对给定机械臂，已知末端操作器在参考坐标系中的期望位置和姿态，求各关节矢量，称为运动学逆问题。在机器人再现过程中，机器人控制器即逐点进行运动学逆问题运算，将角矢量分解到机械臂各关节。

运动学正问题的运算都采用 D-H 法，这种方法采用4×4 齐次变换矩阵来描述两个相邻刚体杆件的空间关系，把正问题简化为寻求等价的 4×4 齐次变换矩阵。逆问题的运算可用几种方法求解，最常用的是矩阵代数、迭代或几何方法，在此不作具体介绍，可参考相关文献。

对高速、高精度机器人，还必须建立动力学模型，由于目前通用的工业机器人(包括焊接机器人)最大的运动速度都在 3 m/s 内，精度都不高于 0.1 mm，所以都只作简单的动力学控制，动力学的计算方法可参考相关文献。

3)机器人轨迹规划

机器人机械手端部从起点(包括位置和姿态)到终点的运动轨迹空间曲线称为路径，轨迹规划的任务是用一种函数来"内插"或"逼近"给定的路径，并沿时间轴产生一系列"控制设定点"，用于控制机械手运动。

目前常用的轨迹规划方法有关节变量空间关节插值法和笛卡尔空间规划法。具体算法可参考相关文献。

4)机器人机械手的控制

当一台机器人机械手的动态运动方程已给定时，它的控制目的就是按预定性能要求保持机械手的动态响应。但是由于机器人机械手的惯性力、耦合反应力和重力负载都随运动空间的变化而变化，因此要对它进行高精度高速、高动态晶质的控制是相当复杂而困难的，现在正在为此研究和发展许多新的控制方法。

目前工业机器人采用的控制方法是把机械手上每一个关节都当作一个单独的伺服机构，即把一个非线性的、关节间耦合的变负载系统，简化为线性的非耦合单独系统。每个关节都有两个伺服环，机械手伺服控制系统如图6.4 所示外环提供位置误差信号，内环由模拟器件和补偿器(具有衰减速度的微分反馈)组成，两个伺服环的增益是固定不变的，基本上是一种比例积分微分控制方法(PID 法)。这种控制方法，只适用于目前速度、精度要求不高和负荷不大的机器人控制，对于常规焊接机器人来说，已能满足要求。

5)机器人编程语言

机器人编程语言是机器人和用户的软件接口，编程语言的功能决定了机器人的适应性和给用户的方便性，至今没有完全公认的机器人编程语言，每个机器人制造厂都有自己的语言。

实际上，机器人编程与传统的计算机编程不同，机器人操作的对象是各类三维物体，运动在一个复杂的空间环境，还要监视和处理传感器信息。其编程语言主要有两类：面向机器人的编程语言和面向任务的编程语言。

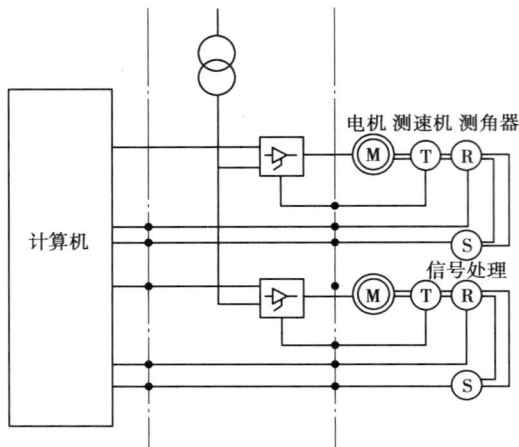

图 6.4　机械手伺服控制体系结构

面向机器人的编程语言的主要特点是描述机器人的动作序列,每一条语句大约相当于机器人的一个动作:

①专用的机器人语言,如 PUMA 机器人的 VAL 语言,是专用的机器人控制语言,它的最新版本是 VAL-I 和 V+。

②在现有计算机语言的基础上增加机器人子程序库,如美国机器人公司开发的 AR-Basic 和 Intelledex 公司的 Robot-Basic 语言,都是建立在 BASIC 语言上的。

③开发一种新的通用语言加上机器人子程序库,如 IBM 公司开发的 AML 机器人语言。

面向任务的机器人编程语言允许用户发出直接命令,以控制机器人去完成一个具体的任务,而不需要说明机器人需要采取的每一个动作的细节,如美国的 RCCL 机器人编程语言,就是用 C 语言和一组 C 函数来控制机器人运动的任务级机器人语言。

焊接机器人的编程语言,目前都属于面向机器人的语言,面向任务的机器人语言尚属开发阶段。

6.3.2　工业机器人的基本构成

工业机器人的基本构成如图 6.5 和图 6.6 所示。图 6.5 所示为一台电动机驱动的工业机器人,图 6.6 所示为一台液压驱动的工业机器人。焊接机器人基本上都属于这两类工业机器人,弧焊机器人大多采用电动机驱动机器人,其焊枪质量一般都在 10 kg 以内,点焊机器人焊钳质量都超过 35 kg。也有采用液压驱动方式的,液压驱动机器人抓重能力大,但大多数点焊机器人仍是采用大功率伺服电动机驱动,它成本较低,系统紧凑。工业机器人是由机械手、控制器、驱动器和示教盒 4 个基本部分构成。对电动机驱动机器人,控制器和驱动器一般装在一个控制箱内,而液压驱动机器人,液压驱动源单独成一个部件。

1)机械手

机器人机械手又称操作机,是机器人的操作部分,由它直接带动末端操作器(如焊枪飞点焊钳)实现各种运动和操作,它的结构形式多种多样,完全根据任务需要而定,其追求的目标是高精度、高速度、高灵活性、大工作空间和模块化。现在工业机器人机械手的主要结构形式有以下 3 种：

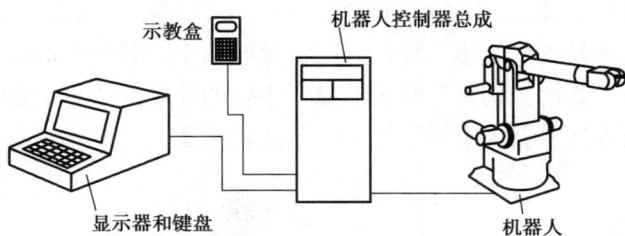

图 6.5   电动机驱动工业机器人

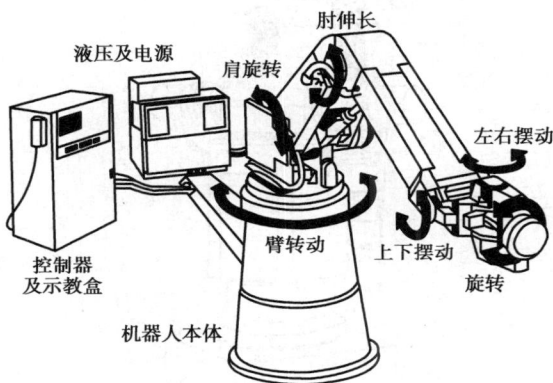

图 6.6   液压机驱动工业机器人

（1）机床式

这种机械手结构类似机床。其达到空间位置的 3 个运动（x、y、z）是由直线运动构成，其末端操作器的姿态由旋转运动构成，如图 6.7 所示，这种形式的机械手优点是运动学模型简单，控制精度容易提高。缺点是机构较庞大，占地面积大，工作空间小。简易和专用焊接机器人常采用这种形式。

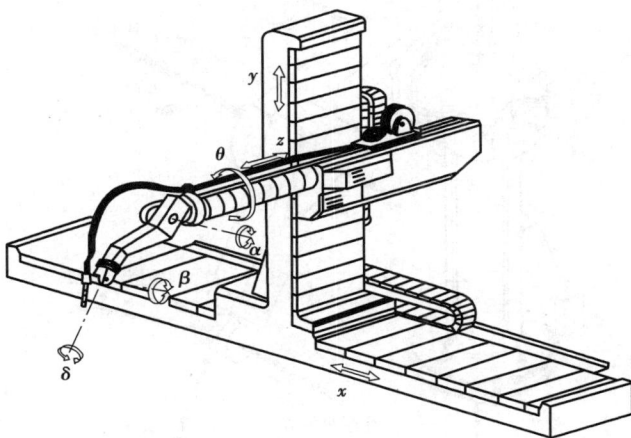

图 6.7   机床式机械手

（2）全关节式

　　这种机械手的结构类似人的腰部和手部,其位置和姿态全部由旋转运动实现,图6.8所示为正置式全关节机械手,图6.9所示为偏置式全关节机械手。这是工业机器人机械手最普遍的结构形式。其优点是机构紧凑、灵活性好、占地面积小、工作空间大,缺点是精度高、控制难度大。偏置式与正置式的区别是手腕关节置于小臂的外侧或小臂活动范围,但其运动学模型要复杂一些。目前焊接机器人主要采用全关节式机械手。

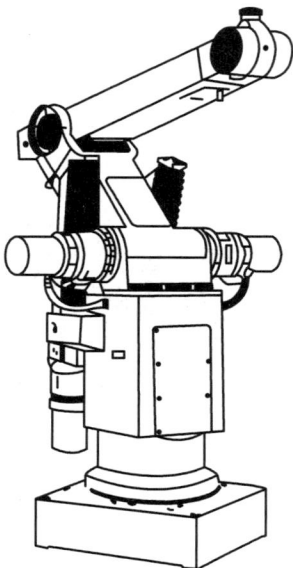

图6.8　正置式全关节机械手

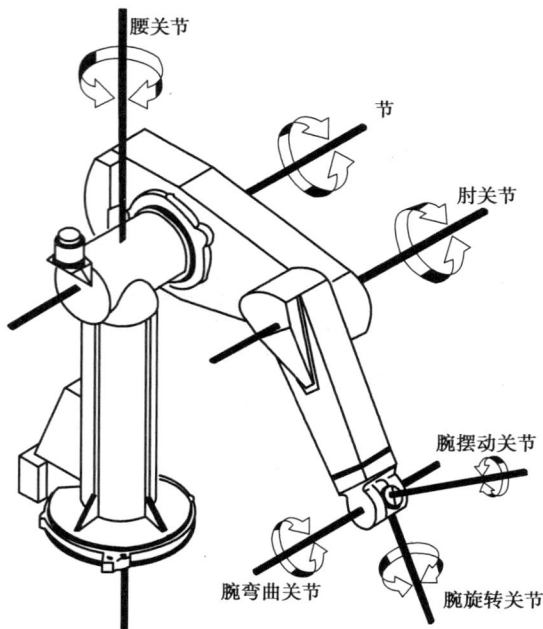

图6.9　偏置式全关节机械手

（3）平面关节式

这种机械手的机构特点是上下运动由直线运动构成，其他运动均由旋转运动构成。这种结构在垂直方向刚度大，水平方向十分灵活，较适合以插装为主的装配作业，被装配机器人广泛采用，又称为 SCARA 型机械手，如图 6.10 所示。

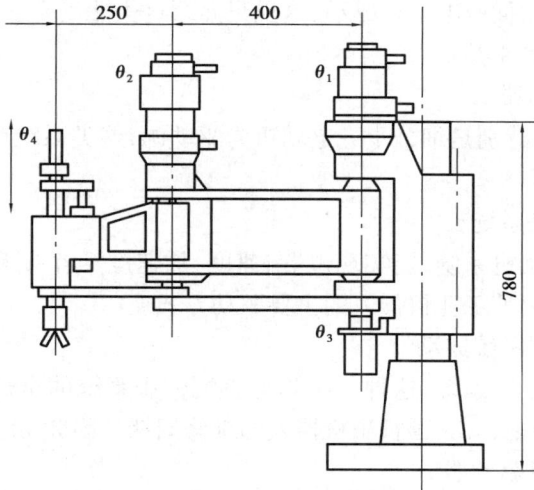

图 6.10　平面关节机械手

机器人机械手的具体结构虽然多种多样，但都是由常用的机构组合而成。现以美国 PUMA 机械手为例简述其内部机构，如图 6.11 所示。它是由机座、大臂、小臂、手腕 4 个部分构成，机座与大臂、大臂与小臂、小臂与手腕有 3 个旋转关节，以保证达到工作空间的任意位置，手腕中有 3 个旋转关节：腕转、腕曲、腕摆，以实现末端操作器的任意空间姿态。手腕的端部为一法兰，以连接末端操作器。

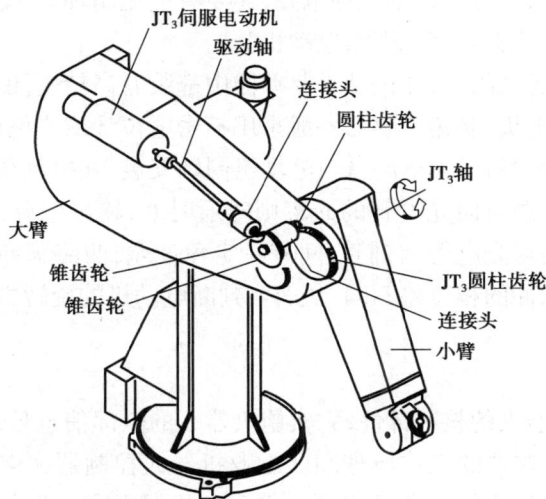

图 6.11　PUMA 机械手机构

每个关节都由一台伺服电动机驱动，PUMA 机械手是采用齿轮减速、杆传动，但不同厂家采用的机构不尽相同，减速机构常用的是 4 种方式：齿轮、谐波减速器、滚珠丝杠、蜗轮蜗杆。

传动方式有杆传动、链条传动、齿轮传动等。其技术关键是要保证传动双向无间隙（即正反传动均无间隙），这是机器人精度的机械保证，当然还要求效率高，机构紧凑。

2）驱动器

焊接机器人大多采用伺服电动机驱动，这里只介绍这类驱动器。工业机器人目前采用的电动机驱动器可分为以下 4 类：

（1）步进电动机驱动器

它采用步进电动机，特别是细分步进电动机为驱动源，这类系统一般都是开环控制，大多用于经济型工业机器人。

（2）直流伺服电动机系统

它采用直流伺服电动机系统，能实现位置、速度、加速度 3 个闭环控制。其精度高、变速范围大、动态性能好，是目前工业机器人的主要驱动方式。

（3）交流电动机伺服系统驱动器

它采用交流伺服电动机系统，这种系统具有直流伺服系统的全部优点，而且取消了换相炭刷，不需要定期更换碳刷，大大延长了机器人的维修周期。因此，正在机器人中推广采用。

（4）直接驱动电动机驱动器

这是最新发展的机器人驱动器，直接驱动电动机有大于 1 万的调速比，在低速下仍能输出稳定的功率和高的动态品质，在机械手上可直接驱动关节，取消了减速机构，简化了机构，提高了效率，是机器人驱动的发展方向，美国的 Adapt 机器人就属于直接驱动机器人。

工业机器人的驱动器布置都采用一个关节一个驱动器。一个驱动器的基本组成为电源、功率放大板、伺服控制板、电机、测角器、测速器和制动器。它的功能不仅能提供足够的功率驱动机械手各关节，而且要实现快速而频繁启停，精确地到位和运动，必须采用位置闭环、速度闭环和加速度闭环。为了保护电动机和电路，还要有电流闭环。为适应机器人的频繁启停和高的动态品质要求，一般都采用低惯量电动机。

为了实现上述 3 个运动闭环，在机械手驱动器中都装有高精度测角和测速传感器。测速传感器一般采用测速发电机，测角传感器一般采用精密电位计或光电码盘，尤其是光电码盘。图 6.12 为光电码盘的原理图。光电码盘与电动机同轴安装，在电动机旋转时，带有细分刻槽的码盘同速旋转，固定光源射向光电管的光束则时通时断，输出电脉冲。实际的码盘输出两路脉冲，在码盘内布置两对光电管，它们之间有一定角度差，两路脉冲也有固定的相位差，电动机正反转时，其输出脉冲的相位差不同，从而可判断电动机的旋转方向。

3）控制器

机器人控制器是机器人的核心部件，它实施机器人的全部信息处理和对机械手的运动控制。如图 6.13 所示为控制器的工作原理图。工业机器人控制器大多采用二级计算机结构，虚线框内为第一级计算机，它的任务是规划和管理。机器人在示教状态时，接收示教系统送来的各示教点位置和姿态信息、运动参数和工艺参数，并通过计算把各点的示教（关节）坐标值转换成直角坐标值，存入计算机内存。

机器人在再现状态时，从内存中逐点取出其位置和姿态坐标值，按一定的时间节拍（又称采样周期)对它进行圆弧或直线插补运算,算出各插补点的位置和姿态坐标值,这就是路径规划生成。然后逐点把各插补点的位置和姿态坐标值转换成关节坐标值,分送至各个关节。这就是第一级计算机的规划全过程。

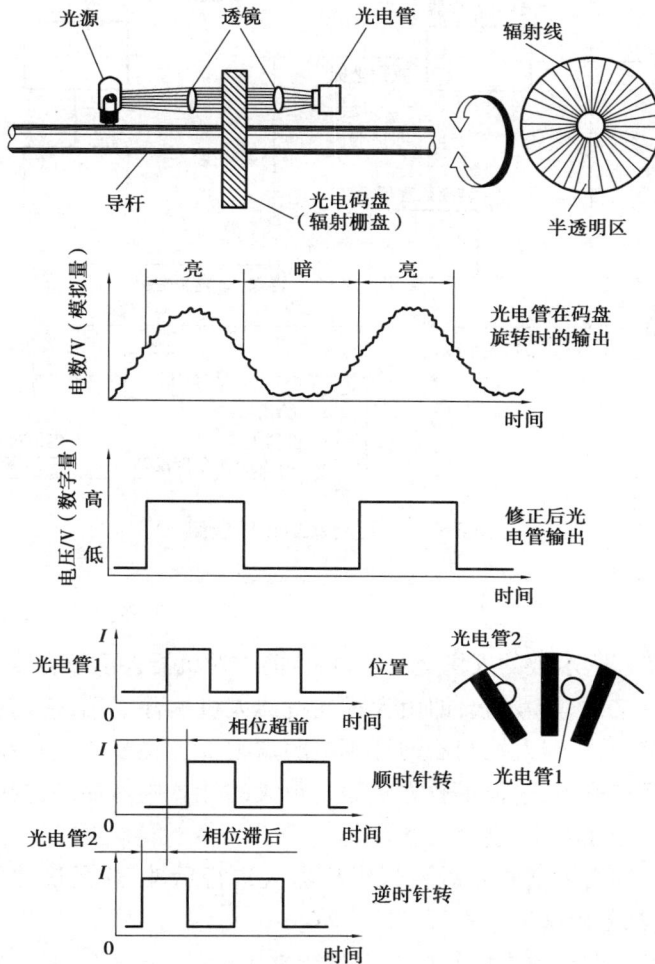

图 6.12 光电码盘原理图

第二级计算机是执行计算机,它的任务是进行伺服电动机闭环控制。它接收第一级计算机送来的各关节下一步预期达到的位置和姿态后,作一次均匀细分,以求运动轨迹更为平滑。然后将各关节的下一细步期望值逐点送给驱动电动机,同时检测光电码盘信号,直到其准确到位。

以上均为实时过程,上述大量运算都必须在控制过程中完成。以 PUMA 机器人控制器为例,第一级计算机的采样周期为 28 ms,即每 28 ms 向第二级计算机送一次各关节的下一步位置和姿态的关节坐标,第二级计算机又将各关节值等分 30 细步,每 0.875 ms 向各关节送一次关节坐标值。

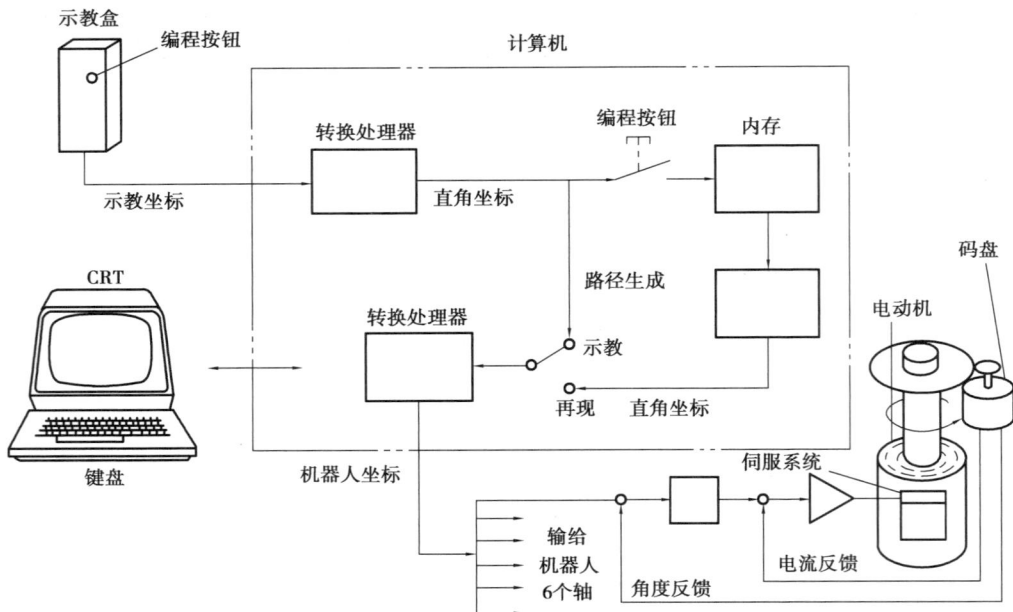

图 6.13　控制器工作原理图

4)示教盒

示教盒是人对机器人示教的人机交互接口,目前人对机器人示教有以下 3 种方式:

①手把手示教　又称全程示教,即由人握住机器人机械臂末端,带动机器人按实际任务操作一遍。在此过程中,机器人控制器的计算机逐点记下各关节的位置和姿态值,而不作坐标转换,再现时,再逐点取出,这种示教方式需要很大的计算机内存,机构的阻力使示教精度不可能很高。目前只用在喷漆、喷涂机器人上。

②示教盒示教　即由人通过示教盒操纵机器人进行示教,这是最常用的机器人示教方式,目前焊接机器人都采用这种方式。

③离线编程示教　即无须人操作机器人进行现场示教,可根据图样,在计算机上进行编程,然后输给机器人控制器。它具有不占机器人工时,便于优化和更为安全的优点,是今后发展的方向。

如图 6.14 所示为 ESAB 焊接机器人的示教盒,它通过电缆与控制箱连接,人可以手持示教盒在工件附近直观的位置进行示教。示教盒本身是一台专用计算机,它不断扫描盒上的功能和数字键、操纵杆,并把信息和命令送给控制器。各厂家的机器人示教盒都不相同,但其追求的目标都是为了方便操作者。

示教盒上的按键主要有以下 3 类:

①示教功能键　如示教、再现、存入、删除、修改、检查、回零、直线插补、圆弧插补等,为示教编程用。

②运动功能键　如 x 向动、y 向动、z 向动、正/反向动、1—6 关节转动等,为操纵机器人示教用。

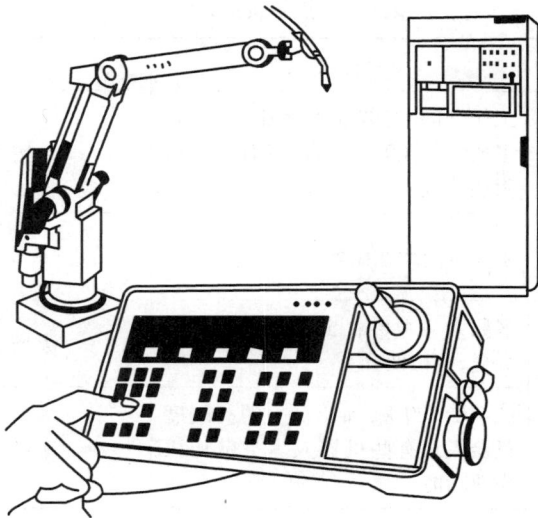

图 6.14 焊接机器人的示教盒

③参数设定键 如各轴速度设定、焊接参数设定、摆动参数设定等。

任务 6.4 认识点焊机器人

点焊机器人

6.4.1 点焊机器人概述

点焊机器人的典型应用领域是汽车工业。一般装配每台汽车车体需要完成 3 000 ~ 4 000 个焊点,其中的 60% 由机器人完成。在有些大批量汽车生产线上,服役的机器人台数高达 150 台。汽车工业引入机器人取得了明显效益:改善多品种混流生产的柔性;提高焊接质量;提高生产率;把工人从恶劣的作业环境中解放出来。目前,机器人已经成为汽车生产行业的支柱。

最初,点焊机器人只用于增强焊点作业(往已拼接好的工件上增加焊点)。后来,为了保样,点焊机器人逐渐被要求具有更全的作业性能。具体来说有:安装面积小,工作空间大;快速完成小节距的多点定位(如每 0.3 ~ 0.4 s 移动 30 ~ 50 mm 节距后定位);定位精度高(±0.25 mm),以确保焊接质量;持重大(300 ~ 1 000 N),以便携带内装变压器的焊钳;示教简单,节省工时;安全可靠性好。

表 6.1 列举了生产现场使用的点焊机器人的分类、特点和用途。在驱动形式方面,随着电伺服技术的迅速发展,液压伺服在机器人中的应用逐渐减少,甚至大型机器人也在朝电动机驱动方向过渡。随着微电子技术的发展,机器人技术在性能、小型化、可靠性以及维修等方面日新月异。在机型方面,尽管主流仍是多用途的大型 6 轴垂直多关节机器人,但是,出于机器人加工单元的需要,一些汽车制造厂家进行了开发立体配置 3 ~ 5 轴小型专用机器人的尝试。

表 6.1　点焊机器人的分类

分类	特征	用途
垂直多关节型（落地式）	工作空间/安装面积之比大,持重多数为 1 000 N 左右,有时还可以附加整机移动自由度	增强焊点作业
垂直多关节型（悬挂式）	工作空间均在机器人的下方	车体的拼接作业
直角坐标型	多数为 3、4、5 轴,适合于连续直线焊缝,价格便宜	大型车架底盘焊接
定位焊接用机器人（单向加压）	能承受 500 kg 加压反力的高刚度机器人。有些机器人本身带加压作业功能	车身底板的定位焊

　　典型点焊机器人的规格为持重 1 000 N,最高速度 4 m/s 的 6 轴垂直多关节点焊机器人。实际应用中几乎全部用来完成间隔为 30 ~ 50 mm 的打点作业,运动中很少能达到最高速度,改善最短时间内频繁短节距起、制动的性能是此机器人追求的重点。为了提高加速度和减速度,在设计中注意了减轻手臂的质量,增加驱动系统的输出力矩。同时,为了缩短滞后时间,得到高的静态定位精度,此机器人采用低惯性、高刚度减速器和高功率的无刷伺服电动机。在控制回路中采取了加前馈环节和状态观测器等措施,控制性能得到大大改善,50 mm 短距离移动的定位时间被缩短到 0.4 s 以内。

　　一般关节式点焊机器人本体的技术指标见表 6.2。

表 6.2　点焊机器人主要技术指标

结构		全关节型	
自由度		6 轴	
驱动		直流伺服电动杠	
运动范围	腰转	范围±135°	最大速度50°/s
	大臂转	前 50°,后 30°	45°/s
	小臂转	下 40°,上 20°	40°/s
	腕摆	± 90°	± 80°/s
	腕转	± 90°	± 80°/s
	腕捻	± 170°	± 80°/s
最大负荷		65 kg	
重复精度		±1 mm	
控制系统		计算伺服控制,6 轴同时控制	

续表

轨迹控制系统	PTP 及 CP
运动控制	直线插补
示教系统	示教再现
内存容量	1 280 步
环境要求	温度 0~45 ℃,湿度 20%~90% RH
电源要求	220 V 交流,50 Hz 三相
自重	1 500 kg

6.4.2 点焊机器人及其系统的基本构成

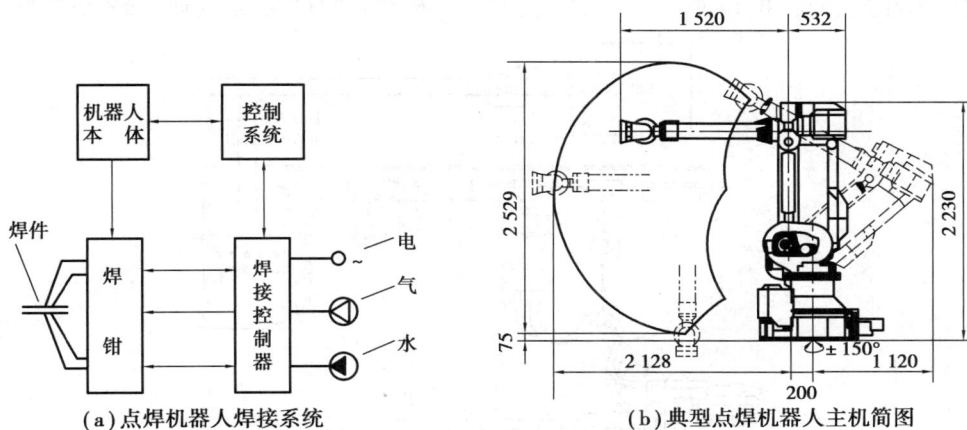

1)点焊机器人的结构形式

点焊机器人虽然有多种结构形式,但大体上可以分为 3 大组成部分,即机器人本体、点焊焊接系统及控制系统,如图 6.15 所示。目前应用较广的点焊机器人,其本体形式为直角坐标简易型及全关节型。前者可具有 1~3 个自由度,焊件及焊点位置受到限制;后者具有 5~6 个自由度,分 DC 伺服和 AC 伺服两种形式,能在可到达的工作区间内任意调整焊钳姿态,以适应多种形式结构的焊接。

(a)点焊机器人焊接系统   (b)典型点焊机器人主机简图

图 6.15 典型点焊机器人焊接系统和主机简图

点焊机器人控制系统由本体控制部分及焊接控制部分组成。

2)点焊机器人焊接系统

焊接系统主要由焊接控制器,焊钳(含阻焊变压器)及水、电、气等辅助部分组成,如图 6.16 所示。

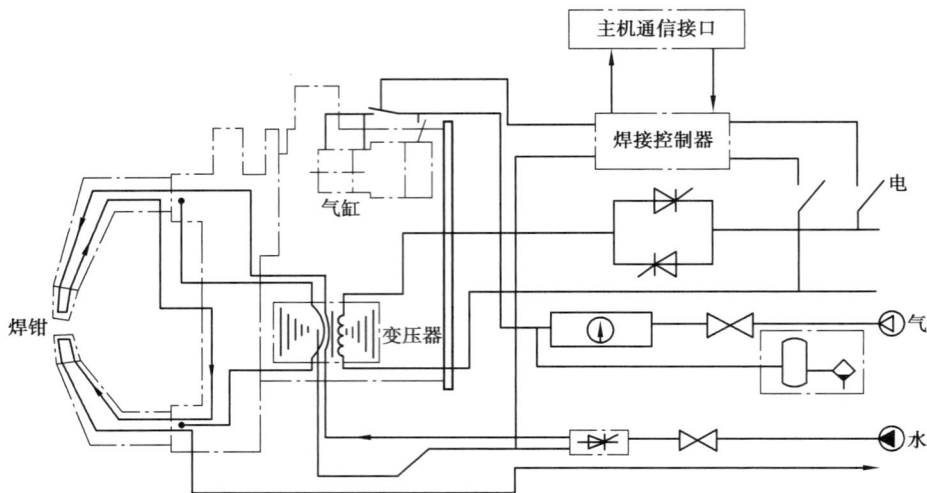

图 6.16　焊接系统原理

（1）点焊机器人焊钳

点焊机器人焊钳从用途上可分为 C 型和 X 型两种。C 型焊钳用于点焊垂直及近于垂直倾斜位置的焊缝；X 型焊钳主要用于点焊水平及近于水平倾斜位置的焊缝。

从阻焊变压器与焊钳的结构关系上可将焊钳分为分离式、内藏式和一体式 3 种形式。

①分离式焊钳　该焊钳的特点是阻焊变压器与钳体相分离，钳体安装在机器人手臂上，而焊接变压器悬挂在机器人的上方，可在轨道上沿着机器人手腕移动的方向移动，两者之间用二次电缆相连，如图 6.17 所示。其优点是减小了机器人的负载，运动速度高，价格便宜。

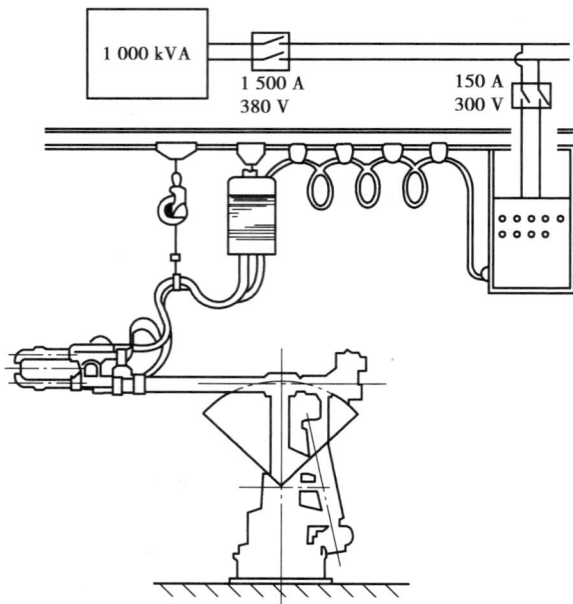

图 6.17　分离式焊钳点焊机器人

　　分离式焊钳的主要缺点是需要大容量的焊接变压器,电力损耗较大,能源利用率低。此外,粗大的二次电缆在焊钳上引起的拉伸力和扭转力作用于机器人的手臂上,限制了点焊工作区间与焊接位置的选择。分离式焊钳可采用普通的悬挂式焊钳及阻焊变压器。但二次电缆需要特殊制造,一般将两条导线做在一起,中间用绝缘层分开,每条导线还要做成空心的,以便通水冷却。此外,电缆要有一定的柔性。

　　②内藏式焊钳　这种结构是将阻焊变压器安放到机器人手臂内,使其尽可能地接近钳体,变压器的二次电缆可以在内部移动,如图 6.18 所示。当采用这种形式的焊钳时,必须同机器人本体统一设计,如 Cartesian 机器人就采用这种结构形式。另外,极坐标或球面坐标的点焊机器人也可以采用这种结构。其优点是二次电缆较短,变压器的容量可以减小,但是机器人本体的设计变得复杂。

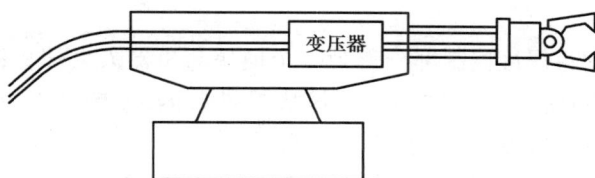

图 6.18　内藏式焊钳点焊机器人

　　③一体式焊钳　所谓一体式焊钳就是将阻焊变压器和钳体安装在一起,然后共同固定在机器人手臂末端的法兰盘上,如图 6.19 所示。其主要优点是省掉了粗大的二次电缆及悬挂变压器的工作架,直接将焊接变压器的输出端连到焊钳的上下机臂上。另一个优点是节省能量。例如,输出电流 12 000 A,分离式焊钳需 75 kV·A 的变压器,而一体式焊钳只需 25 kV·A。一体式焊钳的缺点是焊钳质量显著增大,体积也变大,要求机器人本体的承载能力大于 60 kg。此外,焊钳质量在机器人活动手腕上产生惯性力易于引起过载,这就要求设计时,尽量减小焊钳重心与机器人手臂轴心线间的距离。

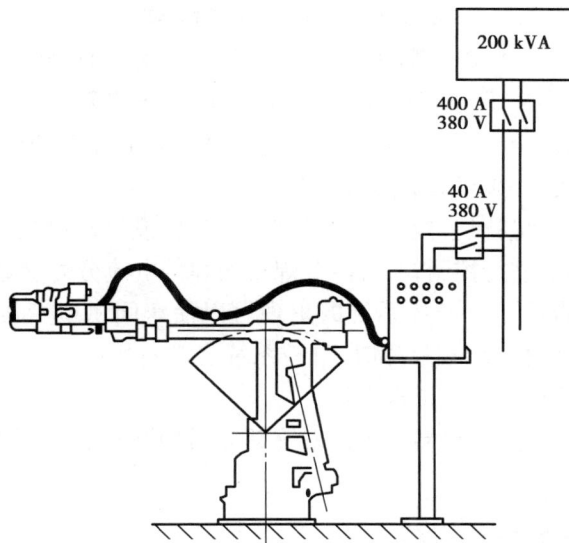

图 6.19　一体式焊钳点焊机器人

阻焊变压器的设计是一体式焊钳的主要问题,变压器被限制在焊钳的小空间里,外形尺寸及质量都必须比一般的小,二次线圈还要通水冷却。目前,采用真空环氧浇铸工艺,已制造出小型集成阻焊变压器。例如,30 kV·A 的变压器,体积为 325 mm×135 mm×125 mm,质量只有 18 kg。

④逆变式焊钳 这是电阻焊机发展的一个新方向。目前,国外已经将装有逆变式焊钳的点焊机器人用于汽车装焊生产线上,我国对此正在进行研究。

（2）焊接控制器

控制器由 Z80CPU、EPROM 及部分外围接口芯片组成最小控制系统,它可以根据预定的焊接监控程序,完成点焊时的焊接参数输入,点焊程序控制。焊接电流控制及焊接系统故障自诊断,并实现与本体计算机及手控示教盒的通信联系。常用的点焊控制器主要有以下 3 种结构形式:

①中央结构型 它将焊接控制部分作为一个模块与机器人大体控制部分共同安排在一个控制柜内,由主计算机统一管理并为焊接模块提供数据,焊接过程控制由焊接模块完成。这种结构的优点是设备集成度高,便于统一管理。

②分散结构型 分散结构型是焊接控制器与机器人本体控制柜分开,两者采用应答式通信联系,主计算机给出焊接信号后,其焊接过程由焊接控制器自行控制,焊接结束后给主机发出结束信号,以便主机控制机器人移位,其焊接循环如图 6.20 所示。这种结构的优点是调试灵活,焊接系统可单独使用,仅需要一定距离的通信,集成度不如中央结构型高。

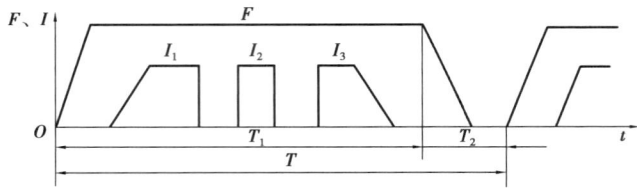

图 6.20 点焊机器人焊接循环

T_1—焊接控制器控制;T_2—机器人主控计算机控制;
T—焊接周期;F—电极压力;I—焊接电流

焊接控制器与本体及示教盒的联系信号主要有焊钳大小行程、焊接电流增/减号,焊接时间增减、焊接开始及结束、焊接系统故障等。

③群控系统 群控系统就是将多台点焊机器人焊机(或普通焊机)与群控计算机相连,以便对同时通电的数台焊机进行控制,实现部分焊机的焊接电流分时交错,限制电网瞬时负载,稳定电网电压,保证焊点质量。群控系统的出现可以使车间供电变压器容量大大下降。此外,当某台机器人(或点焊机)出现故障时,群控系统启动备用的点焊机器人或对剩余的机器人重新分配工作,以保证焊接生产正常进行。

为了适应群控的需要,点焊机器人焊接系统都应增加"焊接请求"及"焊接允许"信号,并与群控计算机相连。

3）新型点焊机器人系统

最近,点焊机器人与 CAD 系统的通信功能变得重要起来,这种 CAD 系统主要用来离线示教。如图 6.21 所示为含 CAD 及焊接数据库系统的新型点焊机器人系统基本构成。

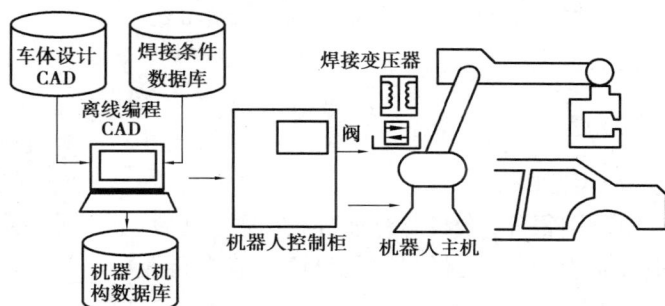

图 6.21　含 CAD 系统的点焊机器人系统

①应采用具有浮动加压装置的专用焊钳,也可对普通焊钳进行改装。焊钳质量要轻,可具有长、短两种行程,以便快速焊接及修整、更换电极、跨越障碍等。

②一体式焊钳的重心应设计在固定法兰盘的轴心线上。

③焊接控制系统应能对阻焊变压器过热、晶闸管过热、晶闸管短路断路、气网失压、电网电压超限、粘电极等故障进行自诊断及自保护,除通知本体停机外,还应显示故障种类。

④分散结构型控制系统应具有通信联系接口,能识别机器人本体及手控盒的各种信号,并作出相应的反应。

6.4.3　点焊机器人的选择

在选用或引进点焊机器人时,必须注意以下几点:

①点焊机器人实际可达到的工作空间应大于焊接所需的工作空间。焊接所需的工作空间由焊点位置及焊点数量确定。

②点焊速度与生产线速度必须匹配。首先由生产线速度及待焊点数确定单点工作时间,而机器人的单点焊接时间(含加压、通电、维持、移位等)必须小于此值,即点焊速度应大于或等于生产线的生产速度。

③按工件形状、种类、焊缝位置选用焊钳。垂直及近于垂直的焊缝选 C 型焊钳,水平及水平倾斜的焊缝选 X 型焊钳。

④应选内存容量大,示教功能全,控制精度高的点焊机器人。

⑤需采用多台机器人时,应研究是否采用多种型号,并与多点焊机及简易直角坐标机器人并用等问题。当机器人间隔较小时,应注意动作顺序的安排,可通过机器人群控或相互间联锁作用避免干涉。

根据上面的条件,再从经济效益、社会效益方面进行论证方可决定是否采用机器人及所需的台数、种类等。

任务 6.5　认识弧焊机器人

6.5.1　弧焊机器人概述

（1）弧焊机器人的应用范围

弧焊机器人的应用范围很广,除汽车行业外,在通用机械、金属结构等许多行业中都有应用,这是弧焊工艺早已在诸多行业中得到普及的缘故。弧焊机器人是包括各种焊接附属装置在内的焊接系统,而不只是一台以规定的速度和姿态携带焊枪移动的单机。如图 6.22 所示为焊接系统的基本组成,图 6.23 所示为适合机器人应用的弧焊方法。

| 弧焊机器人 | 焊接机器人相关内容 |

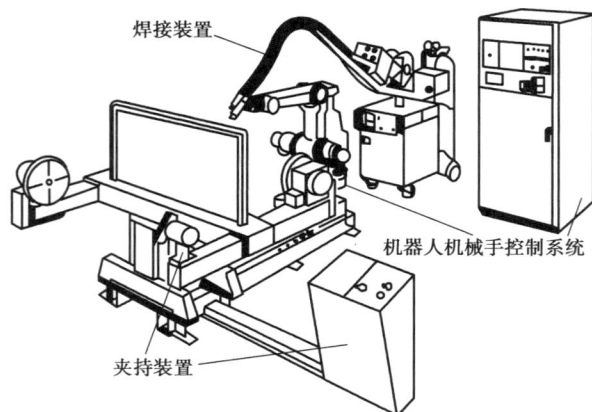

图 6.22　弧焊机器人系统的基本组成

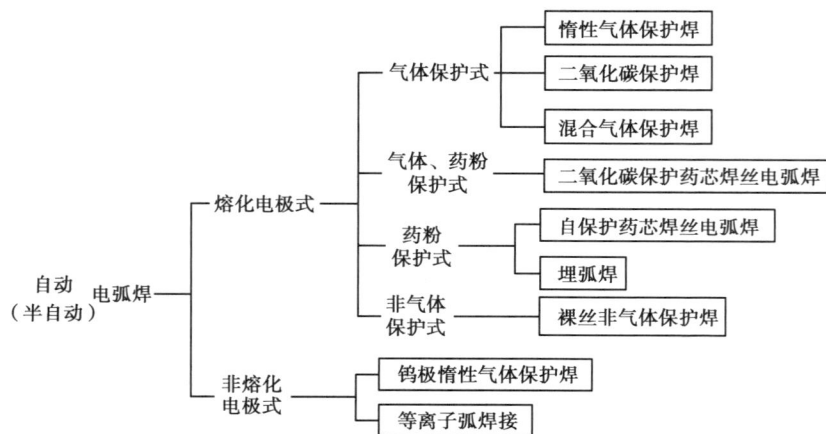

（焊接装置／机器人机械手控制系统／夹持装置）

图 6.23　适合机器人应用的弧焊方法

（2）弧焊机器人的作业性能

在弧焊作业中,要求焊枪跟踪工件的焊道运动,并不断填充金属形成焊缝。运动过程中速度的稳定性和轨迹精度是两项重要的指标。一般情况下,焊接速度为 5 ~ 50 mm/s、轨迹精度为 0.2～0.5 mm。由于焊枪的姿态对焊缝质量有一定影响,因此希望在跟踪焊道的同时,焊枪姿态的可调范围尽量大。作业时,为了得到优质焊缝,往往需要在动作的示教以及焊接条件(电流、电压、速度)的设定上花费大量的劳力和时间。除了上述性能方面的要求外,如何使机器人便于操作是一个重要课题。

（3）弧焊机器人的分类

从机构形式划分,既有直角坐标型的弧焊机器人,也有关节型的弧焊机器人。对小型、简单的焊接作业,机器人有 4、5 轴即可以胜任;对复杂工件的焊接,采用 6 轴机器人对调整焊枪的姿态比较方便;对特大型工件焊接作业,为加大工作空间,有时把关节型机器人悬挂起来,或者安装在运载小车上使用。

（4）规格

举一个典型的弧焊机器人加以说明。图 6.24 和表 6.3 所示分别是主机的简图和规格。

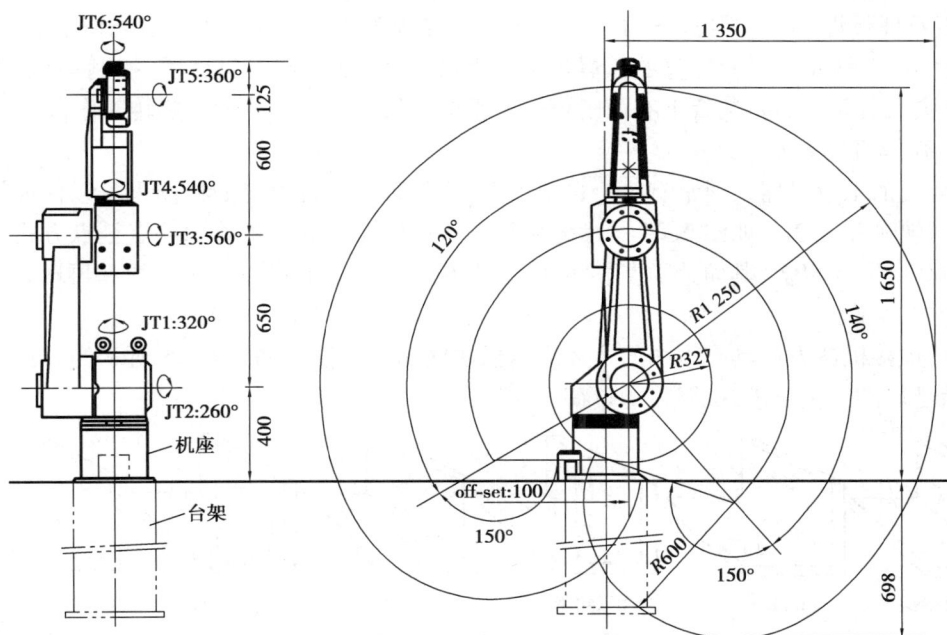

图 6.24　典型弧焊机器人的主机简图

表 6.3　典型弧焊机器人的规格

持重	5 kg,承受焊枪所必须的负荷能力
重复位置精度	±0.1 mm,高精度
可控轴数	6 轴同时控制,便于焊枪姿态调整
动作方式	各轴单独插补、直线插补、圆弧插补、焊枪端部等速控制(直线、圆弧插补)
速度控制	进给 6～1 500 mm,焊接速度 1～50 mm/s,调速范围广(从极低速到高速均可调)
焊接功能	焊接电流、电压的选定,允许在焊接中途改变焊接条件,断弧、粘丝保护功能,焊接抖动功能(软件)

续表

存储功能	IC 存储器,128 kW
辅助功能	定时功能、外部输入输出接口
应用功能	程序编辑、外部条件判断、异常检查、传感器接口

6.5.2　弧焊机器人系统的构成

弧焊机器人可以应用在所有电弧焊、切割技术范围及类似的工艺方法中。常用的应用范围是结构钢和 CT-Ni 钢的熔化极活性气体保护焊（CO_2 气体保护焊、MAG 焊），铝及特殊合金熔化极惰性气体保护焊（MIG），Cr-Ni 钢和铝的加冷丝和不加冷丝的钨极惰性气体保护焊（TIG）以及埋弧焊。除气割、等离子弧切割及等离子弧喷涂外还实现了在激光切割上的应用。

如图 6.22 所示为一套完整的弧焊机器人系统，它包括机器人机械手、控制系统、焊接装置、焊件夹持装置。夹持装置上有两组可以轮番进入机器人工作范围的旋转工作台。

（1）弧焊机器人基本结构

弧焊用的工业机器人通常有 5 个自由度以上，具有 6 个自由度的机器人可以保证焊枪的任意空间轨迹和姿态。如图 6.24 所示为典型的弧焊机器人的主机简图。点至点方式移动速度可达 60 m/min 以上，其轨迹重复精度可达到+0.2 mm，它们可以通过示教和再现方式或通过编程方式工作。

这种焊接机器人应具有直线的及环形内插法摆动的功能。如图 6.25 所示的 6 种摆动方式，以满足焊接工艺要求，机器人的负荷为 5 kg。

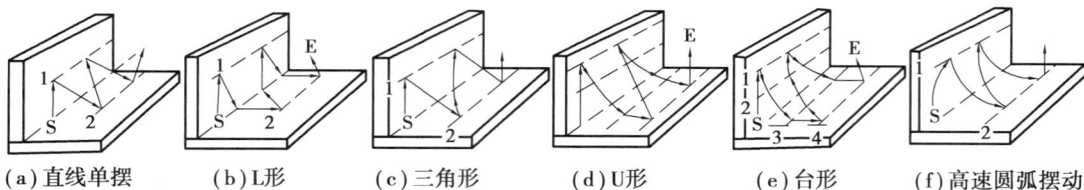

（a）直线单摆　（b）L形　（c）三角形　（d）U形　（e）台形　（f）高速圆弧摆动

图 6.25　弧焊机器人的 6 种摆动方式

弧焊机器人的控制系统不仅要保证机器人的精确运动，而且要具有可扩充性，以控制周边设备确保焊接工艺的实施。如图 6.26 所示为一台典型的弧焊机器人控制系统的计算机硬件框图。控制计算机由 8086CPU 作管理用中央处理机单元，8087 处理器进行运动轨迹计算，每 4 个电动机由 1 个 8086CPU 进行伺服控制。通过串行 I/O 接口与上一级管理计算机通信；采用数字量 I/O 和模拟量 I/O 控制焊接电源和周边设备。

该计算机系统具有传感器信息处理的专用 CPU（8085），微计算机具有 384 K 的 ROM 和 64 K 的 RAM，以及 512 K 磁泡的内存，示教盒与总线采用 DMA 方式（直接存储器访问方式）交换信息，并有公用内存 64 K。

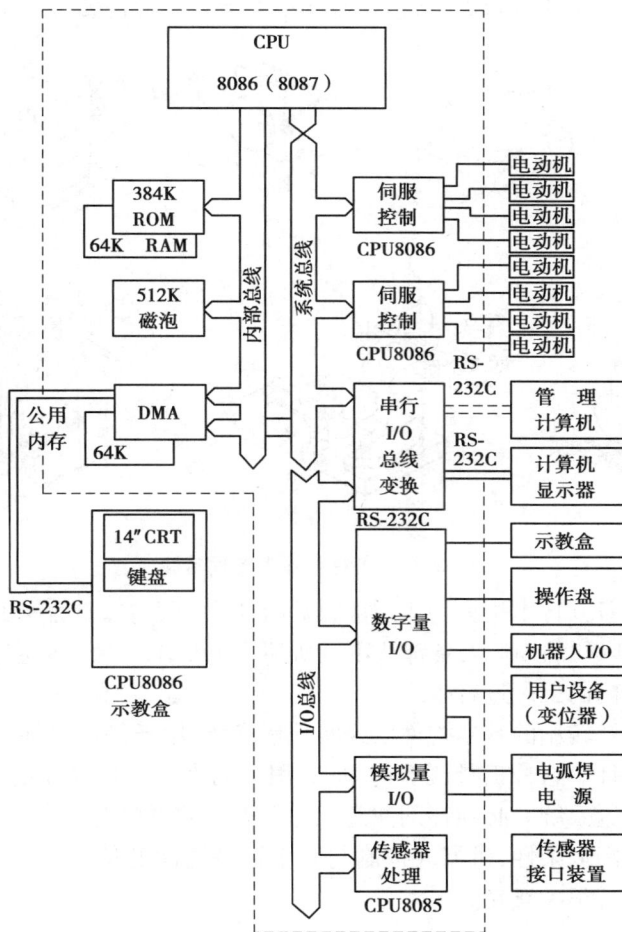

图 6.26　弧焊机器人控制系统计算机硬件框图

（2）弧焊机器人周边设备

弧焊机器人只是焊接机器人系统的一部分，还应有行走机构及小型和大型移动机架。通过这些机构来扩大工业机器人的工作范围（图 6.27），同时还具有各种用于接受、固定及定位工件的转胎（图 6.28）、定位装置及夹具。

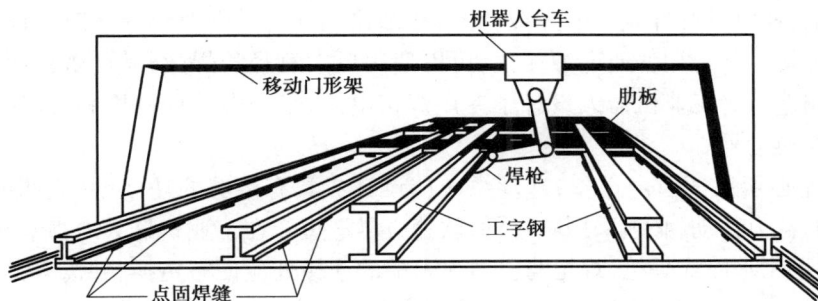

图 6.27　机器人倒置在移动门架上

在常见的结构中，工业机器人固定于基座上（图 6.22），工件转胎则安装于其工作范围内。为了更经济地使用工业机器人,至少应有两个工位轮番进行焊接。

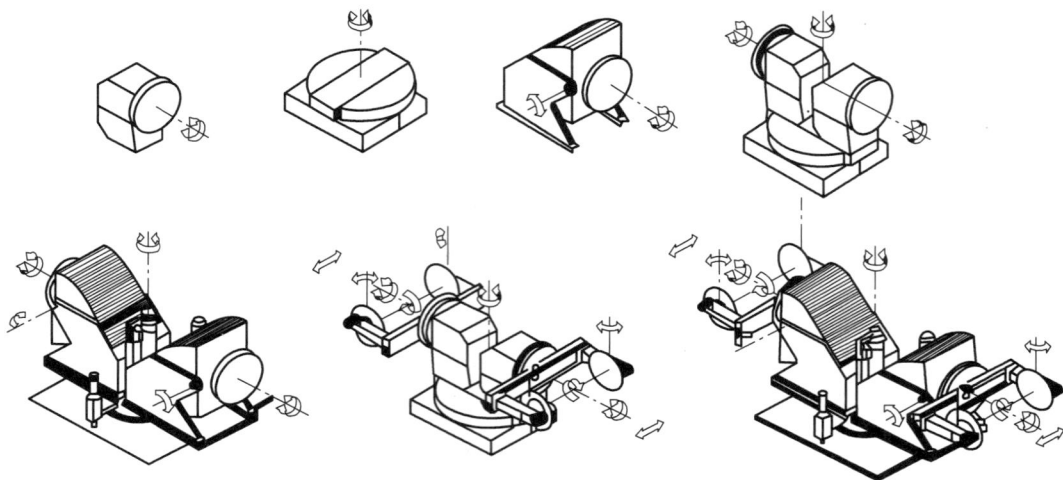

图 6.28   各种机器人专用转胎

所有这些周边设备其技术指标均应适应弧焊机器人的要求,即确保工件上的焊缝的到位精度达到+0.2 mm。以往的周边设备都达不到机器人的要求。为了适应弧焊机器人的发展,新型的周边设备由专门的工厂进行生产。

工业机器人本身及转胎的基本构件已经实现标准化,用于每种工件装夹、夹紧、定位及固定的工具必须重新设计。这种工具既有简单的,用手动夹紧杠杆操作的设备;也有极复杂的全自动液压或气动夹紧系统。必须特别注意工件上焊缝的可接近性。

根据转胎及工具的复杂性,机器人控制与外围设备之间的信号交换是不同的,这一信号交换对工作的安全性有很大意义。

(3)焊接设备

用于工业机器人的焊接电源及送丝设备,参数的选择必须由机器人控制器直接控制。为此,一般至少通过 2 个给定电压达到上述目的。对复杂过程,如脉冲电弧焊或填丝钨极惰性气体保护焊时,可能需要 2~5 个给定电压,电源在其功率和接通持续时间上必须与自动过程相符合,必须安全地引燃,并无故障地工作,使用最多的焊接电源是晶闸管整流电源。近年的晶体管脉冲电源对工业机器人电弧焊具有特殊的意义。这种晶体管脉冲电源无论是模拟的还是脉冲式的,通过其脉冲频率的无级调节,在结构钢、Cr-Ni 钢及铝焊接时都能保证实现接近无飞溅的焊接。与采用普通电源相比,可以使用更大直径的焊丝,其熔敷效率更高。有很多焊接设备制造厂为工业机器人设计了专用焊接电源,采用微处理机控制,以便与工业机器人控制系统交换信号。

送丝系统必须保证恒定送丝,送丝系统应设计成具有足够的功率,并能调节送丝速度。为了机器人的自由移动,必须采用软管,但软管应尽量短。在工业机器人电弧焊时,焊接持续时间长,经常采用水冷式焊枪,焊枪与机器人末端的连接处应便于更换,并需有柔性的环节或制动保护环节,防止示教和焊接时与工件或周围物件碰撞影响机器人的寿命。如图 6.29 所示为焊枪与机器人连接的一个例子。在装卡焊枪时,应注意焊枪伸出的焊丝端部的位置应符合机器人使用说明书中所规定的位置,否则示教再现后焊枪的位置和姿态将产生偏差。

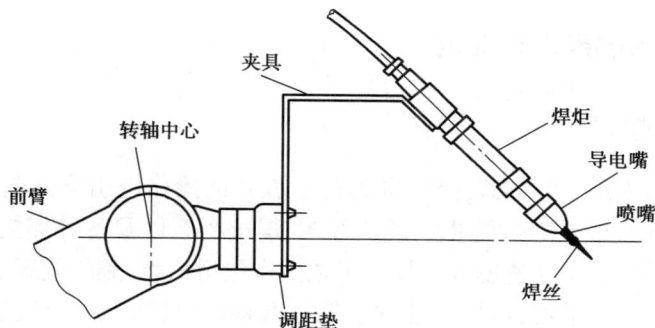

图 6.29　焊枪的固定

（4）控制系统与外围设备的连接

工业控制系统不仅要控制机器人机械手的运动,还需控制外围设备的动作、开启、切断以及安全防护。如图 6.30 所示为典型的控制框图。

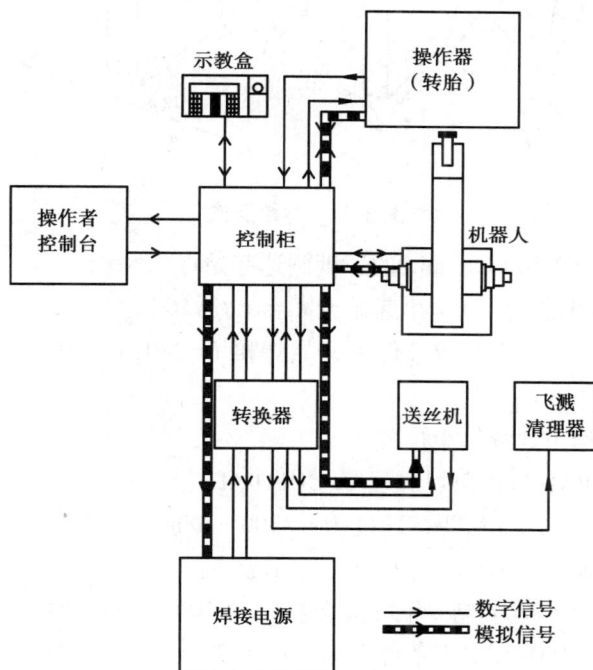

图 6.30　典型的控制框图

控制系统与所有设备的通信信号包含数字量信号和模拟量信号。控制柜与外围设备用模拟信号联系的有焊接电源、送丝机构以及操作机(包括夹具、变位器等)。这些设备需通过控制系统预置参数,通常是通过 D/A 数模转换器给定基准电压,控制器与焊接电源和送丝机构电源一般需有电量通信接口,控制系统对操作机电动机的伺服控制与对机器人伺服控制电动机的要求相仿,通常采用双伺服环,确保工件焊缝到位精度与机器人到位精度相等。

数字量信号负担各设备的启动、停止、安全以及状态检测。

6.5.3 弧焊机器人的操作与安全

1)弧焊机器人的操作

工业机器人普遍采用示教方式工作,即通过示教盒的操作键引导到起始点,然后用按键确定位置、运动方式(直线或圆弧插补)、摆动方式、焊枪姿态以及各种焊接参数。同时,可通过示教盒确定周边设备的运动速度等。焊接工艺操作包括引弧、施焊熄弧、填充火口等,也可通过示教盒给定。示教完毕后,机器人控制系统进入程序编辑状态,焊接程序生成后即可进行实际焊接。如图 6.31 所示为焊接操作的一个实例。

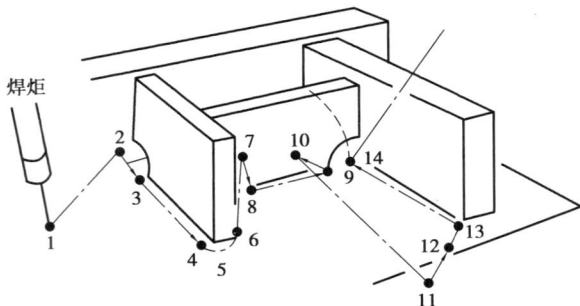

图 6.31 焊接操作

①$F = 2\,500$,以 $TV = 2\,500$ cm/min 的速度到达起始点。

②$SEASA = H_1$,$L_1 = 0$,根据 H_1 给出起始点 $L_2 = 0$,$F = 100$。

③$ARCON\ F = 35$,$V = 30$;在给定条件下开始焊接 $I = 280$,$TF = 0.5$,$SENSTON = H_1$ 并跟踪焊缝。

④$SENSTON = H_1$;给出焊缝结束位置。

⑤$CORN = *CHFOIAI$;执行角焊缝程序,CHFOIAI。

⑥$F = 300$,$DW = 1.5$;1.5 s 后焊接速度为 $v = 300$ cm/min。

⑦$F = 100$;以 $v = 100$ cm/min,并保持到下一示教点。

⑧$ARCON$,$DBASE = *DHFL09$ 开始以数据库 $*DHFL09$ 的数据焊接。

⑨$arcoff$,$v_c = 20$,$i_c = 180$;在要求条件下结束焊接 $TC = 1.5$,$F = 200$。

⑩$F = 1\,000$;以 $v = 1\,000$ cm/min 的速度运动。

⑪$F = 100$;以 $v = 100$ cm/min 的速度运动。

⑫$MULTON = *M$;执行多层焊接程序 $*M$。

⑬$MULTOFF$,$F = 200$;结束多层焊接。

2)弧焊机器人的安全

工业机器人应在一个被隔开的空间内工作,用门或光栅保护,机器人的工作区通过电及机械方法加以限制。从安全角度出发,危险常在以下几种情况出现:

①在示教时 示教人员为了更好地观察,必须进到机器人及工件近旁。在此种工作方式

下,限制机器人的最高移动速度和急停按键,会提高安全性。

②在维护及保养时　维护人员必须靠近机器人及其周围设备工作及检测操作。

③在突然出现故障后观察故障时　机器人操作人员及维修人员必须经过特别严格的培训。

任务6.6　认识机器人焊接智能化技术

一般工业现场应用的弧焊机器人大都属于示教再现型,这种焊接机器人对示教条件以外的焊接过程动态变化、焊件变形和随机因素干扰等不具有适应能力。随着焊接产品的高质量、多品种、小批量等要求增加,以及应用现场的各种复杂变化,从供货和技术要求出发,需要对本体机器人焊接系统进行二次开发。通常包括给焊接机器人配置适当的传感器、柔性周边设备以及相应软件功能,如焊缝跟踪传感、焊接过程传感与实时控制、焊接变位机构以及焊接任务的离线规划与仿真软件等。这些功能大大扩展了基本示教再现焊接机器人的功能,从某种意义上讲,这样的焊接机器人系统已具有一定的智能行为,不过其智能程度的高低由所配置的传感器、控制器以及软硬件所决定。目前,这种焊接机器人智能化系统已成发展趋势。

6.6.1　机器人焊接智能化系统技术组成

机器人焊接智能化系统是建立在智能反馈控制理论基础之上,涉及众多学科综合技术交叉的先进制造系统。除了不同的焊接工艺要求不同的焊接机器人实现技术与相关设备之外,现行机器人焊接智能化系统可从宏观上划分为如图6.32所示的组成部分。

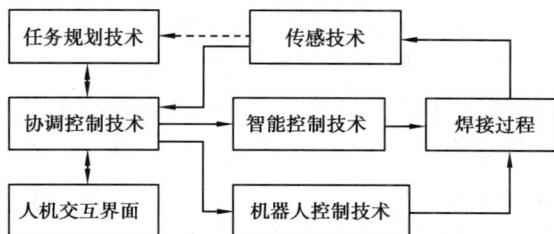

图6.32　机器人焊接智能化系统技术组成

图6.32中机器人焊接智能化系统涉及以下几个主要技术基础:

①机器人焊接任务规划软件系统设计技术。

②焊接环境、焊缝位置及走向以及焊接动态过程的智能传感技术。

③机器人运动轨迹控制实现技术。

④焊接动态过程的实时智能控制器设计。

⑤机器人焊接智能化复杂系统的控制与优化管理技术。

6.6.2　机器人焊接任务规划软件设计技术

机器人焊接任务职能规划系统的基本任务是在一定的焊接工作区内自动生成从初始状态到目标状态的机器人动作序列、可达的焊枪运动轨迹和最佳的焊枪姿态,以及与之相匹配的焊接参数和控制程序,并能实现对焊接规划过程的自动仿真与优化。

机器人焊接任务规划可归结为人工智能领域的问题求解技术,其包含焊接路径规划和焊接参数规划两个部分。由于焊接工艺及任务的多样性与复杂性,在实际施焊前对机器人焊接的路径和焊接参数方案进行计算机软件规划(即 CAD 仿真设计研究)是十分必要的。这一方面可以大幅度节省实际示教对生产线的占用时间,提高焊接机器人的利用率;另一方面可以实现机器人运动过程的焊前模拟,保证生产过程的有效性和安全性。

机器人焊接路径规划主要是指对机器人末端焊枪轨迹的规划。焊枪轨迹的生成是将一条焊缝的焊接任务进行划分后,得到的一个关于焊枪运动的子任务,可用焊枪轨迹序列 $\{P_{hi}\}$ $(i=1,2,\cdots,n)$ 来表示。通过选择和调整机器人各运动关节,得到一组合适的相容关节序列 $J=\{A_1,A_2,\cdots,A_n\}$,在满足关节空间的限制和约束条件下,提高机器人的空间可达性和运动平稳性,完成焊缝上的焊枪轨迹序列。

机器人焊接参数规划主要是指对焊接工艺过程中各种质量控制参数的设计与确定。焊接参数规划的基础是参数规划模型的建立,由于焊接过程的复杂性和不确定性,目前应用和研究较多的模型结构主要是基于神经网络理论、模糊推理理论以及专家系统理论等而生成的。根据该模型的结构和输入输出关系,由预先获取的焊缝特征点数据可以生成参数规划模型所要求的输入参数和目标参数,通过规划器后即可得到施焊时相应的焊接工艺参数。

机器人焊接路径规划不同于一般移动机器人的路径规划。它的特点在于对焊缝空间连续曲线轨迹、焊枪运动的无碰撞路径以及焊上枪姿态的综合设计与优化。由于焊接参数规划通常需要根据不同的工艺要求、不同的焊缝空间位置以及相异的工件材质和形状作相应的调整,而焊接路径规划和参数规划具有一定的相互联系,因此对它们进行联合规划研究具有实际的意义。对于焊接质量来讲,焊枪的姿态路径和焊接参数是一个紧密耦合的统一整体。在机器人路径规划中的焊枪姿态决定了施焊时的行走角和工作角,机器人末端执行器的运动速度决定了焊接速度,而行走角、工作角、焊接速度等都是焊接参数的重要内容。从焊接工艺和焊接质量控制角度讲,焊接速度、焊枪行走角等参数的调整必须在机器人运动路径规划中得以实现。而从焊缝成形的规划模型来看,焊接电流、电弧电压、焊枪运动速度、焊接行走角 4 个量必须有机地配合才能较好地实现对焊缝成形的控制。焊接路径和焊接参数是一个有机的统一整体,必须进行焊接路径和焊接参数的联合规划。

根据焊缝成形的规划模型以及弧焊机器人焊接程序的结构,可以构造联合规划系统的结构,如图 6.33 所示。规划系统各部分的意义及工作流程简述如下:

①焊缝信息数据为规划系统提供了一个规划对象,它是一种数据结构,描述了焊缝的空间位置和接头形式,以及焊缝成形的尺寸要求。

②参数规划器是从焊接工艺上进行的参数规划,规划器模型输出焊接工艺参数文件和机器人焊枪姿态调整数据。

③姿态调整数据文件结合焊缝位置信息数据文件,生成焊枪运行轨迹(包括运行速度),然后通过焊接路径规划器。

④路径规划器是一种人工智能状态的搜索模型,通过设计相应的启发函数和罚函数,结合机器人逆向运动学解算方法,在机器人关节空间搜索和规划出一条运动路径。该规划器主要是为了提高机器人的运动灵活性和可达性,实现对各种复杂的空间焊缝以及闭合焊缝的路径规划。

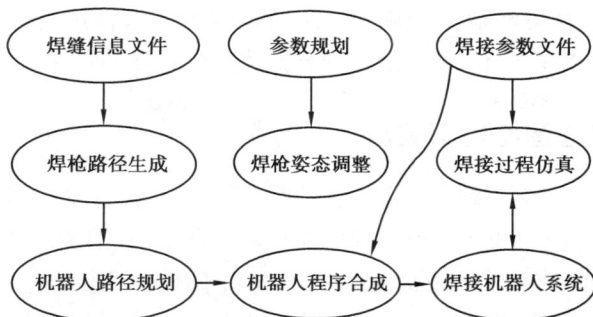

图 6.33 机器人焊接路径和参数联合规划图

⑤路径规划器能输出满足关节相容性的笛卡尔坐标运动程序和关节坐标运动程序。

⑥机器人综合程序将焊接工艺参数文件和焊接路径规划程序结合在一起,自动生成实际的焊接机器人系统的可执行程序,从而实现对焊接路径和焊接参数的联合规划,并达到相应的焊缝成形质量目标。

6.6.3 机器人焊接传感技术

人的智能标志之一是能够感知外部世界并依据感知信息而采取适应性行为。要使机器人焊接系统具有一定的智能,研究机器人对焊接环境、焊缝位置及走向以及焊接动态过程的智能传感技术是十分必要的。机器人具备对焊接环境的感知功能可利用计算技术、视觉技术实现,将对焊接工件整体或局部环境的视觉模型作为规划焊接任务、无碰路径及焊接参数的依据,这里需要建立三维视觉硬件系统,以及实现图像理解、物体分割、识别算法软件等技术。

视觉焊缝跟踪传感器是焊接机器人传感系统的核心和基础之一。为了获取焊缝接头的三维轮廓并克服焊接过程中弧光的干扰,机器人焊缝跟踪识别技术一般是采用激光、结构光等主动视觉的方法,正确导引机器人焊枪终端沿实际焊缝完成期望的轨迹运动。采用的主动光源的能量大都比电弧光的能量小,一般将这种传感器放在焊枪的前端以避开弧光直射的干扰。主动光源一般为单光面或多光面的激光域,扫描的激光束处理稳定、简单、实用性好。

结构光视觉是主动视觉焊缝跟踪的另一种形式,相应的传感器主要由两个部分组成:一个是投影器,用它的辐射能量形成一个投影光面;另一个是光电位置探测器件,常采用面阵CCD 摄像机。它们以一定的位置关系装配后,并配以一定的算法,便构成了结构光视觉传感器,它能感知投影面上所有可视点的三维信息。一条空间焊缝的轨迹可看成由一系列离散点构成,其密集程度根据控制的需要而定,焊缝坐标系的原点便建立在这些点上,传感器每次测得一个焊缝点位姿并可获得未知焊缝点的位姿启发信息,导引机器人焊枪完成整个光滑连续焊缝的跟踪。

焊接动态过程的实时检测技术主要指在焊接过程中对熔池尺寸、熔透、成形以及电弧行为等参数的在线检测,从而实现焊接质量的实时控制。由于焊接过程的弧光干扰复杂的物理化学反应、强非线性以及大量不确定性因素的作用,对焊接过程可靠而实用的检测成为瞩目的难题。长期以来,有众多学者探索过用多种途径及技术手段检测尝试,在一定条件下取得了成功,各种不同的检测手段、信息处理方法以及不同的传感原理、技术实现手段,实质上是要求综合技术的提高。从熔池动态变化和熔透特征检测来看,目前认为计算机视觉技术、温度场测量、熔池激励振荡、电弧传感等方法用于实时控制的效果较好。

6.6.4   焊接动态过程智能控制技术

焊接动态过程是一个多因素影响的复杂过程,尤其是在弧焊动态过程中对焊接熔池尺寸(即熔宽、熔深、熔透及成形等焊接质量)的实时控制问题,被控对象的强非线性、多变量耦合、材料的物理化学变化的复杂性,以及大量随机干扰和不确定因素的存在,使有效地实时控制焊接质量成为焊接界多年来瞩目的难题,也是实现焊接机器人智能化系统不可逾越的关键问题。

由于经典及现代控制理论所能提供的控制器设计方法是基于被控对象的精确数学模型建模的,而焊接动态过程不可能给出这种可控的数学模型,因此对焊接过程难以应用这些理论方法设计有效的控制器。

近年来,随着模拟人类智能行为的模糊逻辑、人工神经网络、专家系统等智能控制理论方法的出现,人们有可能采用新思路来设计模拟焊工操作行为的智能控制器,以期解决焊接质量实时控制的难题。目前已有一些学者将模糊逻辑、人工神经网络、专家推理等人工智能技术综合运用于机器人系统焊接动态过程控制问题。

针对实际的焊接动态过程控制对象,智能控制器的设计需要许多技巧性的工作,尤其在控制器的实时自适应与自学习算法研究及其系统实现尚有许多问题,而且对不同的焊接工艺、不同的检测手段都将导致不同的智能控制器设计方法。焊接动态过程智能控制器与焊接机器人系统设计结合起来,将使机器人焊接智能化技术有实质性的提高。

6.6.5   机器人焊接智能化集成系统

对以焊接机器人为主体的包括焊接任务规划、各种传感系统、机器人轨迹控制以及焊接质量智能控制器组成的复杂系统,要求有相应的系统优化设计结构与系统管理技术。从系统控制领域的发展分类来看,可将机器人焊接智能化系统归结为一个复杂系统的控制问题。这一问题在近年的系统科学的发展研究中已有确定的学术地位,已有相当的学者进行这一方向的研究。目前对这种复杂系统的分析研究主要集中在系统中存在的各种不同性质的信息流的共同作用,系统的结构设计优化及整个系统的管理技术方面。随着机器人焊接智能化控制系统向实用化发展,对其系统的整体设计、优化管理也将有更高的要求,这方面研究工作的重要性将进一步明确。

如图 6.34 所示为一个典型的以弧焊机器人为中心的智能化焊接系统的技术构成。在焊接机器人技术的现阶段,发展与焊接工艺相关设备的智能化系统是适宜的。这种系统可以作为一个焊接产品柔性加工单元(WFMC)相对独立,也可以作为复合柔性制造系统(FMS)的子单元存在,技术上具有灵活的适应性。另外,研究这种机器人焊接智能化系统作为向更高目标——制造具有高度自主能力的智能焊接机器人的一个技术过渡是不可缺少的。

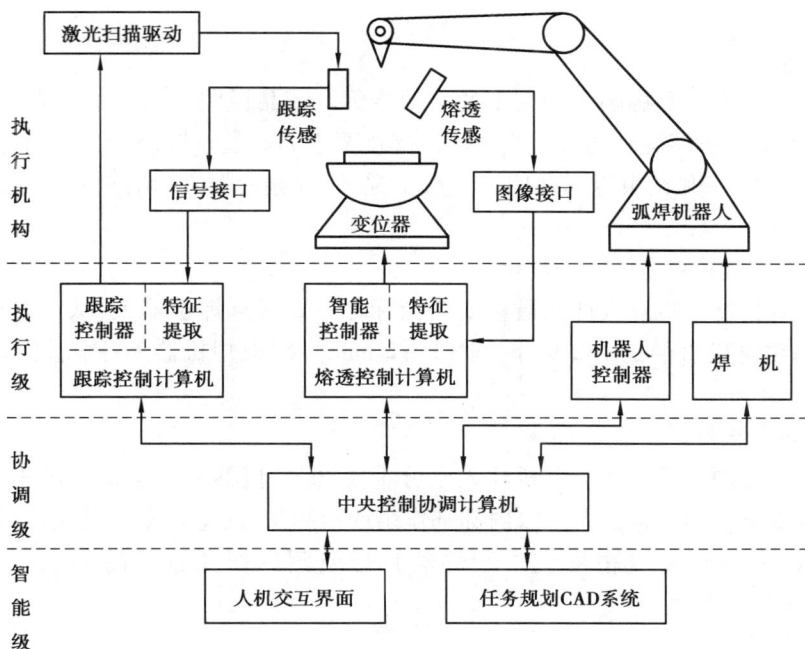

图 6.34　基本机器人焊接智能化焊接系统

6.6.6　焊接机器人主要技术指标

选择和购买焊接机器人时,全面和确切地了解其性能指标十分重要。使用机器人时,掌握其主要技术指标更是正确使用的前提。各厂家在其机器人产品说明书上所列的技术指标往往比较简单,有些性能指标要根据实用的需要在谈判和考察中深入了解。

焊接机器人的主要技术指标分为两大部分:机器人的通用技术指标和焊接机器人的专用技术指标。

1)机器人通用技术指标

（1）自由度数

自由度数是反映机器人灵活性的重要指标。一般来说,有 3 个自由度就可以达到机器人工作空间任何一点,但焊接不仅要达到空间某位置,而且要保证焊枪(割具或焊钳)的空间姿态。对弧焊和切割机器人至少需要 5 个自由度,点焊机器人需要 6 个自由度。

（2）负载

负载是指机器人末端能承受的额定载荷,焊枪及其电缆、割具及气管、焊钳及电缆、冷却水管等都属负载。弧焊和切割机器人的负载能力为 6 ~ 10 kg,点焊机器人如使用一体式变压器和焊钳一体式焊钳,其负载能力应为 60 ~ 90 kg,如用分离式焊钳,其负载能力应为 40 ~ 50 kg。

（3）工作空间

厂家所给出的工作空间是机器人未装任何末端操作器情况下的最大可达空间,用图形来表示。应特别注意的是,在装上焊枪(或焊钳)等后,需要保证焊枪姿态。实际的可焊接空间,会比厂家给出的小一层,需要认真地用比例作图法或模型法核算一下,以判断是否满足实际需要。

（4）最大速度

最大速度在生产中是影响生产效率的重要指标。产品说明书给出的是在各轴联动情况下，机器人手腕末端所能达到的最大线速度。焊接要求的速度较低，最大速度只影响焊枪（或焊钳）的到位、空行程和结束返回时间。一般情况下，焊接机器人、切割机器人要视不同的切割方法而定。

（5）点到点重复精度

点到点重复精度是机器人性能最重要的指标之一。对点焊机器人，从工艺要求出发，其精度应达到焊钳电极直径的 1/2 以下，即 +1 ~ 2 mm。对弧焊机器人，则应小于焊丝直径的 1/2，即 0.2 ~ 0.4 mm。

（6）轨迹重复精度

这项指标对弧焊机器人和切割机器人十分重要，但各机器人厂家都不给出这项指标，因为其测量比较复杂。但各机器人厂家内部都作了这项测量，应坚持索要其精度数据。对弧焊和切割机器人，其轨迹重复精度应小于焊丝直径或割具切孔直径的 1/2，一般需要达到 +0.3 ~ 0.5 mm 及以下。

（7）用户内存容量

用户内存容量是指机器人控制器内主计算机存储器的容量大小。它反映了机器人能存储示教程序的长度，关系到能加工工件的复杂程度，即示教点的最大数量。一般用能存储机器人指令的系数和存储总字节（Byte）数来表示，也有用最多示教点数来表示。

（8）插补功能

对弧焊、切割和点焊机器人，都应具有直线插补和圆弧插补功能。

（9）语言转换功能

各厂机器人都有自己的专用语言，但其屏幕显示可由多种语言显示，如 ASEA 机器人可以选择英、德、法、意、西班牙、瑞士等国语言显示。这对方便本国工人操作十分有利。我国国产机器人可用中文显示。

（10）自诊断功能

机器人应具有对主要元器件、主要功能模块进行自动检查、故障报警、故障部位显示等功能。这对保证机器人快速维修和进行保障非常重要。自诊断功能是机器人的重要功能，也是评价机器人完善程度的主要指标之一。现在世界上名牌工业机器人都有 30 ~ 50 个自诊断功能项，用指定代码和指示灯方式向使用者显示其诊断结果及报警。

（11）自保护及安全保障功能

机器人有自保护及安全保障功能。主要有驱动系统过热自断电保护、动作超限位自断电保护、超速自断电保护等，能起到防止机器人伤人和损伤周边设备的作用，在机器人的工作部位装有各类触觉或接近觉传感器，并能使机器人自动停止工作。

2）焊接机器人专用技术指标

（1）可以适用的焊接或切割方法

这对弧焊机器人尤为重要。它实质上反映了机器人控制和驱动系统抗干扰的能力。现在一般弧焊机器人只采用熔化极气体保护焊方法,因为这些焊接方法不需采用高频引弧起焊,机器人控制和驱动系统没有特殊的抗干扰措施,能采用钨极氩弧焊的弧焊机器人是近几年的新产品,它有一套特殊的抗干扰措施。这一点在选用机器人时要加以注意。

（2）摆动功能

这对弧焊机器人甚为重要,它关系弧焊机器人的工艺性能。现在弧焊机器人的摆动功能差别很大,有的机器人只有固定的几种摆动方式,有的机器人只能在 $x-y$ 平面内任意设定摆动方式和参数,最佳的选择是能在空间 $(x-y,z)$ 范围内任意设定摆动方式和参数。

（3）焊接户点示教功能

这是一种在焊接示教时十分有用的功能,即在焊接示教时,先示教焊缝上某一点的位置,然后调整其焊枪或焊钳姿态,在调整姿态时,原示教点的位置完全不变。实际是机器人能自动补偿调整姿态所引起的户点位置的变化,确保户点坐标,以方便示教操作者。

（4）焊接工艺故障自检和自处理功能

这是常见的焊接工艺故障,如弧焊的粘丝、断丝、点焊的粘电极等,这些故障发生后,如不及时采取措施,则会发生损坏机器人或报废工件等大事故。机器人必须具有检出这类故障并实时自动停车报警的功能。

（5）引弧和收弧功能

为确保焊接质量,需要改变参数。在机器人焊接中,在示教时应能设定和修改,这是弧焊机器人必不可少的功能。

综合训练

项目 7

焊装夹具设计

【学习目标】

（1）了解常见焊装夹具及设计要点。

（2）了解焊装夹具基本构造及气路系统。

（3）会设计简单焊装夹具。

【素质目标】

创新发展是中华民族复兴的国运所系。汽车制造业的大规模生产、高密集的资金和技术投入的特点，要求汽车制造工艺必须实现生产效率的提高。而培养汽车焊装工艺和焊装夹具的设计显得尤为重要。

徐滨士——中国工程院院士，他不断创新，开发出纳米颗粒复合电刷镀技术，制备的纳米复合涂层可显著提高材料的耐高温磨损及抗接触疲劳性能，在全军 16 家装备维修重点部队推广应用，解决了重载车辆、舰船、飞机发动机的一些关键零件的再制造技术难题。他首次在国内将电弧喷涂技术用于大型舰船钢结构的表面防腐研究，研制出新型高速电弧喷涂技术，并开发了适用于舰船、电站等多种防腐、耐磨电弧喷涂合金及粉芯丝材，有效提高了舰体、水陆坦克等主战装备的使用寿命。

任务 7.1　认识夹具单元典型实例

7.1.1　常见夹具类型

常见焊接工装夹具如图 7.1 所示。

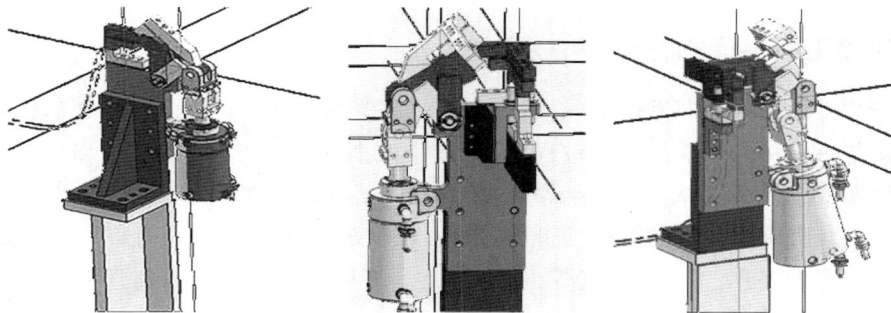

图 7.1　常见夹具

焊接工装夹具是将工件准确定位并夹紧,用于装配和焊接的工艺装备。焊装夹具的种类繁多,就目前已有的各种夹具可归纳和分类如图 7.2 所示。

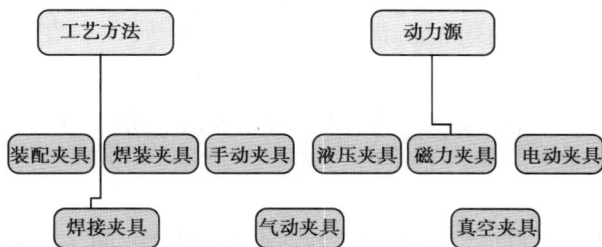

图 7.2　焊接工装夹具分类

1)按用途分类

①装配用的夹具　这类夹具主要任务是按产品图纸和工艺上的要求,把焊件中各零件或部件的相互位置能准确地固定下来,工件只在它上面进行点固(即点定焊),而不完成整个焊接工作。

②焊接用的夹具　已点固好的焊件放在这一类夹具上完成所有焊缝的焊接。它的主要任务是防止焊接变形,并使处在各种位置的焊缝都尽可能地调整到最有利于施焊的位置。

③装-焊夹具　在夹具上能完成整个焊件的装配和焊接工作,它兼备上述两种夹具的性能。

2)按应用范围分类

①通用夹具　又称万能夹具,这类夹具无须调整或稍加调整,就能适用于不同工作的装配或焊接工作。

②专用夹具　只适用于某一工件的装配或焊接,产品变换后,该夹具就不再适用。

3)按动力来源分类

①手动夹具　靠人力推动夹紧机构,以达到夹紧工件的目的。
②气动夹具　又称风动夹具,利用压缩空气作动力推动夹紧机构,夹紧工件。
③电动夹具　利用电磁吸引力来夹持工件。

7.1.2　焊接工装夹具的特点

①由于焊件由多个简单零件组成,所以它们的定位和夹紧是按顺序一个个单独进行的。
②焊接是一个热胀冷缩的变形过程,为了减小或消除焊接变形,要求工装夹具对某些零件给予反变形或刚性夹固。为了减小焊接应力,允许某些零件在某个方向上自由伸缩。
③焊接工装夹具焊接完的结构,质量增加,形状复杂,增加了从夹具上卸下来的难度。
④用于熔焊的夹具,工作时承受焊件的重力、焊接应力、夹紧力,有时还有装配时的锤击力。用于压焊的夹具还要承受顶锻力。
⑤焊接工装夹具是焊接电源二次回路的一个组成部分,绝缘和导电是设计中必须注意的一个问题。
⑥焊接工装夹具设计难度大,结构复杂,夹紧定位点数量多。夹紧点的数量、选位和两者的对应关系,直接影响着夹具的功能和质量。
⑦焊接工装夹具是用来保证焊件中各连接件的相对位置精度和整体形状精度。
⑧除精密的焊件夹具外,一般焊件工装夹具本身的制造精度,以及对焊件的定位精度均低于机床夹具的相应指标。

任务7.2　认识车身焊装夹具结构

焊装夹具在车身生产中的作用是通过夹具上的定位销(基准销)、S面型块(基准面)、夹紧臂等组件的协调作用,将工件(冲压件或总成件)安装到工艺设定的位置上并夹紧,不让工件活动移位,保证车身焊接精度的一致性和稳定性。

7.2.1　焊装夹具基本构造

夹具的基本构造如图7.3所示,由台板、支座、L板、基准销、基准面、夹紧机构(气缸、夹紧臂、U形限位块等)等组成。

焊装夹具的用途及焊装夹具基本构造

1)台板(图7.4)

(1)用途
台板用于安装夹具组件,上表面加工有坐标刻度线,用于夹具基准状况的检测(如三坐标检测仪检测用)。

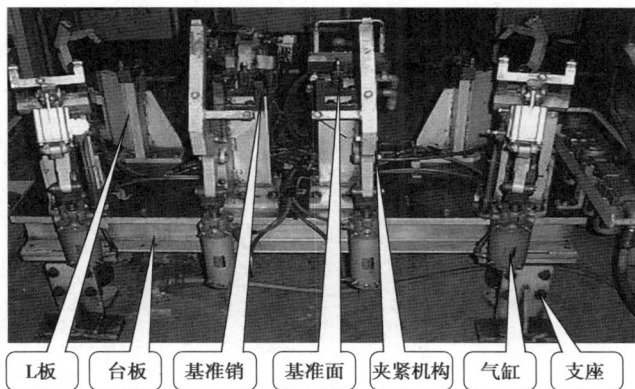

| L板 | 台板 | 基准销 | 基准面 | 夹紧机构 | 气缸 | 支座 |

图 7.3　焊装夹具的基本构造

图 7.4　台板

（2）安装要求

台面应处于水平状态（工艺设计要求倾斜放置的除外），安装时用测量仪、水平仪或透明胶管灌水检查校水平。多台连线安装的夹具（特别是采用举升自动搬送的装置），同轴度和水平度、节距应符合设计要求。

（3）使用保养

保持台面清洁，无焊渣、油污、灰尘附着，无分流烧伤或撞击凸凹痕迹，坐标刻度线清晰完整，严禁在台面上敲击作业。

2）支座（图 7.5）

（1）用途

支座用于支撑夹具台板、夹具高度调节和安放水平调整，使夹具按工艺布置要求定置安放。

（2）安装要求

连接螺栓紧固可靠，调节螺杆应有垫板支撑，夹具定置调整符合要求后，要将调节螺杆螺母拧紧，若是大型夹具或连线夹具垫板应和基础预埋件可靠连接（焊接）。

（3）使用保养

定期检查拧紧连接螺栓和螺杆锁紧螺母，定期检查调整台板的水平度。

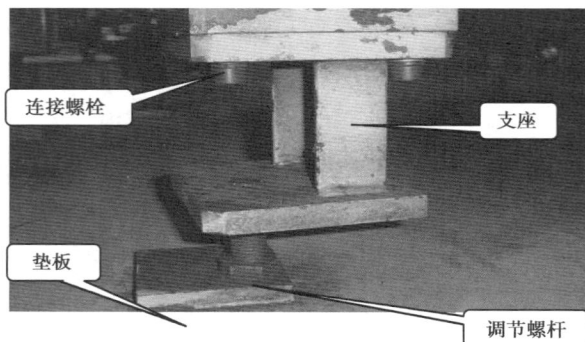

图7.5　支座

3)L板(图7.6)

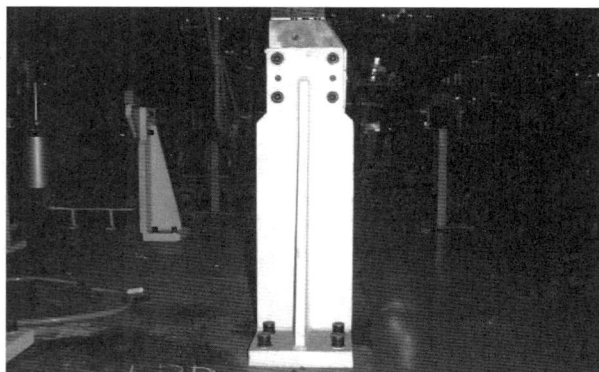

各组件的用途
安装及保养

图7.6　L板

(1)用途

L板用于安装夹具型块(S面元件)、基准销组件、夹紧机构、导向装置等夹具组件。

(2)安装要求

采用高强螺栓与台板连接,并配定位销定位,与夹具组件的连接应采用高强螺栓连接,并配定位销定位。

(3)使用保养

定期检查拧紧连接螺栓(最好用记号笔作标记),定期检查定位销是否松动或脱落。

4)基准面(S面型块)(图7.7)

(1)用途

基准面(S面型块)将零件支承在正确的位置上,并支撑夹具夹紧机构的夹紧力。

(2)安装要求

基准面型块采用高强螺栓安装在L板(或连接板)上,并用定位销定位,表面应经过调质处理,硬度在HRC48以上,一般会在基准面端部约10 mm宽的部位涂红色标记,基准面应与数模相符(用三坐标仪测量)。

图 7.7　基准面

（3）使用保养

定期检查拧紧连接螺栓（最好用记号笔作标记），定期检查定位销是否松动或脱落；保持表面清洁，无分流烧伤、碰伤痕迹、无焊渣脏物附着（图 7.8）；夹紧状况下和工件间的间隙小于 0.1 mm（用塞尺检查）。

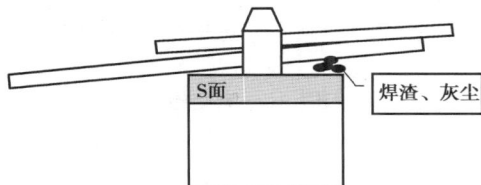

图 7.8　无焊渣脏物附着

（注：S 面上若有焊渣和灰尘附着，零件则不能接触到 S 面，不能安装到正确位置）

5）基准销（图 7.9）

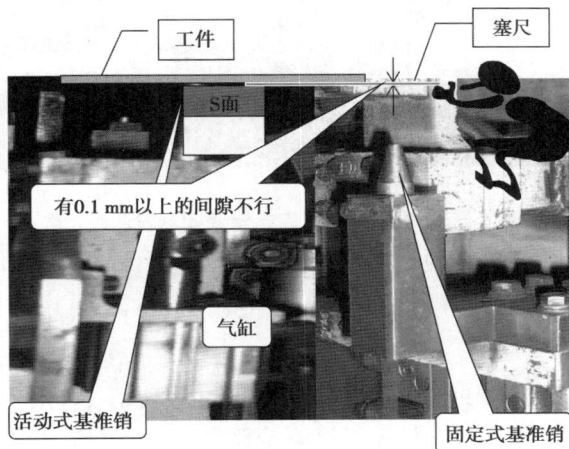

图 7.9　基准销

（1）用途

将零件安装到正确的位置上；保持后续工序定位基准的一致性；保证产品焊接精度的一致性和稳定性。

（2）安装要求

定位销一般分为固定式和活动式两类。固定式安装时一般用螺钉锁紧，让其不能活动；活动销作业时能往复伸缩，以方便工件装卸，一般采用气缸（气动）或手推夹（手动）作动力，安装时径向摆动量应小于 0.2 mm；销的工作段和导向段的表面硬度和粗糙度，应分别在 HRC52 和 0.16 以上，活动销导向孔应配有石墨铜衬套，以减少销的磨损和方便维修保养。

（3）使用保养

①基准销表面，无分流烧伤痕迹、无焊渣脏物附着。

②活动销导向部分应润滑良好。

③对定位销的磨损状况、装配状况进行日常点检和定期检查（图 7.10）。装上工件，在夹持机构没有夹的状态下，用手扳动一下工件，如能活动，应进一步检查确认以下项目：

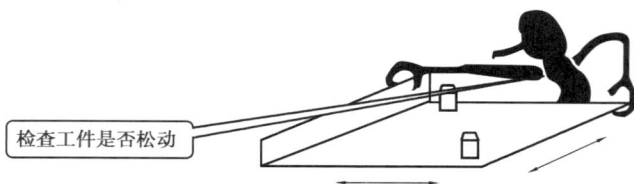

检查工件是否松动

图 7.10　定期检查

a. 检查固定销紧固状况（图 7.11）。用手从销的径向和轴向扳动，若能活动（能用手转动或拔出），则不行。

固定销紧固状况检查：用手扳一下，若能活动,则不行

图 7.11　检查固定销紧固状况

b. 检查基准销工作段磨损状况（图 7.12）。组焊工位销径磨损小于 0.2 mm、单面小于 0.1 mm；增打工位销径磨损小于 0.5 mm、单面小于 0.25 mm。若超过上述极限，应及时更换新销。

c. 检查活动式基准销导向段磨损状况（图 7.13）：活动销在工作（伸出）状态下，关闭气源，从径向两个方向上推动销子，用游标卡尺测量摆动量，极限值应小于 0.2 mm，否则，应进一步检查销和衬套的磨损状况，将超差者更换。

d. 检查定位销的有效长度（图 7.14），用钢板尺从安装好的工件表面测量，销伸出工件表面的直径部分必须在 3~5 mm，超过该范围应进行调整或更换新销。

基准销工作段磨损状况检查标准：组焊工位销径磨损小于0.2 mm、单面小于0.1 mm；增打工位销径磨损小于0.5 mm、单面小于0.25 mm

图 7.12 检查基准销工作段磨损状况

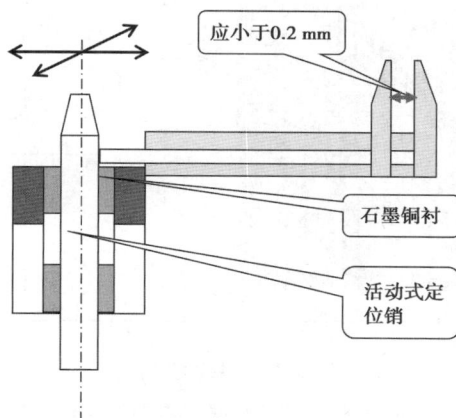

应小于0.2 mm

石墨铜衬

活动式定位销

图 7.13 检查活动式基准销导向段磨损状况

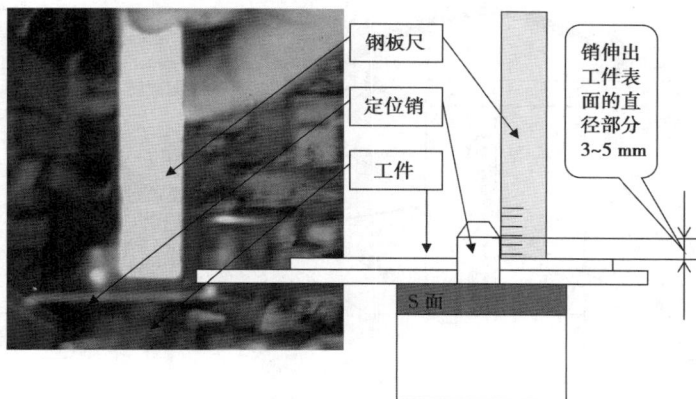

钢板尺

定位销

工件

销伸出工件表面的直径部分3~5 mm

S 面

图 7.14 检查定位销的有效长度

6）夹紧机构（图7.15）

（1）用途

夹紧机构（U 形块、夹紧臂、气缸或手夹等）用于矫正变形的工件、缩小工件

夹紧机构用途安装及保养

2

间的搭接间隙,将工件夹紧固定在正确的位置上(基准面),避免焊接作业时工件错位或变形,确保工件焊接精度的稳定性。

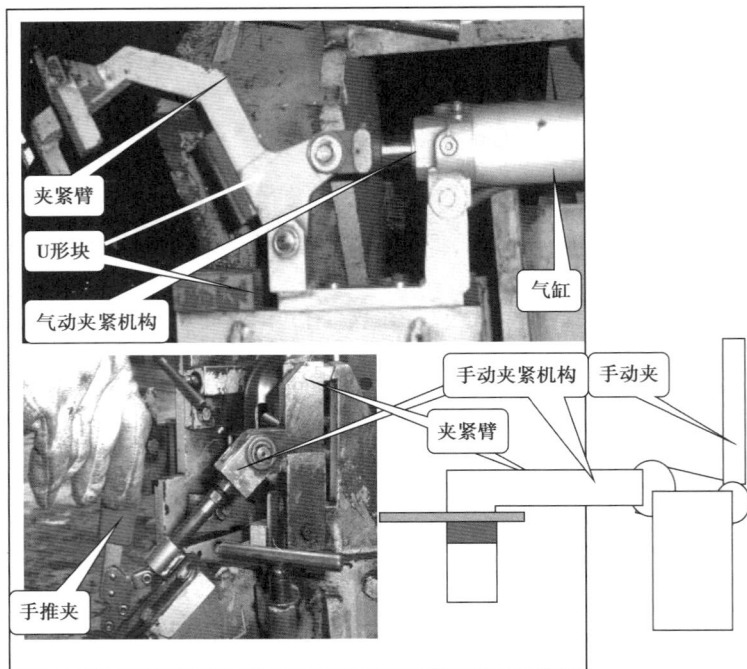

图 7.15　夹紧机构

①U 形限位块(图 7.16)　使夹具夹紧臂(或带有基准销和 S 面的摆臂)处于夹紧工况时的稳定性(不让其摆动),确保定位或夹紧部位的准确性。

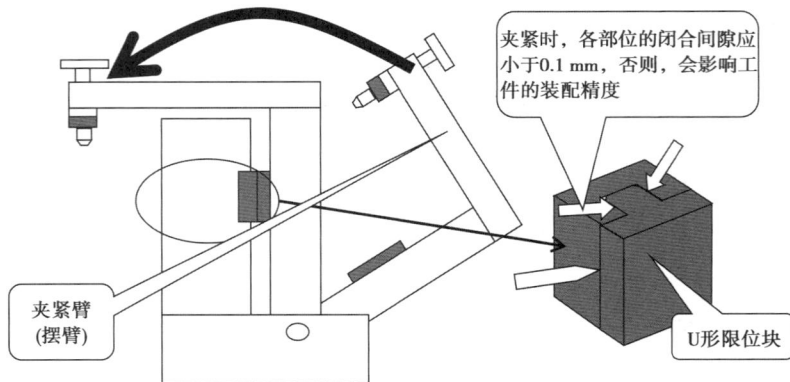

图 7.16　U 形限位块

②夹紧臂　通过杠杆或四连杆的作用,将气缸(或手夹)的推力转化为夹紧臂(或摆臂)的夹紧力,实现"矫正变形的工件、缩小工件间的搭接间隙,将工件夹紧固定在正确的位置上(基准面),避免焊接作业时工件错位"的目标。

③气缸(或手夹)　通过气缸(或手夹)的往复运动,实现夹具的夹紧和松开。

（2）安装要求

U 形限位块付（凸凹组件）的安装，U 形槽侧面和安装部位侧面间隙小于 0.05 mm，用高强内六角螺栓可靠紧固，凸凹组件啮合时不能产生碰撞（不能有异响），止动面间隙小于 0.1 mm，用手推动夹紧臂（或摆臂）凸凹组件不能有错动；夹紧臂（或摆臂）应有足够的强度，夹紧状况下不能产生弯曲变形；气缸（或手夹）的夹紧力（气压、节流阀、缓冲阀或调节螺栓）应调整合适，夹具动作应柔和，没有明显异响，工件夹紧部位不能产生明显压痕或变形；夹紧工况下工件用手不能搬动，夹紧臂用手不能晃动。U 形限位块付配合间隙用塞尺（厚薄规）检查。

（3）使用保养

①U 形限位块（一般涂有红色标记）凸凹组件应紧固可靠无松动，止动面上无焊渣、灰尘附着；夹紧状况下，用手推动夹紧臂（或摆臂）凸凹组件不能相对错动，如有错动现象，必须进一步检查（用塞尺）止动面间的配合间隙，若间隙不小于 0.1 mm，应作更换处理。

②作业过程中，要尽量避免焊枪（或工件）和夹具产生碰撞，以免造成夹臂变形；避免焊枪直接接触夹具组件，以免产生分流烧伤夹具组件；夹头表面不能有焊渣附着；夹紧臂各部位的连接螺栓应紧固可靠，铰链活动销部位应润滑良好；日常点检应对夹紧臂的夹紧状况进行检查（图 7.17），夹紧状况下，用手从上下、左右方向搬动夹臂，如有松动的现象，应进一步检查夹紧机构的其他组件的状况，以确保夹具工作的可靠性。

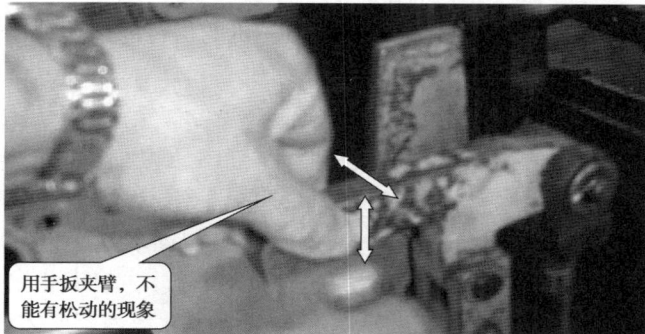

用手扳夹臂，不能有松动的现象

图 7.17　对夹紧臂的夹紧状况进行检查

③气缸杆上的锁紧螺母不能有松动现象，气缸不能有漏气、窜气现象，否则会产生夹不紧或夹不到位的现象；气缸上的节流阀、缓冲阀锁紧螺母应紧固可靠。

手夹容易疲劳松动，影响夹紧状况，日常点检中随时进行相应的调整，保持手夹操作时手感有"死点"顶紧的感觉，夹紧状况下，工件手扳无松动，夹紧臂不能用手晃动。

7.2.2　气动夹具基本气动系统

气动夹具的基本气动系统如图 7.18 所示。

1）常通气路

常通气路（压缩气源系统）：一般由压缩气源、开关（截止阀）、气动三联体（气源处理装置）、分路器等组成。

作用：给气动装置（夹具）供给干净、压力合适、带有润滑油雾的压缩空气。

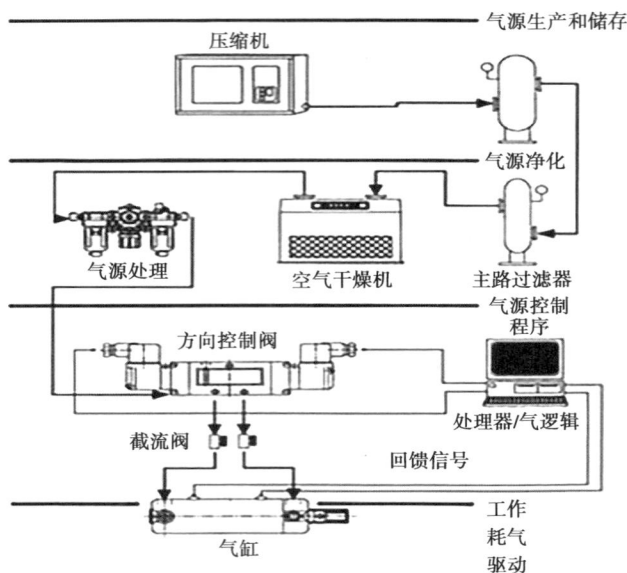

图 7.18   气动夹具基本气动系统

（1）空气压缩机

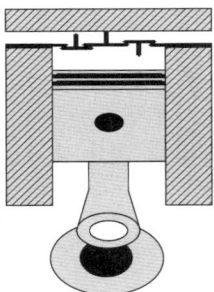

图 7.19   单级活塞式压缩机

作用：将电机或内燃机的机械能转化为压缩空气的压力能。

①单级活塞式压缩机

工作原理：如图 7.19 所示，当活塞从上死点向下死点移动，活塞上腔容积逐步增大，缸内压力小于大气压，空气便从进气阀门吸入气缸内，直到在冲程下死点，活塞在曲轴的带动下向上运动，进气阀关闭，活塞上腔容积逐步减小，空气被压缩，同时出气阀被打开，压缩空气进入储气罐。这种只由一组活塞气缸的一个往复冲程就将大气压空气吸入并压缩到所需要的压力的压缩机，称为单级活塞式压缩机，通常用于需要 0.3～0.7 MPa 压力范围的系统。

②两级活塞式压缩机

在单级压缩机中，若空气压力超过 0.6 MPa，产生的过热将大大地降低压缩机的效率。工业中使用的活塞式压缩机通常是两级的。如图 7.20 所示，压缩机由两组活塞气缸组成，第一级气缸要比第二级气缸大，工作时第一级活塞首先将吸入气缸的大气空气压缩到一定压力后，经过中间冷却器冷却后再进入第二级气缸进行二次压缩，使气压进一步增大，同时出气阀被打开，压缩空气进入储气罐。这种压缩机相对于单级压缩机，可以提供更大压力的压缩空气，同时经过冷却器的作用压缩机的输出温度得到控制，提高了机械效率。如果最终压力为 0.7 MPa，第一级通常将它压缩到 0.3 MPa，然后被冷却，再输送到第二级气缸中压缩到 0.7 MPa，最后输出的温度可能在 120 ℃左右。

（2）气源开关（截止阀）

气源开关（截止阀）如图 7.21 所示。

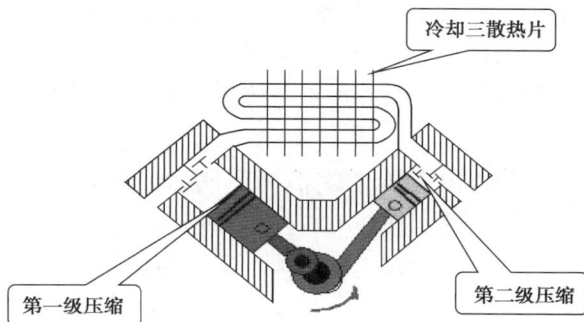

图 7.20　两级活塞式压缩机

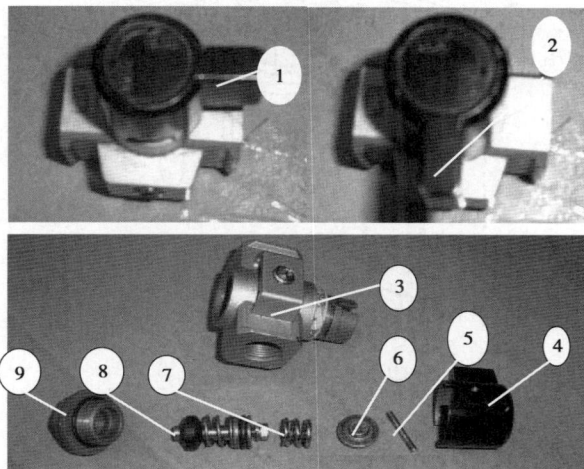

图 7.21　气源开关(截止阀)

1—开关总成(开位);2—开关总成(关位);3—阀体;4—操作手轮;
5—弹簧压杆;6—弹簧座;7—弹簧;8—阀门总成;9—排气阀座

①作用

切断或开通气动装置(夹具)的压缩气源。

②工作原理

如图 7.21 所示,当操作手轮处于 1 位置时,通过压杆 5 和弹簧座 6 和压缩弹簧 7,使阀门总成 8 克服其弹簧张力向下移动打开进气口,同时将排气口关闭,压缩空气进入夹具气动系统,使夹具处于工作状态。

当操作手轮处于 2 位置时,压杆 5 和弹簧座 6 加在弹簧 7 的压力消除,阀门总成 8 在其弹簧张力的作用下复位上移将进气口关闭,同时将排气口打开,进入夹具气动系统的压缩气源被切断,夹具气动机构的残气被排空,使夹具处于卸荷状态。

③安装使用

开关安装时,必须注意阀体上的箭头方向应和气流方向一致,不能反装,并且应装在气动三联体的前面。生产过程中开关处于常开状态(图 7.21 手轮在 1 位);日常检查保养时(清除焊渣、清扫灰尘、加油润滑、更换易损件如铜极板等,一切需要操作者将手伸进夹具的作业),

作业前必须先切断(图7.21手轮在2位)压缩气源,并排空余气(二位二通开关要反复操作按钮或手柄开关),直至夹具没有动作为止,作业完毕后,要将夹具上的工具及一切杂物清理干净,确认一起作业的人员已离开夹具后,方可重新接通气源,进行生产作业。

(3)气动三联体

如图7.22所示,气动三联体由空气过滤器、减压阀和油雾器组成,作用是将气源压缩空气进行过滤、减压、油雾后供给气路元件。

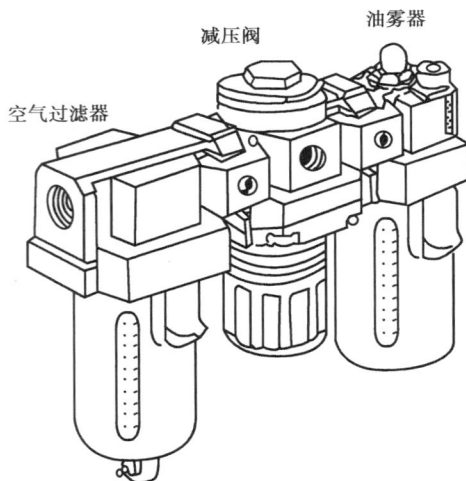

图7.22　气动三联体

①空气过滤器(图7.23)

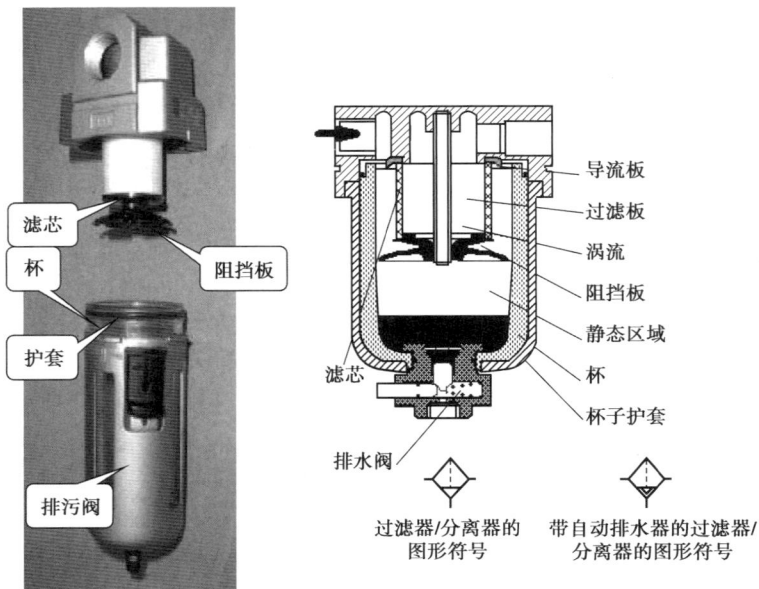

图7.23　空气过滤器

a.作用

大气中所有的空气都混有粉尘和水分,被压缩之后,水分在后冷却器和储气罐中被冷凝,但是总有一些混在空气中。除此以外,碳化了的油的细粒子、管子的锈斑,以及其他杂质,如密封件磨耗了的材料及呈胶状的物质,所有这些物质都会致使气动组件受害,增加橡胶密封件和零件的磨损使密封件产生膨胀和腐蚀,从而阀被卡住。过滤器的作用就是尽可能在接近使用点前去除这些杂质,使空气得以比较清洁。

b. 工作原理

压缩空气从过滤器输入口进入后,通过导流板引起空气急速旋转。污物、水和油中较重的粒子向外抛到过滤器杯子的内壁,然后回转下降落到底部沉积,而微粒灰尘和雾状水气则由滤芯滤除,为阻止分离出来的液体重新回到空气流中,在滤芯下部设有阻挡板,使打旋空气下方产生一个静态区域;杯中积存的液体通过手动排水阀排放。

c. 使用保养

日常点检要检查杯底,有没有液体和沉淀物(粉尘)积存,随时排放滤杯中的积存物,滤芯因阻塞会造成压力下降,在需要更换前要定期拆洗滤芯,保持杯体内外透明清晰(拆洗滤杯时必须关闭压缩气源)。

②压力调节阀(图 7.24)

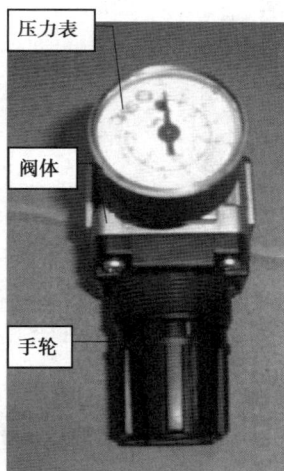

图 7.24　压力调节阀(减压阀)　　图 7.25　膜片式减压阀结构图

a. 作用

气动夹具的工作气压是在夹具设计时就设定好的,减压阀的作用就是将气源的压力调节(减低)至与设定压力相符,确保夹具稳定可靠地工作。若压力大于设定值,会增加气动元件和夹具的磨损,甚至使夹臂疲劳变形、工件被夹变形等;若压力小于设定值,会造成夹具夹紧力不足,造成夹具动作缓慢,效率低下,甚至出现夹不紧、夹不到位的现象,造成焊接飞溅增大和车身精度不稳定等问题。

b. 工作原理

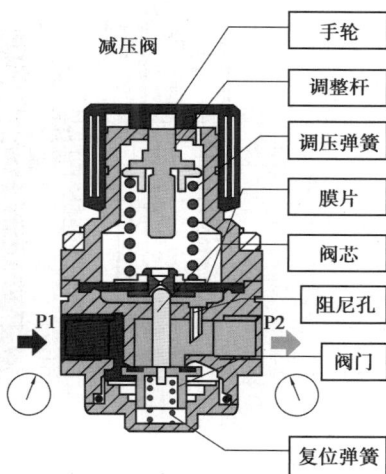

如图 7.25 所示为膜片式减压阀的结构图,当顺时针旋转手轮时调压弹簧将阀门打开,让气流从初始压力 P1 输入口到二次压力 P2 的输出口,同时通过阻尼孔使输出压力作用于膜片上,当回路连接输出口到达设定压力,则内里的空气作用于膜片上而产生一提升力相对于弹

簧力。如果流量下降,P2 就稍微增加,也增加了作用在膜片上相对于弹簧力的力,膜片和阀随即提升,同时膜片的提升使溢流座打开,超量的压力可通过减压阀体的盖上孔排出,直到与弹簧力再次平衡,空气流量通过阀会减少,直到它的消耗量和输出压力保持平衡为止。如果流量增加,P2 就稍微减小,这个减小使作用在膜片上的力相对弹簧力减小,膜片和阀下降,直到再次与弹簧力相平衡一致。这样增加的空气流量通过阀直到它的消耗量和输出压力保持平衡为止。

夹具气路所使用的多属于溢流减压阀,工作过程中会从溢流孔排出少量气体,不能用于有害工作介质的气路中,没有空气消耗时,阀是关闭的。压力表指示的压力为输出 P2 的压力。

c. 使用保养

夹具气路工作压力不能随意调节,减压阀调节手轮应处于锁紧状态,气压表应灵敏准确。

③油雾器(图 7.26)

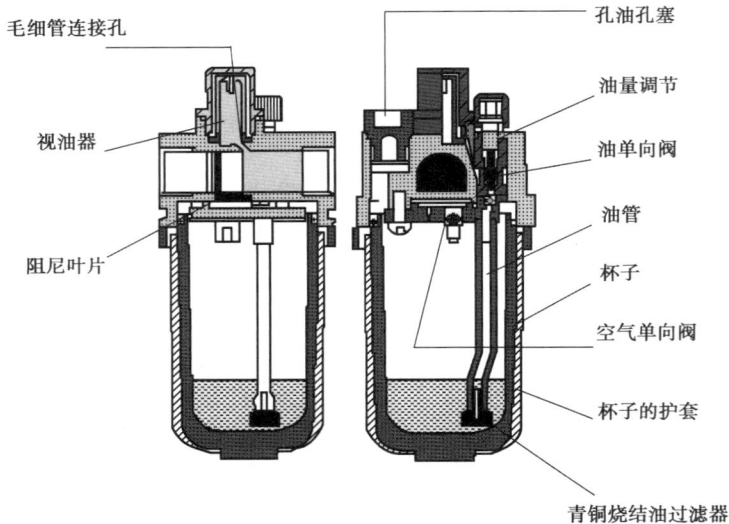

图 7.26   油雾器

a. 作用

将油杯里的润滑油按一定的计量要求给气路供油,并使之形成油雾后,随着压缩空气的流动到各气动元件,在机械运动表面形成油膜,达到润滑作用。

b. 工作原理

如图 7.26 所示,当压缩空气进入(A),分为两个通道。空气大部分越过阻尼叶片从输出口输出,同时经过一个单向阀进入油杯上腔。当没有流量时(没有消耗空气),存在于杯内油的表面、油管和视油器内压力相同,当然不会产生油的移动。当空气流量通过油雾器时,阻尼叶片的限制导致输入与输出间压力降,流量越大压力降越大。

视油器由毛细管连接到阻尼叶片之后的低压区域(喉管原理),视油器内的压力比杯内低,这个压力不同的差压使油从管内上升,通过单向阀和油量调节阀后进入视油器,一旦油进入视油器,油通过毛细管渗入在最高气流(喉管原理)的地方,油滴被高速气流打碎雾化后均匀地与空气混合,并随气流由出口输出,送入气动系统。

阻尼叶片由柔性材料制成,当流量增加时可弯曲使流过通路增宽,自动地调节压力降和保持恒定的油雾混合。空气单向阀在不切断气源的情况下可以进行加油。

c.使用保养

油雾器必须使用专用的气体润滑油(艾志机械 652EN);出油量必须调整合适,出油太多不但会造成浪费,还会污染环境,出油量太少会造成润滑不良,损害设备,一般要求气缸动作(30±5)缸次出一滴油;定期清洁保养,保持杯体内外清洁透明,刻度清晰,没有油垢附着,及时加油补充,确保杯内油量在下刻度线之上。

(4)分路器

分路器的作用是将主气路分成多条支路,使气动系统各个回路能平衡工作。其结构简单,这里不作介绍。

2)控制气路

控制气路(气路控制系统)一般由手操作阀、行程阀或行程感应器、换向阀(有手动、气控、电磁换向等)组成,如图 7.27 所示。作用:通过方向控制阀开放、关闭或切换阀内部机构的连接来确定气口间的气流,按夹具的工作程序给工作气路(执行机构)分配压缩空气,使夹具按设定的工作程序协调、准确地工作。

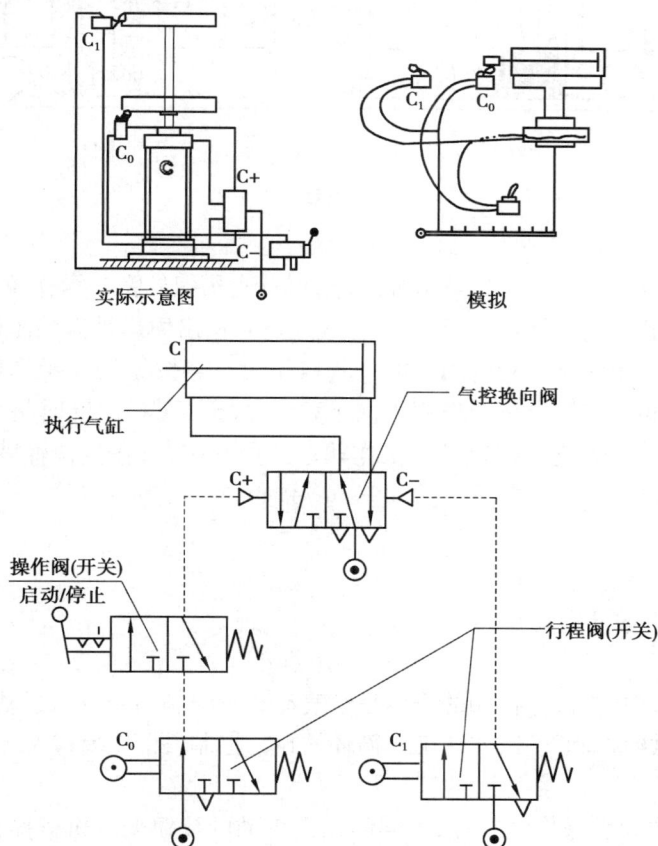

图 7.27 夹具气动回路图

（1）手动操作阀（开关）

a. 作用

手动操作阀通常是在机械操作阀上附加一个适用手动操作的头部而实现的（如操作手柄和操作按钮）。手动操作阀是单稳态的阀（弹簧复位），多采用二位二通截止阀（无排气手柄操作）或二位三通截止阀（有排气按钮操作，图7.28）。一般用于启动、停止和其他操作气动控制装置的地方。

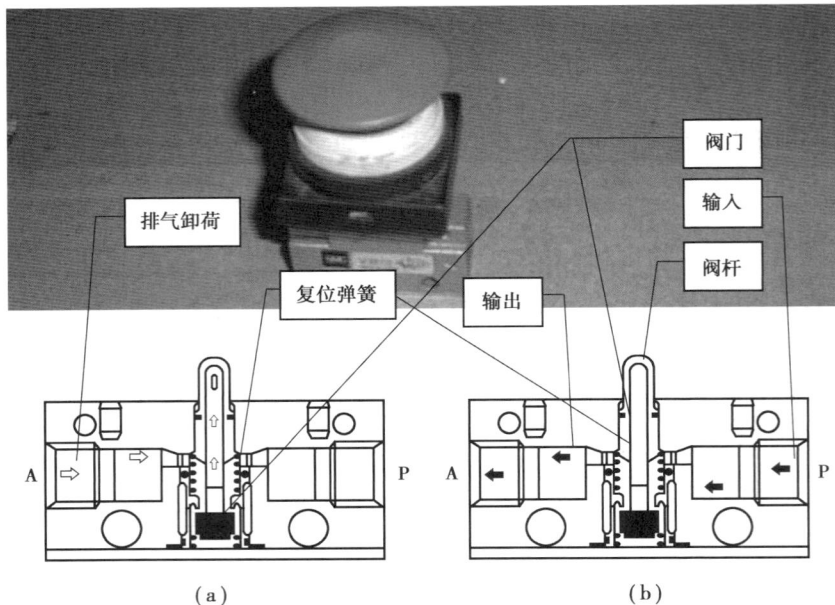

图7.28　手动操作阀

b. 工作原理

如图7.28所示为按钮式3/2操作阀（截止阀），当按钮处在非操作位置图7.28（a）时，在复位弹簧力的作用下，阀门处在关闭状态，输入通道和输出通道被阀门阻断，输出通道处于排气卸荷状态，输出端压缩空气通过阀杆的排气口排出。当按钮处在操作位置图7.28（b）时，在外力的作用下，阀门克服弹簧的作用力向下移动，将阀门打开，同时将排气口关闭，气流从输入口P流向输出口A，气动装置进入工作状态。松开按钮，在复位弹簧力的作用下阀恢复图7.28（a）状态，等待下个工作循环。

c. 使用保养

按钮应操作灵活，复位干脆彻底，没有漏气现象。

（2）行程阀（机械操作阀）

①作用

在自动化机器中，机械操作阀的作用是给气动装置控制系统发送运动机械的行程（位置）信号或给换向阀供给控制气源，实现工作循环的自动控制（图7.29）。

②工作原理

行程阀的结构和手操作阀一样，不同的是由手动的按钮变成机械操作的滚轮杠杆（或滚轮柱塞），当机械运动的行程使凸轮压到行程阀的滚轮杠杆时（图7.30），阀门被打开，同时将排气口关闭,气流从输入口 P 流向输出口 A(图7.28),给气动装置控制系统发送运动机械的行程(位置)信号或给换向阀供给控制气源。当机械运动的行程使凸轮离开行程阀的滚轮杠杆时阀门关闭,同时将排气口打开排气。这样反复循环,从而实现机械运动的自动控制。

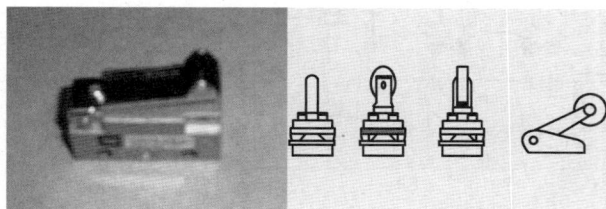

图 7.29　行程阀

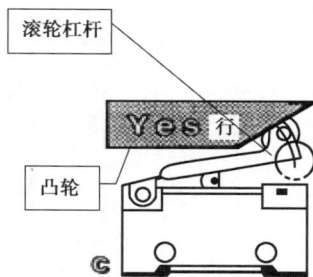

图 7.30　行程阀工作原理

③使用保养

行程阀及凸轮的安装螺栓必须紧固可靠,不能有松动的现象。凸轮行程压合滚轮杠杆时必须使阀门完全打开又不至于压得太过,脱离时必须完全彻底,不能半脱半离,阀杆复位必须灵敏到位。

(3)换向阀

①作用

换向阀按控制方式的不同(图7.31),分为手动换向阀、气动换向阀、电磁换向阀、先导式电磁阀(电-气换向阀)等。其作用是改变气流通道,使气体流动方向发生变化,从而改变气动执行元件(如气缸)的运动方向。

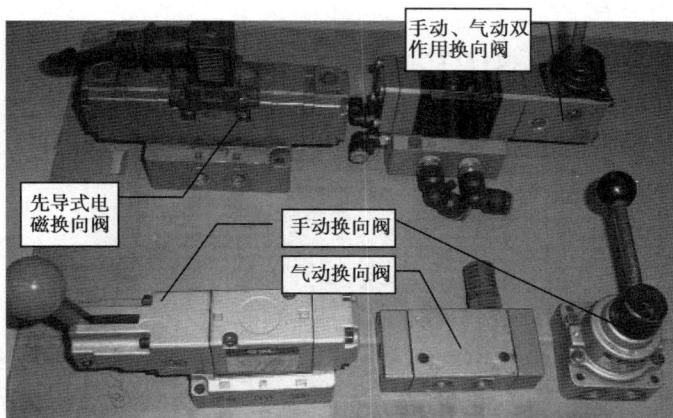

图 7.31　换向阀

②工作原理(以气动换向阀为例)

气动换向阀是利用气体压力来使主阀阀芯(滑柱)轴向运动,从而使气体改变流向的一种控制阀。如图7.32所示为二位五通气动换向阀结构图,当控制气路给气控口"PB"输入一个压力气流(一般为短的压力脉冲),滑柱向右移动,输入口"P"和输出口"B"接通,执行机构(气缸)"B"腔给气,同时"P""A"通道被关闭,"A"腔和排气口"EA"接通排气,阀会保持在这个操作位置上直到相对的控制气路给气控口"PA"输入一个压力气流(短的压力脉冲),滑柱向左移动,输入口"P"和输出口"A"接通,气流实现换向,执行机构(气缸)"A"腔给气,同时"P""B"通道关闭,"B"腔和排气口"EB"接通排气,完成一个工作循环。

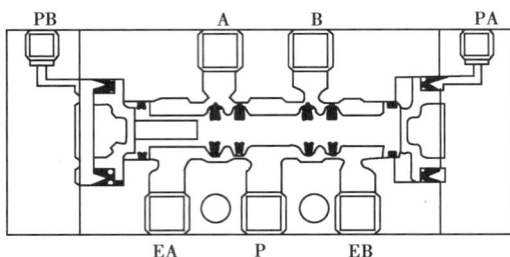

图 7.32　二位五通气动换向阀结构图

③使用保养

滑柱和阀套的摩擦力较小,为避免滑柱自动滑动,阀必须水平安装;为保证滑柱滑动灵活、换向可靠,压缩空气必须清洁和带有充分的润滑油雾;停止操作的工况下,排气口不能有漏气、窜气的现象。

电磁换向阀是利用电磁力来使主阀阀芯(滑柱)轴向运动,实现气流换向(适用于小流量气动回路)。而先导式电磁换向阀是利用电磁力来控制先导阀,先导阀打开后的气体压力使主阀阀芯(滑柱)轴向运动,实现换向(适用于大流量气动回路和自动化控制系统)。手动换向阀是利用人力操作手柄来使主阀阀芯(滑柱)轴向运动,实现换向(适用于自动化程度不高的气动装置)。

3)工作气路(执行机构)

如图 7.33 所示,工作气路(执行机构)一般由气缸、节流阀等组成,其作用是将压缩空气的压力能转变为机械能的元件,驱动夹具相关机构作直线运动、摆动或回转运动,并输出力和力矩,使夹具按照设定的速度进行工件的定位、夹紧、松开等功能。

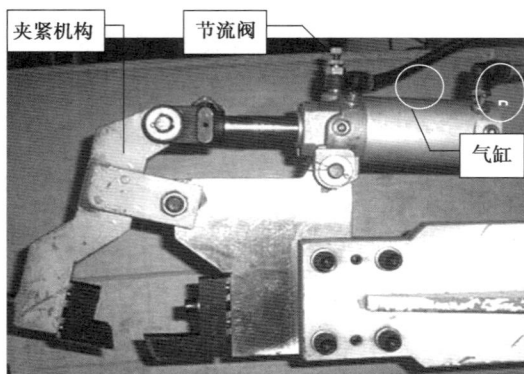

图 7.33　工作气路(执行机构)

(1)气缸

①作用

气缸按其用途或结构的不同,有单作用气缸、双作用气缸、摆旋转气缸等,其作用都是将压缩空气的压力能转变为机械能的元件,驱动相关机构作直线运动、摆动或回转运动,并输出力和力矩。

②工作原理(双作用气缸)

如图 7.34 所示为一个带气缓冲的双作用气缸结构图,当压缩气流从进气口"A"进入气缸左腔时(此时在换向阀的作用下,进气口"B"处于排气状态),活塞在气压的作用下,带动活塞杆回缩,夹紧臂进行打开行程。当活塞到达行程末端,缓冲套插入缓冲密封区时,主排气通道被封闭,空气只能通过缓冲通道经调节阀排出,使活塞降速,夹紧臂的打开速度变得缓慢,直到打开行程结束。

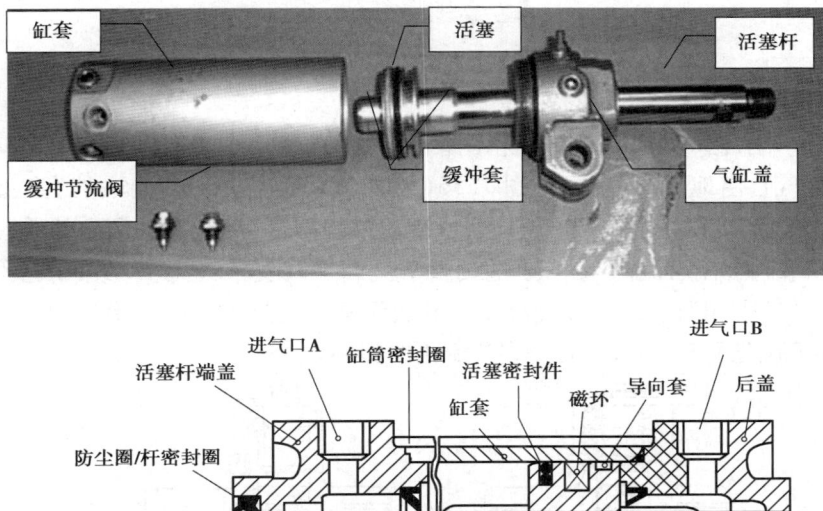

图 7.34　双作用气缸结构图

在控制气路的作用下,当压缩气流变向从进气口"B"进入气缸右腔时(此时在换向阀的作用下,进气口"A"处于排气状态),活塞在气压的作用下,带动活塞杆伸出,夹紧臂转为夹紧行程。当活塞到达行程末端,缓冲套插入缓冲密封区时,活塞进入缓冲行程,夹紧臂的夹紧速度变得柔和,避免速度过快产生冲击力而损害工件和夹具,直至夹紧行程结束。气缸完成一个工作循环。

这种缓冲气缸两端部都装有主排气节流阀和缓冲排气节流阀,分别与主排气通道和缓冲排气通道连接,通过可调节主排气节流阀可以改变活塞的运动速度(这种阀对进气也有节流作用),通过可调节缓冲排气节流阀可以改变活塞进入缓冲行程的运动速度。

③使用保养

作业过程中,要避免焊枪(或工件)和气缸及附件产生碰撞和发生接触分流现象;气缸不能有漏气、窜气现象,否则会产生夹不紧或夹不到位的现象;气缸上的节流阀、缓冲阀锁紧螺母应紧固可靠;压缩空气必须清洁和带有充分的润滑油雾,确保气缸润滑良好。

(2)节流阀

①作用

如图 7.35 所示为工作气路上常用的不同结构的节流阀,都是通过调节开度来控制气动回路中压缩空气的流量(一般多控制排气流量),从而调节气缸活塞的运动速度,使夹具相关机构的机械动作变得柔和、准确、协调。

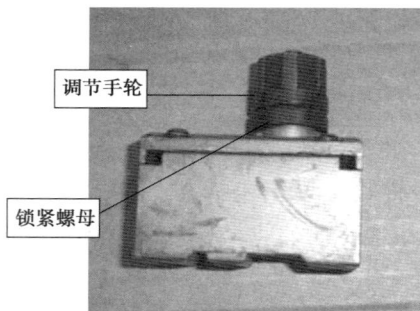

图 7.35　节流阀

②工作原理

如图 7.36 所示为一个节流阀的结构图,一个阀体内有一个单向阀和一个可变节流阀,图 7.36(a)中,空气自由地流向气缸,在图 7.36(b)中,气流经过有节流阀的通道流向排气口。如图 7.36(c)所示,当压缩空气从"A"向"B"流动过程中,一个通道被阀内的单向阀堵死,气流只能经过调节阀节流后流向"B",通过调整节流阀来改变排气流量,从而改变活塞的运动速度;当压缩空气从"B"向"A"时,气流可以畅通无阻地通过单向阀通道流向"A",只有少量经过节流阀,气流进入气缸时,没有受到节流阀的影响。

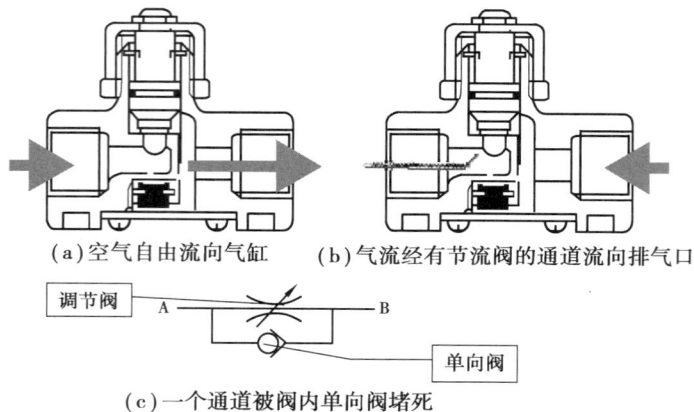

(a)空气自由流向气缸　　(b)气流经有节流阀的通道流向排气口

(c)一个通道被阀内单向阀堵死

图 7.36　节流阀结构图

③使用保养

节流阀安装调试合适后要将锁紧螺母拧紧,日常点检要作拧紧检查,必要时要重新调整,要避免焊枪(或工件)和阀体发生碰撞。

7.2.3　其他

1)活动轴、导轨机构

对夹具上的活动轴(或铰链销)、导轨等滑动机构,要及时清理油污及附着物,使表面无焊渣附着,没有碰伤、划伤、烧伤凸痕,要定期检查加油,使润滑油清新干净;配合间隙符合要求,在机构夹紧 U 形限位块闭合的状态下,用手摇晃相关机构,晃动量应小于规定标准。

2）夹具状况定检

按照《工装管理规定》，夹具使用者应配合专业人员，按《夹具定期检查表》的要求对夹具进行定期检查，并提供夹具使用情况的相关信息，见附录 1。

7.2.4 常用气动回路介绍

气动的基本回路实质是阀的组合，其作用是完成一定功能。现在已有了一定数量的能完成基本功能的气动回路，即使最复杂的气动回路也能由这些基本回路组成。

1）流量放大回路

大气缸需要大的空气流量，为避免手动操作大流量的换向阀，如图 7.37 所示（图中①为小流量的 3/2 手动操作阀，图中②为气控大流量的 5/2 换向阀）用较小的手动操作阀操纵大流量的气控换向阀。这种功能通常称为"流量放大"，它通常用于远距离控制。大流量阀接近气缸，而小流量阀设置在便于操作的控制板上。

2）信号切换回路

用流量放大回路的原理来切换操作阀的功能从常通到常闭或相反。在图 7.38 所示中操作阀①、阀②的输出压力消失，当阀①不操作复位时，阀②在复位弹簧的作用下再出现输出。这种回路称为"信号切换"。

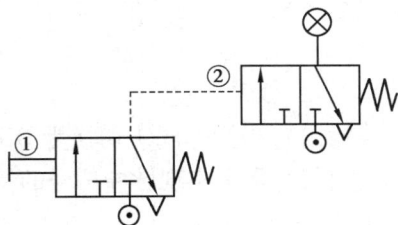

图 7.37   流量放大回路   图 7.38   信号切换回路

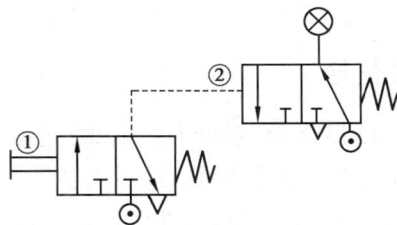

3）记忆功能

如图 7.39 所示，3/2 操作阀①和②分别控制 5/2 气控换向阀③，当操作阀①往返一次（阀瞬时操作），换向阀③输出通道从红切换到绿；当操作阀②往返一次（阀瞬时操作），换向阀③输出通道又从绿切换到红。这种如果没有对操作阀进行切换操作，5/2 换向阀就永久保持某一输出状态的功能，就叫记忆功能。这种回路在夹具气路中广泛应用于双作用气缸的控制气路。

4）延时功能

气动延时是根据气流通过节流孔压力在固定气容中变化所需要的时间来实现延时功能的。气容的压力是通向弹簧复位阀的气控口，用节流控制速度，它内装的单向阀反向时不限制气流量,复位时间很短。

如图 7.40 所示为"延时 ON"控制气路,通过调节阀②的控制气流量(给气)来实现信号延时输出。

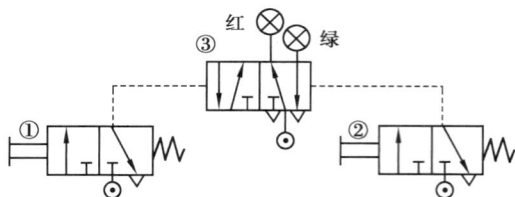

图 7.39　记忆功能

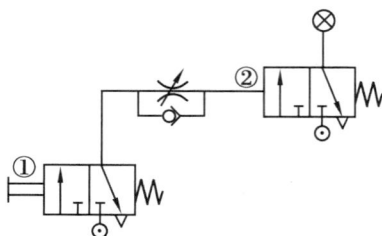

图 7.40　"延时 ON"控制气路

如图 7.41 所示为"延时 OFF"控制气路,通过调节阀②的控制排气流量来实现信号延时复位。

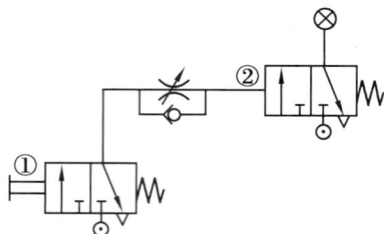

图 7.41　"延时 OFF"控制气路

5)脉冲信号

如图 7.42 所示为"脉冲 ON"控制气路(脉冲信号输出),当操作阀①切换为 ON 时(开),常开阀②输出一个脉冲信号。通过调节阀②的控制气给气流量来实现脉冲信号的持续时间。

如图 7.43 所示为"脉冲 OFF"控制气路,当操作阀①切换为 ON 时(开),初始信号同时操作 3/2 常开阀②和加压到容器③,当阀①复位(OFF)后,阀②切换为常通位置,接通容器③,输出压力信号。然后容器的压力在短时间内通过节流阀降低(排泄),压力信号消失,实现"脉冲 OFF"。通过速度控制阀来调节压力脉冲持续时间。

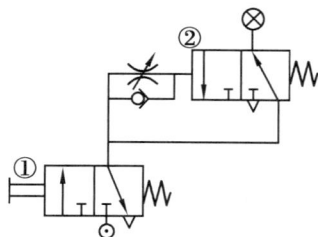

图 7.42　"脉冲 ON"控制气路

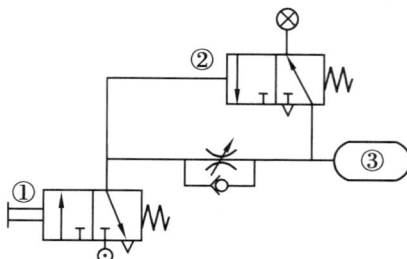

图 7.43　"脉冲 OFF"控制气路

6)气缸控制

（1）手动控制

①单作用气缸控制

a. 直接控制

如图 7.44 所示为一个单作用气缸连接着一个 3/2 手动操作阀和一个给气节流阀,气缸随着阀操作而动作,通过调节节流阀来调节气缸伸出行程活塞速度。这就是"直接操作"。

b. 双位置控制

如图 7.45 所示为一个单作用气缸连接着两个 3/2 手动操作阀、一个梭阀和一个给气节流阀,气缸和节流阀通过梭阀的作用,可以用两种不同通路来操作,实现双操作阀独立控制。

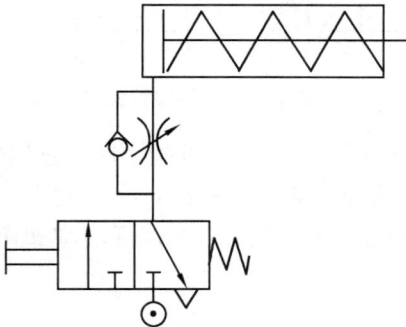

图 7.44　单作用气缸的直接控制　　　图 7.45　双操作阀控制

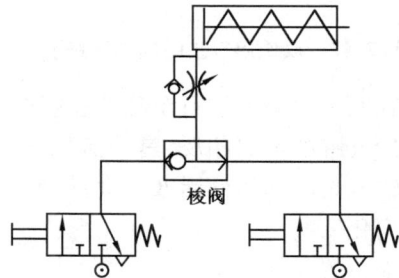

c. 安全联锁控制

如图 7.46 所示中的(a)和(b)回路是一个单作用气缸的安全联锁回路,从图中可知,只有在两个操作阀同时被操作时,气缸才能实现伸出行程。如回路(b)中用两个指示器显示,3/2 气控阀③能完成其功能必须同时满足:操作阀②(红灯亮)给气控阀③供给压缩气源;操作阀①(绿灯亮)给气控阀③一个气压信号,使之切换(输出开通,排气关闭)。这种回路常用于气动装置的安全操作(如气动压机的双手按钮开关)。

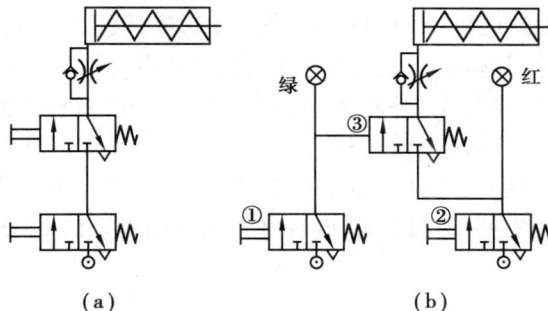

（a）　　　　　　　　（b）

图 7.46　安全联锁回路

②双作用气缸控制

a. 直接控制

如图 7.47 所示为一个双作用气缸的操作气路图,它和单作用气缸操作的唯一区别是用一个 5/2 阀代替 3/2 阀,在通常位置(不操作),输出口"B"与输入口"P"相通。如果气缸通常处于返回位置,输入连接到活塞的杆侧(图中气缸左腔)。

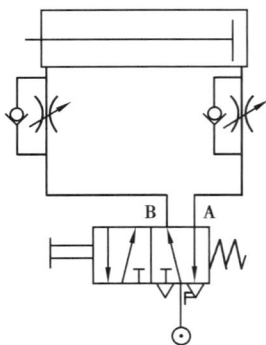

图 7.47　双作用气缸的操作气路图　　图 7.48　双作用气缸的位置保持

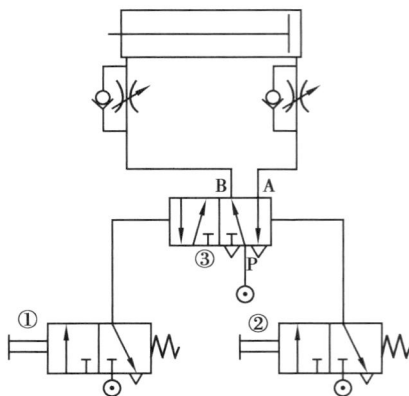

为了在两个方向上进行单独的速度控制,(气缸)两腔都接有速度控制阀。它们的节流方向与单作用气缸的情况相反,是节流气缸的排气。这与节流进气相比具有刚度大、稳定性好的特性。输入足够能量使活塞运动并加上额外的背压负载,背压随着速度的增加而增加,补偿了负载变化。

b. 终端位置保持

在很多情况下,气缸必须保持它的位置,甚至在操作信号消失后也必须这样。这要求有如图 7.48 所示的"记忆"功能。一个双稳阀固定在一个位置直至切换到相对的一端。

在图 7.48 中,双作用气缸的伸出行程由阀①启动,由阀②操作返回,阀③通过保持其本身的位置达到保持气缸的位置。阀③仅在其中一个手动操作阀操作时才切换。若两个气控口同时加压,则这个阀柱由于相同的压力作用在相同的面积上,因此将保持其原先位置,不转换原先信号。

c. 自动返回(复位)

如图 7.49 所示回路的阀②是一个滚轮杠杆式机械操作阀(行程阀),它在活塞杆伸出终端位置时被装在活塞杆上的碰杆(凸轮)操作,将阀③切换,气缸自然而然反向自动退回。

假如阀①仍保持原操作,则会产生这样的问题,就是当气缸到达行程终点时气缸不会返回,只要阀①的相对的信号保留着,阀②就不能切换阀③,一个双稳态阀只在相对的气控信号排气时,才能用另一个气压力切换阀。

如果气缸一到达行程终点时就必须无条件返回,一个简单的方法是将手动操作阀的信号改为脉冲信号。这就是图 7.42 和图 7.49 两种基本功能的组合(图 7.50)。

d. 连续自动往复

如图 7.51 所示,通过用滚轮杠杆式机械操作阀②、④检测行程的两个终端和利用它们使主阀③来回切换,可实现气缸的连续自动往复运动。当操作阀①到输出位置(开),气缸就开始连续自动往复运动状态,直至切换阀①使输出无气(关),气缸才能终止循环。但是气缸依然返回到活塞杆缩回的位置。

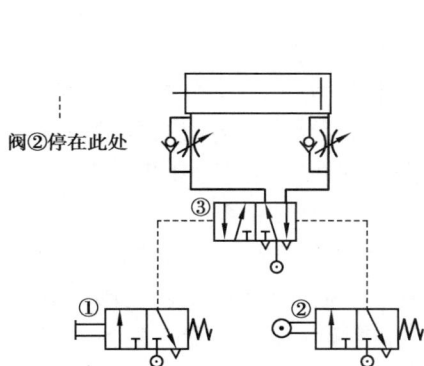

图 7.49　气缸的自动返回

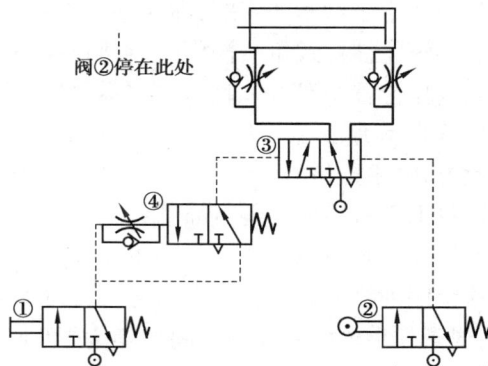

图 7.50　信号仍然保留，但气缸自动返回

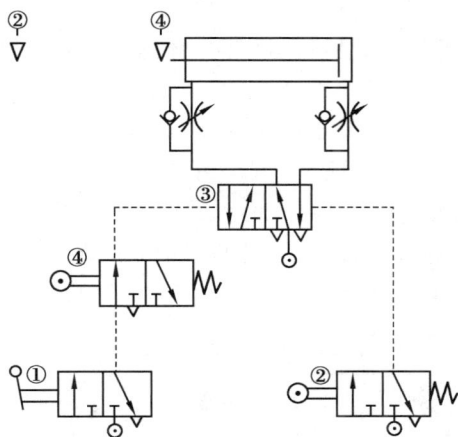

图 7.51　阀①动作时实现重复行程

（2）程序控制

①气路程序控制简述

气路程序控制常用以下规则来表述运动循环：假设每个执行组件用大写字母表示，如果它的复位位置（按这个位置画回路图）是活塞杆缩回位置，则称它为"负"（-）位，在伸出的位置称为"正"（+）位。压力信号切换方向控制阀（换向阀）称为"主控信号"，以区别其他信号。例如，滚轮杠杆式机械操作阀（行程阀），使气缸运动的指令从"-"移到"+"的位置称为"正"主控信号；在"A"气缸时，主控信号的代号简化为"A+"，自然，"A-"是气缸 A 退回的主控信号。

如图 7.52 所示为两个气缸的程序，运用上述代号，可以编出两个气缸程序为 A+、B+、A-、B-。

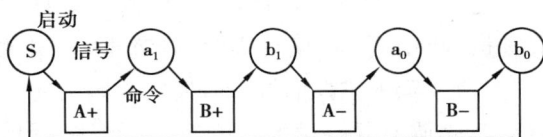

图 7.52　两个气缸的程序

现在产生了这样的问题,即这些主控信号来自何方。这个回答十分简单,即来自检测行程端点的滚轮杠杆式机械操作阀,它们同样需要一个代号,说明如下:

当复位位置"负"($-$)时,称为"零"(0),用"a_0"表示检测气缸"A"复位位置关的信号,其相反位置表示为"a_1"。为了表述清楚,信号总是用小写字母表示,被检测位置用符号标明。

此外,将主控信号(A+、B+、$\cdots$)的终端表示为"a_1、b_1、$\cdots$"的压力信号来发信等,用这些信号可以将上面所述程序编写如下:

A+$\rightarrow a_1 \rightarrow$B+$\rightarrow b_1 \rightarrow$A-$\rightarrow a_0 \rightarrow$B-$\rightarrow b_0$,还需要一个手动操作阀来启动和停止这个程序,它放在这个序列线的第一个主控信号(A+)的前面。如果程序需要继续,则启动阀应处于开启状态,但是如果该阀在循环中间切换为"OFF",则循环将继续动作直至程序的所有动作已经完成,然后才能终止循环。

这意味着最后的信号 b_0 出现后不能通过启动开关。这是图 7.52 功能的另一个应用。主控信号 A+需要两个信号"b_0"和"S_1"来启动。通常写作常用的代数式为"$S1.b0$"。

如图 7.53 所示,按照滚轮杠杆式机械操作阀的位置对其进行了代号编号,不需要画有行程端点检测阀的位置显示,或如图 7.50 和图 7.51 所示用数字指示的图放在气缸旁。

标准是将所有气缸画在顶部,在其下面是功能阀,再下面是提供行程终点信号的阀。

图 7.53 所示的当前状态是:执行机构(气缸 A、B)处于退缩死点位置,5/2 换向阀 A 和 B 分别给 A 和 B 气缸活塞的杆侧(图中气缸左腔)输入压缩空气,滚轮杠杆式机械操作阀(行程阀)a_0 和 b_0 处于操作(压住:输出)状态,滚轮杠杆式机械操作阀(行程阀)a_1 和 b_1 及手操作机械阀处于自然(松开:关闭排气)状态。

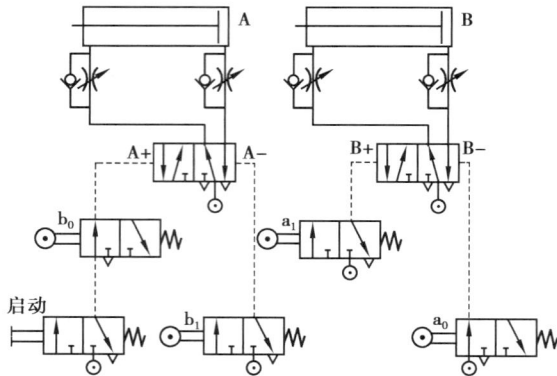

图 7.53   程序:A+、B+、A-、B-回路

当操作手操作机械阀(打开:输出信号)时,压缩空气经过阀 b_0 给主控阀 A 输入主控信号 A+,使主控阀换向,气缸 A 的右腔输入压缩空气,同时左腔排气(通过节流阀调节气缸速度),气缸执行伸出行程,使行程阀 a_0 松开(关闭:泄气),至死点时将行程阀 a_1 操作(压住:打开),主控阀 B 输入主控信号 B+,使主控阀换向,气缸 B 的右腔输入压缩空气,同时左腔排气(通过节流阀调节气缸速度),气缸执行伸出行程,使行程阀 b_0 松开(关闭:泄气),至死点时将行程阀 b_1 操作(压住:打开),主控阀 A 输入主控信号 A-,使主控阀换向,气缸 A 的左腔输入压缩空气,同时右腔排气(通过节流阀调节气缸速度),气缸执行退缩行程,使行程阀 a_1 松开(关闭:泄气),至死点时将行程阀 a_0 操作(压住:打开),主控阀 B 输入主控信号 B-,使主控阀换

向,气缸 B 的左腔输入压缩空气,同时右腔排气(通过节流阀调节气缸速度),气缸执行退缩行程,使行程阀 b_1 松开(关闭:泄气),至死点时将行程阀 b_0 操作(压住:打开)。回路完成一个工作循环。

单循环/重复循环:用于启动程序的阀的类型构成了两种循环的不同之处,如果它是一个单稳状态阀,当操作它时,将完成一个循环。在双稳态阀的情况下,循环将重复进行直至使它复位,无论什么时候启动它,回路总是完成循环,然后停止。

②夹紧加工回路控制

如图 7.54 所示为一个夹紧回路图,夹紧机构由一个单作用气缸 A 和一个双作用气缸组成。控制回路由手操作阀(启动阀)、顺序阀 a_1、脉冲信号、5/2 换向阀、滚轮杠杆式机械操作阀 b_1(行程阀)组成。

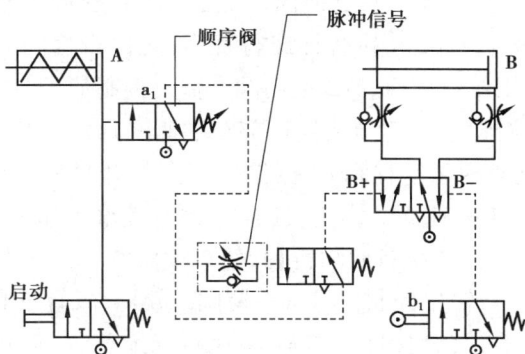

图 7.54　夹紧回路

当操作启动阀,压缩空气通过三通管接头,一路与单作用气缸口相连使气缸 A 执行夹紧(伸出)行程,另一路通过顺序阀 a_1 调节后,经脉冲控制给 5/2 换向阀输送脉冲信号 B+,使之换向,气缸 B 启动加工操作(伸出)行程,加工工序结束后(伸出行程结束),阀 b_1 被操作(压住:打开),给 5/2 换向阀输送信号 B−,气缸 B 立即复位,放开启动阀,气缸 A 复位。完成一个工作循环。

在这个回路中,操作者必须一直按住按钮直到工作完成,如果加工启动后,操作人员就释放了按钮,夹具就被松开,很不完善。为解决这个问题,利用图 7.39 的“记忆回路”,如图 7.55 所示,在回路中增加 5/2 双稳换向阀①、脉冲信号④、滚轮杠杆式机械操作阀 b_0(行程阀)。

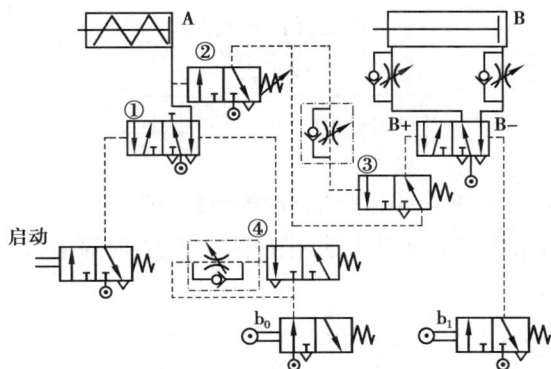

图 7.55　具有附加锁紧功能的夹紧和加工回路

当操作启动阀(启动后放开),控制气源使5/2双稳换向阀①换向,输出的压缩空气通过三通管接头,一路与单作用气缸口相连使气缸 A 执行夹紧(伸出)行程,另一路通过顺序阀②调节后,经脉冲控制给5/2换向阀输送脉冲信号 B+,使之换向,气缸 B 启动加工操作(伸出)行程,首先使行程阀 b_0 松开(关闭-泄气),单稳阀④在弹簧作用下复位(和 b_0 输出接通),加工工序结束后(伸出行程结束),阀 b_1 被操作(压住:打开),给5/2换向阀输送信号 B-,气缸 B 进行复位(回缩)行程,行程结束时,阀 b_0 被操作(压住:打开),信号(压缩空气)经脉冲控制④给5/2换向阀①发送脉冲信号,使之换向,气缸 A 复位。完成一个工作循环。

③分组供气控制回路

如图7.56所示为两个气缸分组供气的控制回路,当启动手操作机械阀(打开-输出信号)时,5/2换向阀①输入控制信号 A+,使之换向,气缸 A 的右腔输入压缩空气,同时左腔排气(通过节流阀调节气缸速度),气缸 A 执行伸出行程,首先使行程阀 a_0 松开(关闭:泄气),至死点时将行程阀 a_1 操作(压住:打开),5/2换向阀②输入控制信号 B+,使之换向,气缸 B 的右腔输入压缩空气,同时左腔排气(通过节流阀调节气缸速度),气缸 B 执行伸出行程,使行程阀 b_0 松开(关闭:泄气),至死点时将行程阀 b_1 操作(压住:打开),5/2换向阀③输入控制信号,使之换向,并输出控制信号 B-,使阀②换向,气缸 B 的左腔输入压缩空气,同时右腔排气(通过节流阀调节气缸速度),气缸 B 执行回缩行程,使行程阀 b_1 松开(关闭:泄气),至死点时将行程阀 b_0 操作(压住:打开),输出控制信号 A-,使阀①换向,气缸 A 的左腔输入压缩空气,同时右腔排气(通过节流阀调节气缸速度),气缸 A 执行回缩行程,使行程阀 a_1 松开(关闭:泄气),至死点时将行程阀 a_0 操作(压住:打开),输出控制信号使换向阀③换向,回路完成一个工作循环后回复到初始状态。

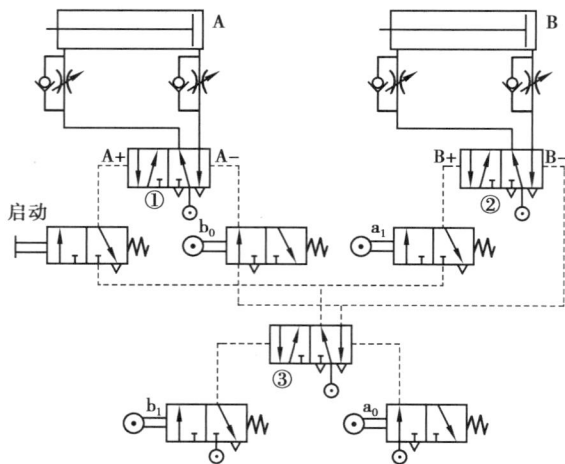

图7.56 两气缸分组供气控制回路

这种分组供气控制回路在气动夹具中使用比较多,是实现两组以上气缸的分组供气控制比较简单的回路。

任务 7.3 设计焊装夹具

7.3.1 汽车车身焊装夹具综述

车身从一般感性上认识既是汽车的薄壁冲压外形,它对结构、强度和工艺都有严格的要求。焊接是车身成形的关键。白车身的各级构成焊装组件如图 7.57 所示。考虑车身冲压件的薄壁特性,为确保各零件在焊接处的贴合和相互位置,在焊装过程中必须依赖专用的多点定位夹紧的焊装夹具。焊装夹具设计直接决定最终的车身质量,其设计必须以车身主模型为依据。焊接夹具必须在车身焊接过程中定位夹紧,保证车身零件之间正确的装配关系,同时保证车身焊接质量及焊接过程的顺利进行,保证整个车身的装配精度。

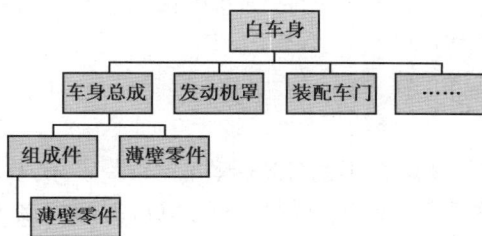

图 7.57 白车身的各级构成焊装组件

焊接夹具作为产品生产过程中一种有效的辅助方式,可以实现工件定位的快速准确化,包括指引焊枪或工件的导向装置在内的用于装配和焊接技术的工艺设备的总称。焊接夹具的出现使金属结构焊接工艺产生了巨大变化,它极大地方便了焊工操作,提高了效率。同时,它能够更好地确保焊接产品形状尺寸误差符合设计要求。简单的焊接夹具对于设计人员来说易于掌握,汽车工业的蓬勃发展最终使得焊装夹具的设计发展成为一种工业技术,形成了独特的设计理论和方法。

1)焊装夹具设计原则

每一套夹具都有自己特定的工作环境,需要考虑的方面各不相同。但是要设计一套合理的汽车夹具应该解决以下问题:

①焊装夹具必须保证焊件焊后能获得正确的几何形状和尺寸,尤其是保证车身上门窗等孔洞的尺寸和形状。装配时,夹具必须使被装配的元件获得正确的位置和可靠地夹紧,并且在焊接时能阻止焊件产生变形。

②使用时要安全可靠,在夹具上凡是受力的各种器件,都应该具有足够的强度和刚度,足以承受重力和焊件变形所引起的各个方面的力。

③焊装夹具要便于操作,在保证强度和刚度的前提下,应该轻便灵巧;定位、夹紧和松开应该省力又迅速。

④夹具应该容易制造和便于维修,夹具零部件应该尽量标准化、通用化、易于加工制作;易磨损的零件要便于更换。

⑤成本要低,制造时投资少,且要能源消耗小和管理费用少。

⑥应该便于施工。夹具应使装配和焊接过程简化,操作程序合理;工件装卸应当方便;能够保证装配和焊接过程正常进行;采用焊枪的夹具,应该考虑电极的结构形式和必要的导电绝缘装置,以减少阻抗和分流;能使焊缝处于简便施焊的位置;具有供焊枪、焊钳、焊距进出和移动的空间和工人自由操作的位置;在夹具上便于进行中间质量检查等。

⑦车身总成焊装夹具结构复杂,在制造和使用中应该能够调整样架来进行校正。

⑧在同一个夹具上,定位元件和夹紧机构的结构形式不宜过多,并且尽量只选用一种动力源。

⑨尽量选用已通用化、标准化的夹紧机构及标准的零部件设计制造焊装夹具。

上述这些原则是设计车身焊装夹具时所必须考虑的,但具体到焊装夹具的结构上却差异甚大,有的焊装夹具只有一个简单的框架,有的则相当复杂。一般来说,应根据生产批量的大小和产品结构的特点并结合本厂的生产条件(如车间面积、起重设备、水电气供应情况和技术水平等)来选择焊装夹具的类型。

2)工艺分析流程

在开始进行夹具设计前需要进行工艺分析条件注入,要求完成以下几个工作内容:

①根据数模、产品图、参考车工艺进行焊接 SE 分析,编制焊接工艺流程并提出定位孔并编制 MLP、MCP。

②根据设计纲领、数模、产品图、参考车工艺、焊接工艺流程,初步确定夹具数量。

③根据工艺路线、夹具数量进行工艺平面布置图的设计。

④初选焊钳图库。

⑤制订工位节拍、安全管理及详细工艺方案。

⑥符合物流要求。夹具公司根据整车厂提供资料完成夹具的设计制造,如图 7.58 所示。

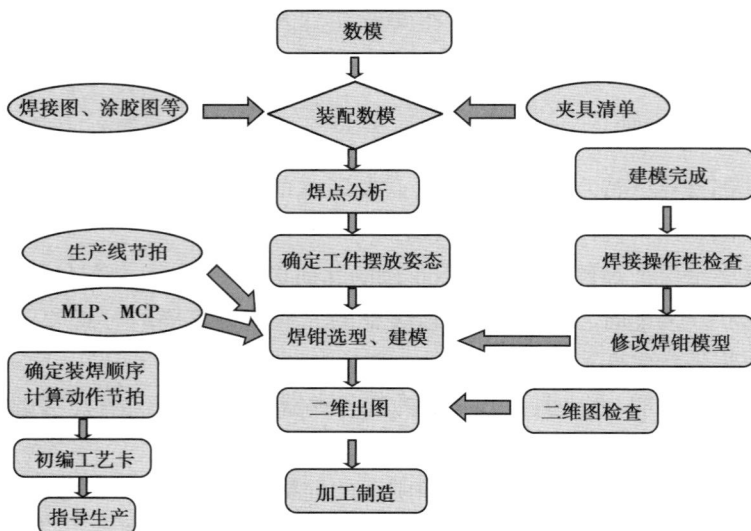

图 7.58　夹具的设计制造流程

其中,动作时间的计算参考标准如下:

a. 装件时间:小件 2 s,大件 5 s。

b. 夹紧、松开时间:每级 2 s。

c. 夹具举升、旋转时间:各 5 s。

d. 滑台平移(气动):根据平移距离按平均 0.1 m/s 的速度计算(一般行程 0.5 m)。

e. 输送线升降时间:根据升降高度按平均 0.1 m/s 的速度计算(一般行程 0.5 m)。

f. 输送线前进、后退时间:根据升降高度按平均 8 m/min 的速度计算(一般升降高度 4 m)。

焊接时间的参考计算:

a. 点焊:每点 3~5 s,根据焊接部位、焊钳大小操作方便性确定。一般中小夹具:每点 4 s,地板大焊钳工位每点 5 s,侧围补焊、车身补焊每点 3 s。换枪时间 5 s。以上包括焊枪移动时间。

b. 弧焊:连续焊 10 mm/s。

c. 凸焊螺母、植钉:5 s/个。

d. 涂胶:连续涂胶 20 mm/s,涂胶胶点 2 s/点。

7.3.2　夹具设计

1)夹具三维建模

(1)建模准备

如图 7.59 所示,首先根据车身三维数模截取零件截面,然后将零件截面图读入夹具设计单元中。结合设计基准书、夹具夹持方案、MLP、MCP 分析单元数量及分布方向,夹具操作高度、控制方式,各单元定位销的类型、定位面的组成、压紧方式分析确定各单元的结构组成部件,选用标准件、国标件的类型及数量。

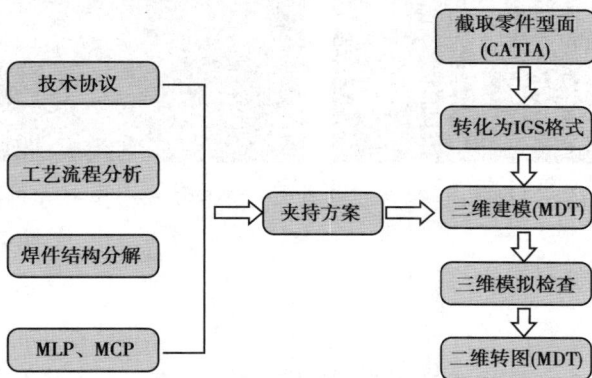

图 7.59　夹具建模准备

设置软件参数后,进入标准件库,选择合适的标准件,包括压块、定位块、定位销托、气缸等。

完成标准件选择后,进入草图平面,绘制非标件,包括 GAUAGE、CLAMP 及自制件等。

改变气缸的尺寸约束,检查夹具的干涉情况。

(2)三维建模过程图

如图7.60所示为三维建模过程图。

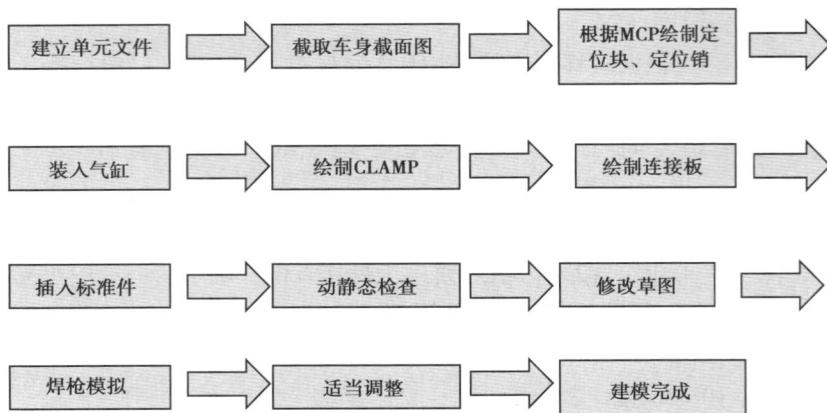

```
建立单元文件 ➡  截取车身截面图 ➡  根据MCP绘制定位块、定位销 ➡

装入气缸 ➡  绘制CLAMP ➡  绘制连接板 ➡

插入标准件 ➡  动静态检查 ➡  修改草图 ➡

焊枪模拟 ➡  适当调整 ➡  建模完成
```

图7.60 三维建模过程图

(3)基本的标准件图库

如图7.61所示为基本的标准件图库。

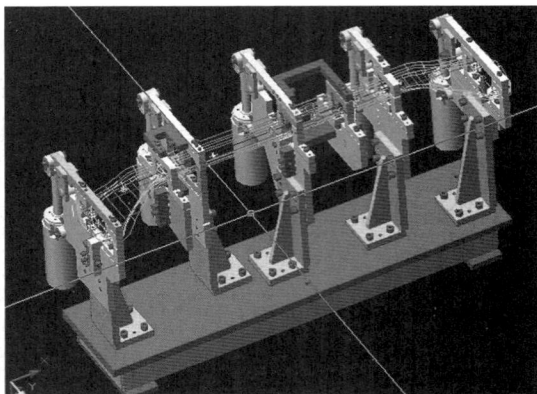

(4)用MDT制作完成的夹具

如图7.62所示为用MDT制作完成的夹具。

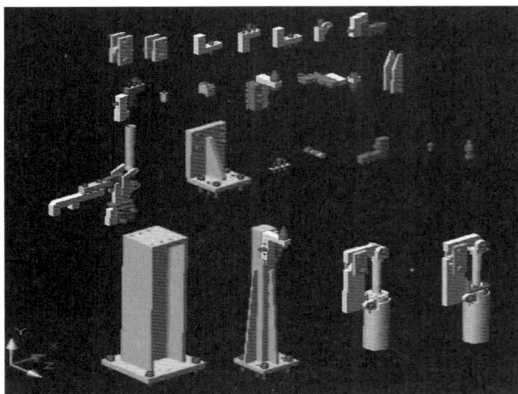

图7.61 基本的标准件图库

图7.62 用MDT制作完成的夹具

2)二维转图及尺寸标注

(1)出图步骤

如图7.63所示,首先打开转图对话框,对参数进行设置,选择出单元图或零件图旋转调整坐标系,选择世界坐标系,并使图形处于正视图方向。完成主视图的二维转化,再选择转化其他方向视图及轴侧图。选择要转化的零件并激活,将非标准件转化为二维视图。调入标准图框,将视图装入标准图框中。

图 7.63　出图步骤

　　绘制夹具单元的 Carline 线,为了方便检测和装配,Carline 线坐标值一般取整数。引出单元中的序号,整理单元的零部件明细表,展开明细表中的部件,整合相同的零件,并对标准件和国标件进行说明。过滤明细表,完成零件图的明细表设置。

　　(2)尺寸标注

　　夹具总图上应标注夹具轮廓尺寸、操作高度、卡兰线(应该与汽车坐标线统一)、坐标基准、坐标基准孔、各部件的安装位置、气缸位置、所有定位尺寸,坐标基准孔应相对坐标线标注。出图内容包括三向视图及轴测图。

　　单元中的非标件需要出零件图,并标注公差、表面加工精度等相关技术要求。

　　一般要求:加工型面不得超过±0.07 mm,尼龙件外形不得超过±0.5 mm,关系相对较近标注可就近选择标注基准,销孔公差选择过渡配合 H7/j6,其他标注尺寸参考加工尺寸标准。

（3）零件图标注举例

如图 7.64 所示为零件图标注。

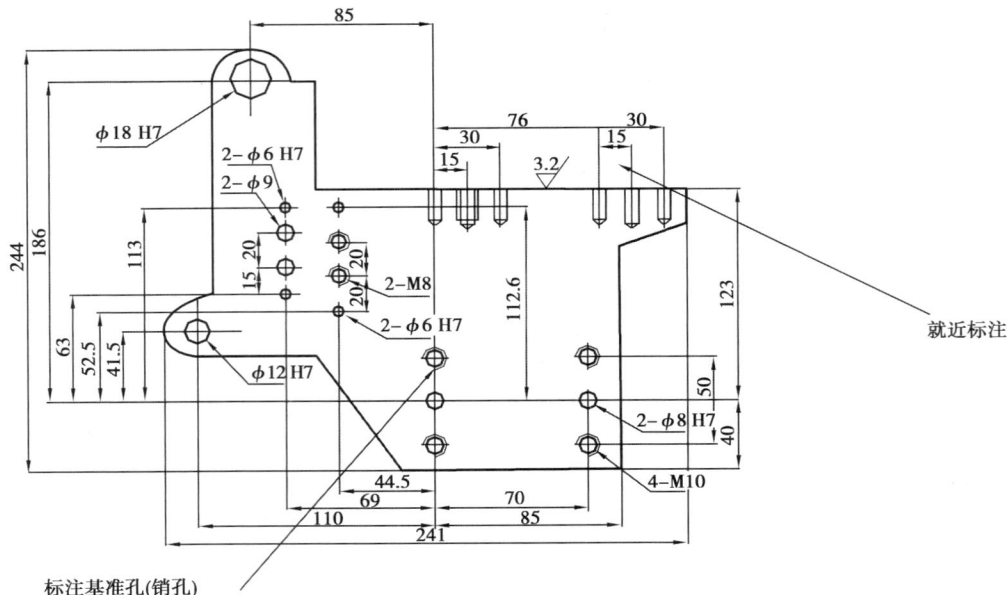

图 7.64   零件图标注

（4）装配图标注举例

如图 7.65 所示为装配图标注。

3）零件加工流程

零件加工以二维图为准,其中,标准件多数厂家是配套供货,而自制件仅仅是 BASE 等的面加工和削、支撑面加工,特殊的如连接板根据形状按需要定,要自己制作,现场采用数控火焰切割机,切割余 3 mm,切割后加工磨平。

从加工过程的检验、加工标准、零件材料信息、三坐标检测及常用检测方法这 5 个方面进行阐述:

（1）加工验证

①图纸验证

a. 检验图纸的各项标注是否一致。

b. 注意图纸所标明的比例。

c. 注意图纸是否与电子图一致。

d. 检查图纸的标注是否与实际应用有误。

e. 检查图纸与工件是否一致。

②工装的验证与工件的装卡

a. 定期检验工装精度。

b. 注意对工装进行修整。

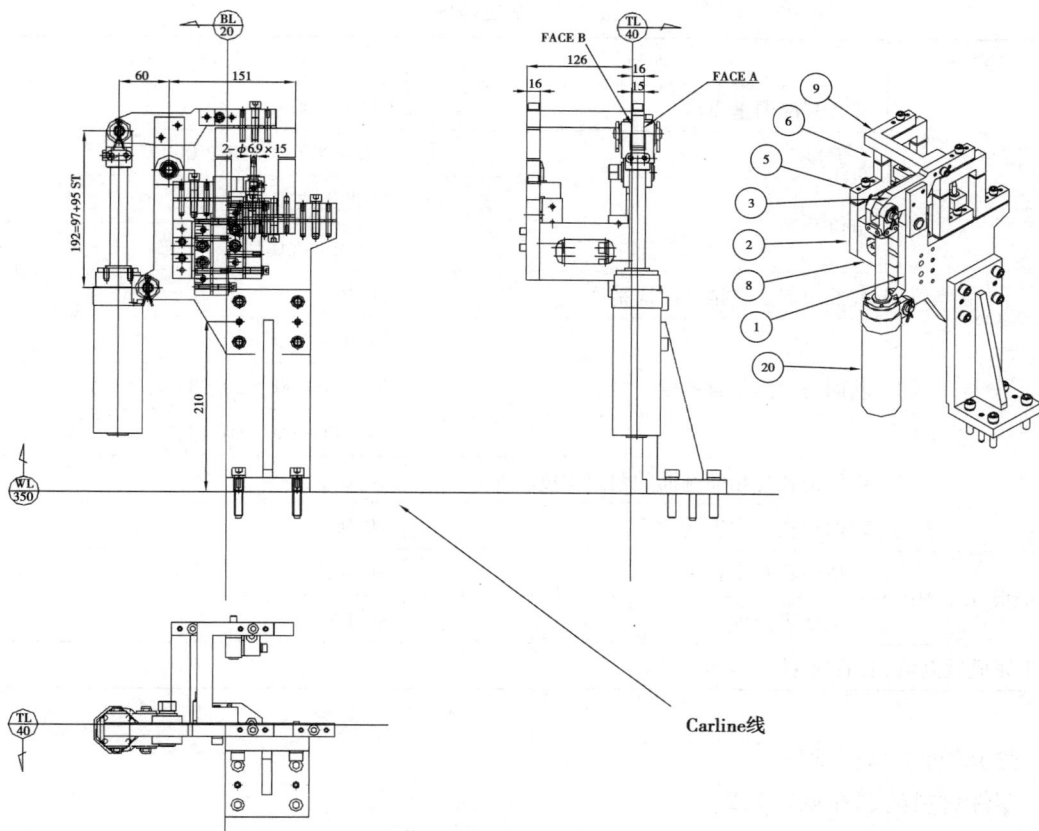

图 7.65　装配图标注

c. 及时更换丢失精度的工装。

d. 工件装夹时的装夹点要分布均匀。

e. 工件装夹选择适当位置。

f. 压紧力要均匀。

g. 压紧点要放在垫铁与工件的中间。

③加工前的二次验证

a. 工件与编程所用的图纸是否一致。

b. 工件原点是否与编程一致。

c. 加工时正面与反面所用的坐标是否一致。

d. 打孔时所使用的刀具是否是程序所用刀具。

④加工后的验证

检查完成情况与图纸是否一致,有无遗漏。

(2)加工标准

加工标准见表 7.1。

表7.1　加工标准

工件名称	项目	公差值/mm
BASE	交叉基准槽垂直度	0.10/1 000
	平面度	0.02/200　0.10/2 000
	定位孔精度	相邻孔位:0.03
		任意孔位:0.08
	基准边与定位销孔距离精度	±0.03
	基面与立面垂直精度	$L=100-300$　±0.05
		$L=300-500$　±0.08
		$L=500-600$　±0.12
	定位销孔与相关基面的距离精度	±0.03
	定位销孔的位置精度	±0.05
连接板/CLAMP	定位销孔孔位精度	±0.02
	连接板平面度	±0.03
加工完成后倒角、去毛刺、抹油与砸钢号		

（3）零件材料的选择

零件材料的选择见表7.2。

表7.2　零件材料的选择

名称	规格	材料	热处理
L板		45#	
LINK		Q235-A	
CATCHER（支撑座）		45	HRC40-45
STOPPER		45	HRC40-45
HING PIN		45	HRC40-45
SHIM（LOCATE）		60Si2Mn	
SHIM（L-PLATE）		Q235-A	
GUIDE（导向）		Q235-A	
LOCATE PIN		45	HRC40-45
LOCATE PIN（定位小工件,与环形磁铁MGI-RI结合使用）		20Cr	渗碳（渗碳深度0.5~0.8）表面淬火HRC58-60
BASE HANGER		Q235-A	
TURNING DEVICE		45	HRC40-45

续表

名称	规格	材料	热处理
TURNING BLOCK	旋转腔体	HT200	铸件不得有气泡,夹杂等缺陷,表面光整。需经过时效处理
LIFTER COVER		Q235−A	HRC40−45
LIFTER JOINT		Q235−A	
LIFTER LOCK		Q235−A	
LIFTER SHAFT		45	HRC50−55
TEMPLATE		45	调质(表面发黑处理,成品件型面部分表面高频淬火硬度大于 HRC38)

（4）三坐标检测

在夹具完成装配后,都要经过三坐标检测其精度,主要采用 CAM2. Measure3. 91 和 MDT 两种软件来操作,测量步骤大致如下:

①清理夹具台面,将三坐标放在 BASE 板上,打开磁铁开关,固定三坐标。

②将该设备连接好电源和笔记本电脑。

③开启 CAM 软件。

④开启三坐标,展开三坐标手臂,以激活坐标,开始数据传输。

⑤建立坐标系。

a. BASE 板上取 4 个点,CARLINE 线的两条基准线上各取两点。

b. 设置相关参数,使测量坐标与图纸的坐标一致。

c. 保存两份坐标系(SAT 文件),从 MDT 中调出数模,然后去掉图纸中不相关的线,同时检查所需检测面是否画出,输出为 IGES 文件,再将该文件调入保存过的 SAT 文件中。

d. 开始测量,对孔和面一般都取 4 点,将测量值与理论值比较,分析偏差是否合格,误差不大时采用垫片调整,合格后保存文件。

（5）检测方法

夹具的装配需要用到较多测量工具和测量方法,一些常用的检测方法如下:

①利用高度尺来检测型面的位置、销距、画线等。

②利用验距台来检测销孔距离。

③利用游标卡尺检测板厚、两面间的距离以及深度。

④利用万能角度尺测量角度及距离。

⑤利用角尺来测垂直和定位。

⑥利用千分尺来测量直径。

⑦利用便携式三坐标检测装配精度。

⑧利用固定式三坐标检测、画线。

一夹具单元的加工步骤见表7.3。

表7.3 一夹具单元的加工步骤

工序号	工序名称	设备
1	备制毛坯(下料)	数控火焰切割机
2	铣平面	滑枕铣床
3	去毛刺,倒角	铰磨机
4	钻平面孔	经济数控立式钻床
5	倒角(孔)	倒角器
6	铣端面	万能升降台铣床
7	去毛刺,倒角	铰磨机
8	钻端面孔,倒角	经济数控立式钻床
9	焊接	电焊机
10	检测	高度尺
11	攻丝	西湖台式钻床
12	油漆(装配部分完成)	毛刷

4)气路分析

(1)气路图制作过程示意

如图7.66所示为气路图制作过程。

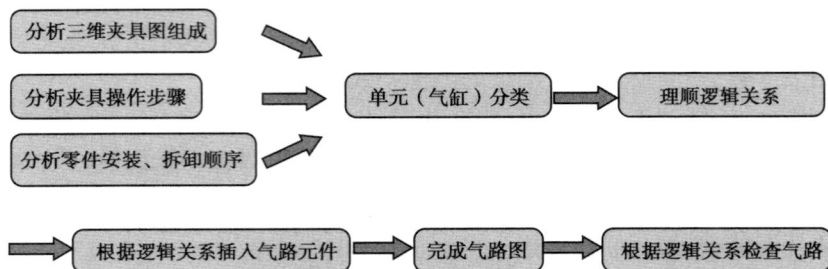

图7.66 气路图制作过程

逻辑分析就是将夹具操作和零件安装等动作先后顺序和相互之间的关系应用气路元件进行表达的过程,实际绘制气路图主要考虑顶升的速度、顶升与全开的关系、前后夹紧顺序等问题。

(2)常用气路元件介绍

如图7.67所示为常用气路元件。

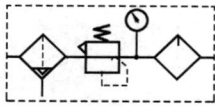

（a）气动三联件　　　　　　（b）按钮开关　　　　　　（c）气缸

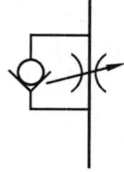

（d）气缸行程开关　　　　　（e）单向截流开关　　　　（f）与阀

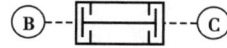

（g）二位三向阀　　　　　　　　　　　　　　　　　（h）二位二向阀

图 7.67　常用气路元件

综合训练

附　录

附录1　焊接夹具定期检查表

一汽海南汽车有限公司 FAW HAINAN MOTOR						37-014	
焊接夹具定期检查表		检查人员			车　　型		
					夹具名称		
编号:		检查期间			夹具编号		
检查周期:2万台套		点检判断符号:正常√异常×修好〇			夹具工位		
检查项目			查检手段及方法	检查判断基准		结果	备注
基准销	组焊工位	销径磨损程度	先用目测选择最小的方向用游标卡尺测量	销径磨损<0.2 mm、单面<0.1 mm			
	增打工位			销径磨损<0.5 mm、单面<0.25 mm			
	固定式定位销紧固状况		用手扳动	不允许转动和拔出			
	活动定位销径向晃动状况		用卡尺测量	摆动量<0.2 mm			
	全销有效长度(高出工件表面部分)		目视或直尺测量	3～5 mm			
	基准销安装座		目视	红色标记宽10 mm左右			
	基准销表面		目视	无分流烧伤痕迹,无焊渣脏物附着			

	检查项目	查检手段及方法	检查判断基准	结果	备注
基准面	基准面表面	目视	无分流烧伤痕迹,无焊渣脏物附着		
	和工件之间的装配间隙	用 0.1 mm 塞规检查	基准面和工件间的间隙<0.1 mm		
	基准面的磨损状况	用游标卡尺测量	磨损量<0.2 mm		
	基准面安装座	目视	红色标记宽 10 mm 左右		
压紧块	压紧状态	用手扳动工件或夹紧臂	无松动现象		
	压紧臂颜色	目视	可动部分涂黄色		
	止动面(导板及导板止动块)	目视、手动、塞规	无焊渣异物附着,止动面间间隙<0.1 mm		
	滑动部分	用游标卡尺测量	松动间隙值<0.2 mm		
气动部分	调节阀	气压调试	压力可调节		
	过滤器	目视	过滤杯内无积水脏物		
	油雾器	目视	油量在下刻度线之上,气缸动作 20～30 缸次出一滴油		
	气动元件及气路	操作检查	动作协调,无漏气现象		
限位开关	限位开关固定状况	用手扳动	无松动、位移		
	开关动作	操作检查	动作准确可靠		

备注:测量基准有数据的将实测数据记入备注栏,结果栏填写判断符号

附录 2　图形符号

流体动力系统和组件的图形符号是根据 ISO 1219 标准。这个标准既适用于液压又可用于气动。图形符号只表示组件的功能但不表示它的结构。

正方形的内部用箭头“╲”表示气流流动的方向。

如果外部气口与内部不通,用图形符号“T”。

在正方形的底部,空气输入用“”、排气用“▽”。

操作件的图形符号画在正方形或正方形群外侧。主要的操作图形符号如下:

复位弹簧“ W”(事实上不是操作件,是阀内组件),一般画在正方形的右边。

机械操作:直柱塞杆式“”;滚轮杠杆式“”;单向滚轮杠杆式“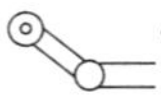”。一般画在正方形左边(水平倒装)。

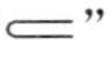

手动操作:一般“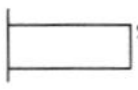”;杠杆“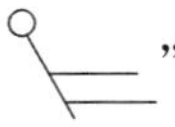”;按钮“”;推拉钮“”。

气控操作用信号压力线(规划到正方形的一边,空气流的方向用三角形表示“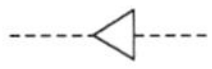”,它通常和其他操作组在一起,先导式空气操作是用带三角形的长方形“”;直动式电磁阀用“”;先导电磁控制用“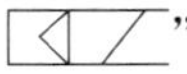”。

(1)空气处理组件

对空气净化和空气干燥的组件的基本图形符号是一个菱形,输入口和输出口从左边和右边对角引出一条直线。菱形内部用进一步的图形符号表示特殊功能。如图 1 所示说明。

基本的压力调节阀的图形符号是一个正方形,输入口和输出口从左边和右边中间引出一条直线,空气流动用箭头表示方向,复位弹簧用锯齿表示,在锯齿交叉斜着的箭头表示可调节。主要的图形符号如图 1 所示。

(2)方向控制组件-阀

方向控制阀的基本图形符号是正方形或正方形群。进气口和排气口画在正方形的下面,输出口在上面。每个功能(阀的位置)有一个正方形,如一个方向控制阀有两个或多个功能,则正方形排成一直线,正方形的数量与功能数一样多,主要的图形符号如图 2 所示。

(3)执行组件

直线型的气缸画成简化了的横断面。活塞型或其他型气缸画法没有差别。回转式执行组件有它自己的图形符号,对齿条齿轮型和叶片型均适用。

(4)画回路图的基本规则

回路图中的系统是画成静态的。假设有压力供应,在混合的回路情况下,则为断电状态,而各种组件画成反映这种设想的位置,如图 3 所示。

空气的净化和干燥

自动排水器 空气冷却器 冷冻空气干燥器 空气干燥器 空气加热器 热交换器

水分离器 过滤器 过滤器(分杂器) 带自动排水的过滤器 多级微过滤器 油雾器

压力调节

基本符号 可调节弹簧 减压阀 带溢流减压阀 差压阀 压力表

单元

FRL单元，详图

FRL单元，简图

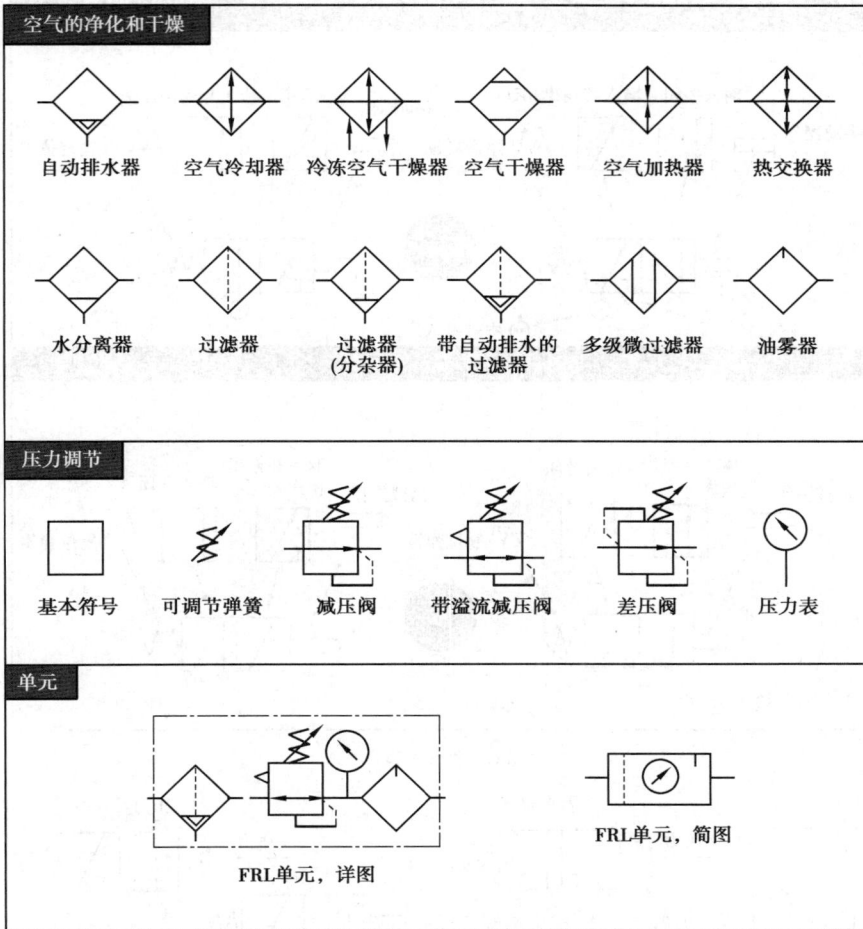

图 1　ISO 1219 空气处理元件的图形符号

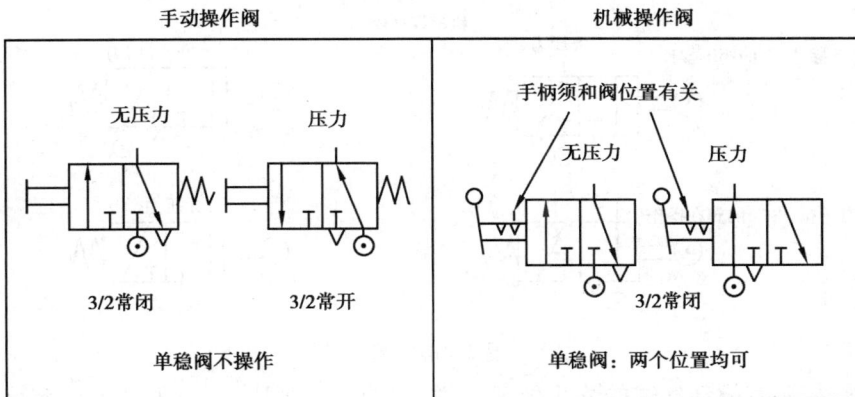

手动操作阀　　　　　　机械操作阀

无压力　压力

3/2常闭　3/2常开

单稳阀不操作

手柄须和阀位置有关

无压力　压力

3/2常闭

单稳阀：两个位置均可

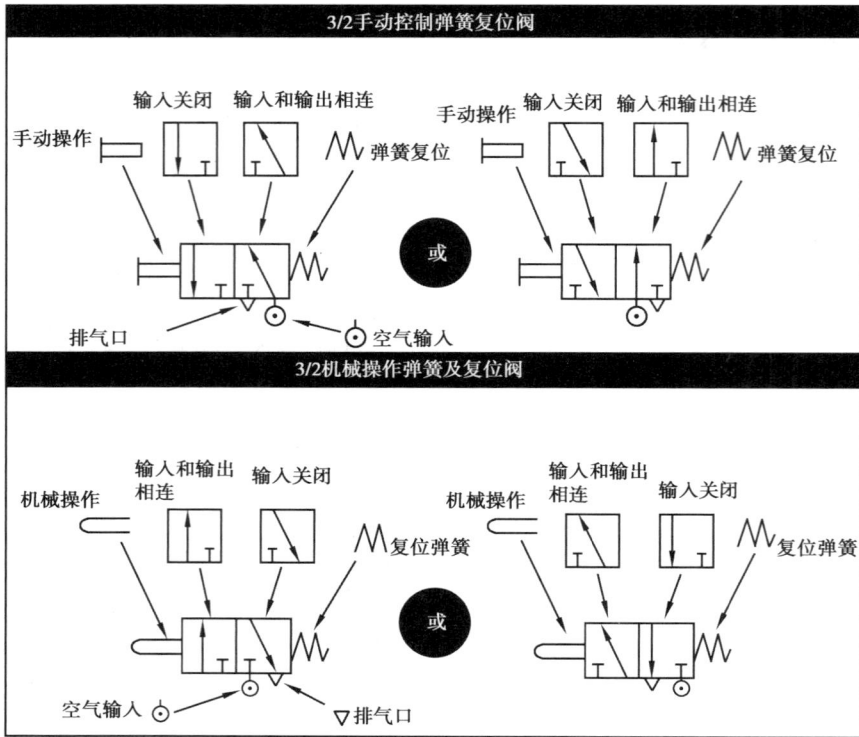

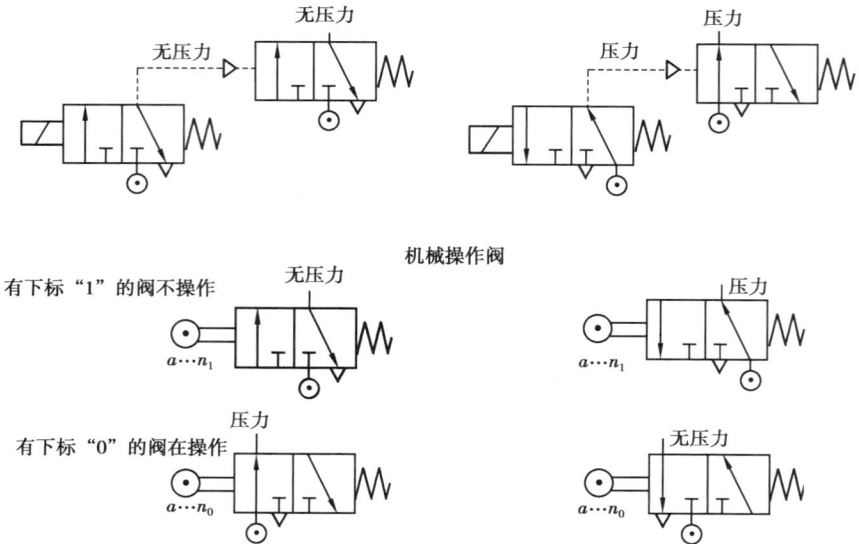

图 2 操作阀

对于一个控制着驱动气缸的静止位置来说，它的表示画法为：将外部连接部分画到正方形的操作器侧。例如，一个常开 3/2 阀中，输出连接到供气处，通压，若信号接到一单稳态的气控阀上而通压，它就画到操作位置。

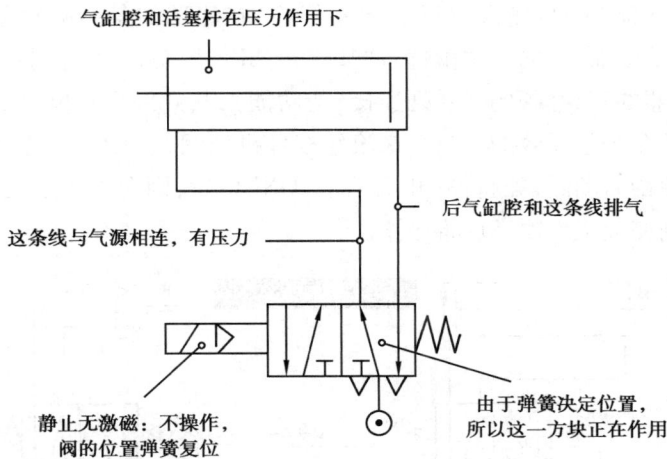

图3　画回路图的基本原理

（5）回路图布局

在回路图中，按功能顺序从底部到顶部，工作循环从左到右，气源三大件（FRL）处于左下角，作出第一个动作的气缸处于左上角，动力阀直接画在它们所控制的气缸下面，它们形成一个动力单元并以大写字母动作顺序，在一个纯粹的气动回路图中，控制气缸驱动最终位置的3/2滚轮杠杆式机械操作阀应处于较低的位置。在这些组件和动力阀单元之间，可加入一些有保证正确程序（记忆功能）的辅助阀，有时也加入具有逻辑功能的联锁辅助阀，如图4所示。

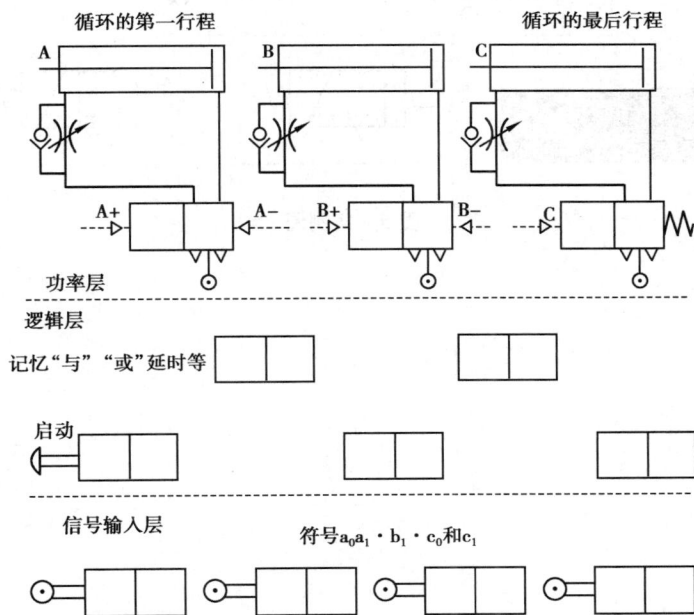

图4　气动回路图的基本布局

（6）回路图实例说明

如图5所示为一个完成"A＋，B＋，B－，A－"程序的气动回路图，它分成3个部分，"动力部分"(工作气路)在顶部,"信号输入"(部分控制气路)在底部,"信号处理"部分在中间,在这个例子中需要一个记忆器,它的开关由信号"M+"和"M−"控制,可将这种阀作为串联阀,逻辑功能是对带有记忆器的停/开阀的一系列连接(与功能),其效果是只要气缸 A 不回到它的静止位置,对它启动的命令是无效的。只有在滚轮杠杆机械阀 a_0 工作后,记忆器才预置到图中的位置,并提供气源给启动阀,如将停/开阀处于"ON"位置,则允许重复循环工作,将该阀置于图标静止位置,则完成工作循环后将停止。

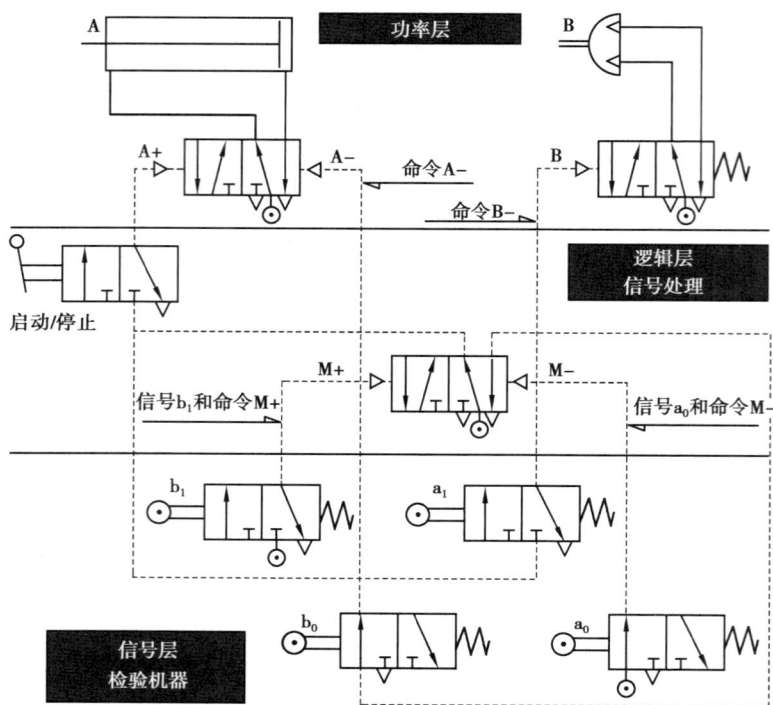

图 5　实例图

附录 3　图形符号表

能量变换、空气管道设备及气缸

种类	符号	种类	符号
能量变换		12. 干燥机	
1. 压缩机		气缸	
2. 气动马达		13. 单动气缸（弹簧压回）	
3. 旋转气缸		14. 单动气缸（弹簧压出）	
空气管道设备		15. 折叠式气缸	
4. 空气过滤器		16. 双动气缸	
5. 过滤器带手动排水		17. 带气缓冲	
6. 过滤器带自动排水		18. 带磁环	
7. 自动排水器		19. 不旋转活塞杆	
8. 调压器		20. 双边活塞杆	
9. 调压器带溢流设计		21. 机械式无杆气缸	
10. 油压器		22. 磁耦式无杆气缸	
11. 空气调理组合简化符号			

续表

种类	符号	种类	符号
方向控制阀		35. 脚踏	
23. 二通二位		36. 机械控制	
24. 三通二位（常闭型）		37. 滚轮	
25. 三通二位（常开型）		38. 单向滚轮	
26. 四通二位		39. 弹簧	
27. 五通二位		40. 气动控制	
28. 五通三位（中央封闭）		41. 负压控制	
29. 五通三位（中央排气）		42. 内先导式回位	
30. 五通三位（中央加压）		43. 电控（直动式）	
31. 五通三位（中央止回）		44. 电控（内先导式）	
方向控制阀驱动器		45. 电控（外先导式）	
32. 手动控制		控制阀	
33. 按钮		46. 止回阀	
34. 肘杆		47. 梭阀（或）	

续表

种类	符号	种类	符号
48. 双压力阀(与)		其他	
49. 快速排气阀		54. 储气罐	
50. 限流器(单向)		55. 消声器	
51. 限流器(双向)		56. 真空发生器	
52. 排气限流		57. 真空吸盘	
53. 时间制		58. 压力开关	

参考文献

[1] 雷世明.焊接方法与设备[M].北京:机械工业出版社,2011.

[2] 罗文智,姚博瀚.汽车焊装[M].北京:机械工业出版社,2015.

[3] 李荣雪,李金波.焊接电工[M].北京:高等教育出版社,2015.

[4] 高元伟,吴兴敏.汽车车身焊接技术[M].北京:人民邮电出版社,2009.

[5] 张连生.金属材料焊接[M].北京:机械工业出版社,2007.

[6] 邓红军.焊接结构生产[M].北京:机械工业出版社,2007.

[7] 人力资源和社会保障部.焊接结构[M].北京:中国劳动社会保障出版社,2009.

[8] 陈云祥,叶蓓蕾.焊接工艺[M].北京:机械工业出版社,2020.

[9] 陈保国.焊接技术[M].北京:化学工业出版社,2017.

[10] 刘伟.焊接机器人基本操作及应用[M].北京:电子工业出版社,2012.

[11] 李继三.电焊工[M].北京:中国劳动出版社,2010.

[12] 孙俊生.焊工[M].北京:中国劳动社会保障出版社,2010.

[13] 陈倩清.电焊工[M].北京:中国劳动出版社,2009.